Das ABC der Geldanlage

Giuseppe Botti

Das ABC
der Geldanlage

Ein Ratgeber aus der Beobachter-Praxis

Der Autor
Giuseppe Botti, 1943, steht dem Beobachter seit 1992 als neutraler und unabhängiger Geldexperte zur Verfügung. Seine langjährige Banktätigkeit in leitender Stellung, seine Erfahrung mit tausenden von Leseranfragen an den Beobachter, seine Auftritte im Radio und in SF DRS1 TAFgeld, SF DRS2 «Konsum.tv» sowie seine Vortrags- und Seminartätigkeit machten ihn zum anerkannten Interessenvertreter der schweizerischen Anlegerinnen und Anleger.

Hinweis des Verlags
Die vielen Möglichkeiten zum Sparen und Investieren werden anhand von konkreten Beispielen gezeigt. Selbstverständlich gäbe es neben den angeführten Produkten und Anbietern noch viele andere, die erwähnt werden könnten. Wo immer möglich, wird auf die Vor- und Nachteile einzelner Produkte sowie auf das am Markt verfügbare Finanzangebot hingewiesen. Weder die Finanzprodukte noch die www-Adressen oder Gesellschaften sind als Empfehlung zu verstehen; sie dienen in erster Linie zur Information und Illustration. Für die erwähnten Wertpapiere und Anlagetipps übernehmen weder der Verlag noch der Autor eine Haftung.

Alle Angaben Stand März bis September 2001

Dieser Ratgeber wurde im Herbst 2001 im fünfteiligen Geldseminar von Schweizer Radio DRS1 als Schulungsunterlage verwendet.

Beobachter-Buchverlag
© 2001 Jean Frey AG
Alle Rechte vorbehalten

Herausgeber: Der Schweizerische Beobachter, Zürich
Konzeptionelle Beratung: Bernhard Schneider, Ottenbach
Lektorat: Käthi Zeugin, Zürich
Umschlag: Atelier Binkert, AGENTUR AM WASSER, Zürich
Layout und Satz: Bruno Bolliger, Zürich

ISBN 3 85569 228 9

Inhalt

Vorwort: Was bietet das ABC der Geldanlage? 9

1. Planung: A und O des effizienten Vermögensaufbaus . 13

Ordnung in den Finanzen 14
Budgetplanung. 15
Vom Umgang mit Kreditkarten, PIN-Codes und Reisechecks 19

Informationen über die Finanzwelt 22
Die Schweizer Börse 22
Finanzen in der globalisierten Welt 24
Wie komme ich zu verlässlichen Finanzinformationen? 29
Investmentclubs: learning by doing. 30

Übersicht über die Finanzinstrumente. 33

Sicherheit, Risiko und Rendite 41
Wie sicher sind die Finanzinstrumente? 41
Diversifikation bringt Sicherheit 44
Zeithorizont. 45

Welches ist die richtige Investitionsstrategie? 46
Gezielter Vorsorgeaufbau mit der Anlagepyramide 48

2. Anbieter von Finanzprodukten 51

Wie sicher sind meine Finanzpartner?. 52
Die Sicherheit von Banken 53
Die Sicherheit von Versicherungsgesellschaften 60
Strukturvertriebe: einige weisse und viele schwarze Schafe 62

Der Klick zum Internet- und Online-Broker 65
Kriterien für die Auswahl eines Internet-Brokers 66

Achtung Anlegerfallen... 70
Die Abzockertricks der Telefonhaie........................ 71

3. Von Obligation bis Option: die Wertpapiere....... 75

Obligationen 76
Anleihensobligationen... 77
Wandelanleihen (Convertible bonds) 81
Optionsanleihen.. 85

Aktien... 88
Kauf und Verkauf von Aktien 89
Die wichtigsten Kennzahlen 92
Auf und ab an der Börse 95

Derivate 101
Optionen und Warrants 101
Einige Fachbegriffe am Beispiel einer Call-Option........... 104

Spekulieren auf Kredit... 109

4. Anlagefonds und Fondssparpläne 111

Anlagefonds.. 112
Wer bietet Anlagefonds an? 113
So funktionieren Anlagefonds 114
Die Angebotspalette 119
Die Besteuerung von Anlagefonds 131

Die Zusammensetzung eines Fondsportefeuilles.......... 135
Tipps für den Umgang mit Fonds 136
Informationen zu Fonds.. 136
Strategien nach Börsenkorrekturen 139

Aktiv verwaltete Fondsvermögen......................... 142
Beispiel 1: Musterportefeuilles der BEVAG AG............. 143
Beispiel 2: Swiss Life Managed Portfolio für kleine
und grosse Budgets... 147

Fürs clevere Budget: Fondssparpläne 150
Kriterien für die Auswahl von Fondssparplänen 152
Wer bietet Fondssparpläne an? 157
Fondssparpläne für Kinder und Jugendliche 157

5. Alles für die optimale Altersvorsorge 161

Grundlage der Altersvorsorge: die AHV 162
Die wichtigsten Angaben zur AHV/IV 163
Wer erhält AHV-Renten? 166
Die Berechnung der Renten 168
Vorzeitiger und aufgeschobener Rentenbezug 170

Wahrung des Lebensstandards: die Pensionskasse 172
Altersleistungen 174
Besteuerung der Pensionskassenleistungen 175
Austrittsleistungen 177
Rente oder Kapital? 180

Dritte Säule: die Deckung der Vorsorgelücke 192
Wie gross ist die Vorsorgelücke? 192
Steuern sparen mit der Säule 3a 196
Banken- oder Versicherungslösung für die Säule 3a? 201

Säule 3b: breites Angebot an Versicherungsprodukten 204
Fachbegriffe im Versicherungsdschungel 205
Die Angebotspalette der Rentenanstalt/Swiss Life als Beispiel .. 213
Profitline: der kostengünstige Weg zu Fondspolicen 220
Britische Occasionspolicen: keine sichere Sache 221

6. Das eigene Heim 223

Finanzierungsmodell 224
Woher stammt das Eigenkapital? 225

Die Vielfalt der Hypotheken 230
Die häufigsten Hypothekarmodelle im Angebot 231

Verbriefung (Securisation) von Hypotheken 234
Gefährliche Yen-Hypotheken 235

So bewerten Sie Ihr Heim richtig 235

Anhang 239

Adressen 240
Einfacher Darlehensvertrag unter Privaten 249
Musterstatuten für einen Investmentclub 250
Musterreglement für eine Investmentgruppe 253
Tabellen zur Besteuerung von Vorsorgekapital 257
Offertbeispiele zu Vorsorgeprodukten
von Versicherungsgesellschaften 262

Was bietet das ABC der Geldanlage?

Die Fülle der Finanzprodukte von tausenden von Anbietern wird immer grösser und unübersichtlicher. Auch neue Angebote basieren aber immer auf der gleichen Überlegung raffinierter Werbefachleute und Produkteentwickler, nämlich auf dem Prinzip Hoffnung – auf der Hoffnung der Anlegerinnen und Investoren, eine möglichst hohe Rendite bei möglichst geringem Risiko und mit möglichst tiefen Gebühren zu erzielen. Der Renditeköder funktioniert fast immer, und oft setzen Hirn und Verstand erst wieder ein, nachdem die Anlage getätigt, eine langjährige Einzahlungsverpflichtung eingegangen wurde. Dann ist es jedoch meist zu spät und ein Ausstieg aus dem finanziellen Engagement mit hohen Kosten und Kursverlusten verbunden. Deshalb müssen Anleger und Investorinnen, besonders wenn sie sich in Abhängigkeit von einzelnen Produkten oder Anbietern begeben, genau wissen, wo die Chancen liegen, aber auch welche Gefahren lauern.

Die guten Börsenzeiten bis Mitte des Jahres 2000 trugen dazu bei, dass sich praktisch alle Anlageinstrumente vom Fonds bis zum Versicherungsprodukt wie frische Semmeln verkaufen liessen. Sicherheitsüberlegungen traten in den Hintergrund. Vermittlungs- und Allfinanzgesellschaften in Form von Strukturvertrieben heizten das Geschäft zusätzlich an und schwatzten auch unerfahrenen Investoren mit kleinen Vermögen risikoträchtige Aktien- und Fondsanlagen gegen hohe Kommissionen auf.

Dass Aktienbörsen jedoch keine Einbahnstrassen und historische Renditeentwicklungen keine Garantien für die Zukunft sind, das hat der weltweite Kurseinbruch der Börsen seit Herbst 2000 mit aller Deutlichkeit gezeigt. Der Crash auf Raten hat viele verunsicherte Anleger hinterlassen – ein Grund mehr, sich mit der Finanzmaterie selbst näher vertraut zu machen und ungeachtet der bisherigen langfristigen Empfehlungspolitik der Finanzberater flexibler zu denken und anzulegen. Denn eines sollten Sie sich stets vor Augen halten: Bei allen Beratungen und Empfehlungen handelt es sich lediglich um Prognosen. Der Kaufentscheid oder die Festlegung des Anlageziels und Risikoprofils und damit die Verantwortung für Ihr Vermögen ist immer Ihre Sache.

Ob die Theorie vom stetigen und langfristigen Aufwärtstrend der Aktienkurse auch in Zukunft Gültigkeit haben wird, kann wohl niemand genau voraussagen. In einer globalisierten Welt mit schnelllebigen Branchen gelten neue Spielregeln. Auch grosse Gesellschaften können morgen bereits zu den Kleinen oder zu den Problemfällen zählen, wie etwa Swissair, Zürich Versicherung, Miracle – um nur einige wenige Beispiele zu nennen – zeigen. Diversifikation, das heisst die Verteilung des Anlagevermögens auf verschiedene Länder und Branchen, und ein intelligent strukturiertes Fondsportefeuille sind in dieser Situation der beste Weg zu erfolgreichen Vermögensanlagen. Wie sich die grossen demographischen Veränderungen, die Abnahme der Rohstoffe, anhaltende Umweltprobleme, aber auch der rasante technische und medizinische Fortschritt auf Wirtschaft und Finanzmärkte auswirken werden, darüber scheiden sich die Geister. Spätestens die schrecklichen Terroranschläge vom September 2001 und ihre unmittelbaren Folgen für das Börsengeschehen haben aber gezeigt, wie verletzlich auch die Welt der Finanzen ist.

Geld spielt nicht nur, wenn es um Vorsorge oder Investition geht, sondern auch in vielen anderen Formen im täglichen Leben eine zentrale Rolle. Anfragen zu Themen wie Kreditkartenprobleme, Privatkonkurs, Darlehen an Kinder, Eigenheimfinanzierung mittels Pensionskassenguthaben, Betrügereien, Online-Banking, Steuersparen, Budgeterstellung und viele mehr gehören zum täglichen Beratungsjob des Geldexperten. Viele dieser am häufigsten gestellten Geldfragen werden im ABC der Geldanlage ebenfalls angesprochen.

Der richtige Umgang mit Geld, der Aufbau und die erfolgreiche Verwaltung von kleinen und grösseren Vermögen in jungen und älteren Jahren, vor und nach der Pensionierung wäre eigentlich eine nicht allzu komplizierte Sache. Der ständige Gedanke an Gewinnmaximierung und die Unsicherheit darüber, wie hoch der Aktienanteil am Gesamtvermögen sein soll, wirken aber oft wie eine Entscheidungsbarriere. Das ABC der Geldanlage wird Ihnen künftig in den wichtigsten Geldfragen als wirklich neutraler Partner zur Seite stehen, Sie vor Anlegerfallen und Fehlinvestitionen schützen, Ihnen Anlageentscheide und steuerliche Optimierungen erleichtern. Starten Sie deshalb heute Ihre finanziell erfolgreiche und besser abgesicherte Zukunft und investieren Sie einige Stunden in dieses Ratgeber-Buch. Das dürfte sich auf jeden Fall und ohne Risiko bezahlt machen – unabhängig davon, wie sich Börsenkurse, Währungen und andere Finanzdaten entwickeln!

Ihr Giuseppe Botti –
www.beobachter.ch – Klick: Online-Ratgeber – Geld

Dank
Das ABC der Geldanlage konnte nur dank der Informationen und der Unterstützung von verschiedenen Banken, Versicherungsgesellschaften, Finanzgesellschaften und spezialisierten Fachleuten realisiert werden. Wieder hat es die Lektorin Käthi Zeugin verstanden, die schwierige Geldmaterie und die Fülle von Internetinformationen leicht verständlich umzusetzen. Ein besonderer Dank richtet sich an Bernhard Schneider, Leiter Wort von Schweizer Radio DRS1, für die gute Zusammenarbeit während den Geldsendungen im Herbst 2001, konnte doch damit über eine Million Zuhörer und Zuhörerinnen erreicht werden. Dank auch an Walter Ilg, Beobachter-Redaktor und Berater in Sozialversicherungsfragen, für die Unterstützung in seinem Fachgebiet. Und einen herzlichen Dank an meine Lebenspartnerin Agnès Spuhler und an Regula Zellweger, die es als Finanzlaien verstanden haben, die Entstehung des Ratgebers mit vielen klärenden Fragen zu begleiten.

Ein spezieller Dank geht an alle Leser und Leserinnen meiner bisherigen Geldbroschüren. Ich hoffe, dass sie auch in diesem umfassenderen Ratgeber die richtigen Informationen und Hilfestellungen für ihre finanzielle Zukunft finden.

*«Geld gibt es im Überfluss auf dieser Welt,
nur die gerechte Verteilung unter alle Menschen
sollte noch besser geregelt werden.»*

(Agnés Spuhler)

1. Planung: A und O des effizienten Vermögensaufbaus

Das eigene Heim, die Studienkosten der Kinder, eine Weltreise und vor allem ein finanziell abgesichertes Alter sind gute Gründe, mit System zu sparen und das Gesparte optimal anzulegen. Wie geht man dabei am besten vor? Welches sind die richtigen Anlageformen? Wie viel Risiko ist vertretbar? Das erste Kapitel dieses Buches befasst sich mit allen Aspekten, die Sie überlegen müssen, bevor Sie mit dem Sparen und Investieren beginnen.

Ordnung in den Finanzen

Richtig sparen, investieren und vorsorgen mit zeitgemässen Geldanlagen ist das A und O des konsequenten Vermögensaufbaus. Das Sparziel kann unterschiedlich sein. Wird für die nächsten Ferien gespart, eignen sich kurzfristige Möglichkeiten, die Finanzierung des eigenen Heimes dagegen erfordert langfristige Anlagen. Optimale Geldanlagen mit realistischen Renditeerwartungen heben sich deutlich von spekulativen, kurzfristigen Investitionen ab. Die Fragen bleiben immer dieselben: Wie spart man richtig, welches Risiko ist vertretbar, wie findet man die richtigen Fonds und, last but not least, vertrauenswürdige Berater? Die persönliche Vorsorgeplanung beginnt spätestens mit dem Eintritt ins Berufsleben, im Idealfall als nahtloser Übergang vom Fondssparplan, den die Eltern bei der Geburt eröffnet haben, zur eigenen, selbst verantworteten Vermögensverwaltung.

Voraussetzung für jedes Sparen ist, dass Ordnung in den Finanzen herrscht. Der erste Schritt zum Vermögensaufbau ist daher die Erarbeitung eines verlässlichen Budgets. Ist das Budget im Griff, wissen Sie, wie viel Geld pro Monat zur freien Verfügung steht. Als Notgroschen sollten, je nach Alter und Risikobereitschaft, drei bis sechs Monatslöhne Bargeld auf einem Sparkonto liegen. Ist auch dieser Notgroschen gesichert, fängt der Aufbau der Vermögensanlagen an. Am besten verwenden Sie einen fixen Betrag pro Monat, und zwar mit folgenden Prioritäten:

1. Abbau allfälliger Schulden
2. Aufbau des Notgroschens auf einem Sparkonto
3. Aufbau von Vermögensanlagen

Budgetplanung

Auch mit der besten Budgetplanung bekommt man seine Finanzen nicht unter Kontrolle, wenn die Lebenshaltungskosten – ohne grosse Luxusausgaben – höher sind als das Nettoeinkommen. Bleibt Ende Monat nichts oder nur wenig übrig oder steigen die Schulden sogar sukzessive an, hilft nur noch eine Radikalkur bei den Budgetpositionen mit dem grössten Sparpotenzial. Stellen Sie sich folgende Fragen:
- Krankenkassenprämien: Welche Leistungen lassen sich reduzieren?
- Mietkosten: Finde ich eine günstigere Wohnung?

- Ferien: Gibt es günstigere Destinationen oder soll ich zu Hause bleiben?
- Ferienwohnung: Brauche ich sie wirklich?
- Auto/Motorrad: Kann ich darauf verzichten oder auf ein billigeres Modell umsteigen?
- Einkauf: Nehme ich immer das preisgünstigste Produkt?
- Internet: Wer in der Familie darf wie lange pro Woche surfen?
- Fitnesscenter: Schöpfe ich das Abonnement aus oder gebe ich es besser auf?
- Luxusgegenstände: Lässt sich etwas verkaufen oder bei der Pfandleihkasse verpfänden?
- Restaurants: Muss es abends das teure In-Lokal sein? Kann ich eventuell fürs Mittagessen selbst gemachte Sandwiches mitnehmen?
- Leasingverträge: Benötige ich die Investitionsgüter, die ich nicht aus eigenen Mitteln finanzieren kann, wirklich?
- Kreditkarte: Soll ich den Vertrag aufheben, da ich immer wieder in diese Ausgabefalle tappe?

Wundermittel «roter Ordner»

Herrscht ein Chaos in Ihren Rechnungen, finden Sie keine Zahlungsbelege mehr oder haben Sie die Steuerunterlagen verlegt? Dann hilft nur der rote Ordner! Legen Sie immer sofort nach der Bezahlung alle Rechnungen, Bankbelege etc., nach Jahr geordnet, in diesen Ordner ab. Als praktisch hat sich das Schema auf der nächsten Seite erwiesen, das Sie je nach Bedürfnis erweitern können. In den Ordner gehört, schön nach den inhaltlichen Kategorien geordnet, alles, was mit Geldausgeben zu tun hat:

- Belege für Barauslagen
- Bankbelege
- Postkontobelege
- Kopie Kontoeröffnungsformalitäten/Vollmachten
- Kontoauszüge
- Belastungsanzeigen
- Gutschriften
- Kreditkartenbelastungen
- Bancomatbezüge
- EC direkt

Mein Budgetordner

	Budgetbetrag pro Jahr	fällig	Ausgaben pro Monat	Ausgaben pro Jahr
Steuern				
Steuerunterlagen				
Wertschriftenverzeichnis				
Kopie Verrechnungssteuerantrag				
Wegleitung				
Versicherungen				
Policen				
Krankenkasse				
Haftpflicht				
Hausrat				
Rechtsschutz				
Mobilität				
Generalabonnement/ Bahnbillette				
Taxi				
Garagenmiete/ Abstellplatz				
Steuern und Vignette				
Autoversicherung				
Service/Reparaturen/ Autowaschen				
Benzin				
Arzt und Gesundheit				
Arzt				
Zahnarzt				
Optiker				
Medikamentenrechnungen für Rückforderung				
Massage, Sauna, Wellness				
Ausgaben für Fitnesscenter				
Wohnung				
Miete				
Nebenkostenabrechnung				

Rückstellung für Mieterreparaturen			
Unterlagen Mietzinskaution			
Energie/Medien			
Elektrizität/Gas			
Radio/TV			
Internet/Providerkosten			
Telefon			
Serviceabos			
Kleider/Schmuck			
Kleider			
Schuhe			
Schmuck			
Haushaltverbrauch			
Essen/Getränke			
Putzmittel/Waschen			
Coiffeur			
Körperpflege			
Ferien/Freizeit			
Ausgang/Kino/Theater/Konzerte			
Flug- und Hotelkosten			
Mietauto			
Zeitungen, Zeitschriften, Bücher			
Mitgliederbeiträge in Vereinen			
Weiterbildung, Kurse			
Spenden			
Diverses/Hobby/Sparen			
Säule 3a			
Spar-/Postkonto			
Ausgaben total			
Einkommen			
Überschuss/Defizit			

Erstellen Sie im ersten Jahr ein grobes Budget und setzen Sie Zahlungstermine ein: den exakten Termin bzw. regelmässig, monatlich, vierteljährlich, halbjährlich. Rechnen Sie monatlich sowie Ende Jahr die tatsächlich ausgegebenen Beträge zusammen. Nach diesem ersten Jahr können Sie aufgrund der sorgfältig klassierten Unterlagen und Erfahrungszahlen ein zuverlässiges Budget aufstellen, auch ohne ein spezielles, teures Computerprogramm. Mit einer einfachen Excel-Tabelle lässt sich das Budget auf dem PC problemlos selbst gestalten, verwalten und aktualisieren.

Tipps
- *Die Arbeitsgemeinschaft Schweizerischer Budgetberatungsstellen hält Budgetbeispiele, Taschengeldberechnungen für Schüler, Kostgeldvorschläge etc. bereit und nennt Ihnen die Adressen der regionalen Budgetberatungsstellen.*
  - *Arbeitsgemeinschaft Schweizerischer Budgetberatungsstellen*
  Hashubelweg 7
  5014 Gretzenbach
  Tel. 062 849 42 45
  www.asb-budget.ch
- *«Zwangssparen» mit wenigstens einem kleinen Betrag ab 50 Franken pro Monat ist am effizientesten via Dauerauftrag bei der Bank oder Post.*
- *Eine Rechtsschutzversicherung ist eine gute Investition ohne Risiko, da schon bei kleinen Rechtsproblemen die Anwaltskosten schnell einmal einige tausend Franken erreichen können – was das sorgfältig aufgestellte Budget empfindlich durcheinander bringt. Klären Sie vor dem Abschluss Ihre Bedürfnisse sorgfältig ab. Ein wichtiges Kriterium ist die freie Anwaltswahl, wie sie beispielsweise bei der Assista des Touring-Clubs der Schweiz gewährleistet ist. Abklärenswert ist auch, welche Rechtsstreitigkeiten im Kleingedruckten ausgeschlossen sind. Denken Sie zudem daran, dass keine Rechtsschutzversicherung zahlt, wenn der Notfall bereits vor Vertragsabschluss eingetreten ist. Die Prämien der Anbieter für Privatrechtsschutz mit und ohne Verkehrsrechtsschutz liegen zwischen 100 und 400 Franken. Eine Laufzeit von mehr als zwei Jahren ist nicht nötig. Falls Sie nämlich ein günstigeres Produkt finden oder eine Leistungsanpassung vornehmen wollen, sind Änderungen so innert*

sinnvoller Frist möglich. In der Schweiz bieten unter anderen folgende Gesellschaften Rechtsschutzversicherungen an:
- Allianz
- Assista TCS
- CAP
- Coop
- DAS
- Orion
- Winterthur Arag
- Züritel

Schuldensanierung

Das Budget ist der erste Schritt, um die Finanzen in den Griff zu bekommen. Doch was passiert mit bereits bestehenden Schulden? Aggressive Sofort-Hilfe-Inserate in Zeitungen und Internet, die das Blaue vom Himmel versprechen, entpuppen sich meist als neue Schuldenfallen. Die Gilde der selbst ernannten «Schuldensanierer» versteht es immer wieder, naive Menschen mit finanziellen Problemen zu neuen Ausgaben zu animieren und sie mit hohen Vermittlungs- oder Beratungskommissionen und anderen Tricks weiter zu ruinieren.

Achtung *Hände weg von aggressiven Schuldensanierern, auch wenn ein solches Angebot als letzter Hoffnungsschimmer erscheint. Professionelle und seriöse Beratung erhalten Sie bei den Fachstellen für Schuldenberatung. Deren Adressen erfahren Sie beim Dachverband (frankiertes Rückantwortkuvert einsenden):*
- *Dachverband Schuldenberatung*
  Schreinerstrasse 60
  Postfach 1274
  8031 Zürich

Vom Umgang mit Kreditkarten, PIN-Codes und Reisechecks

Ein wichtiger Aspekt bei der Budgetierung ist die Wahl des richtigen Zahlungsmittels. Im Alltag sind heute die folgenden Instrumente im Einsatz:

- **Bargeld** ist im Inland überall willkommen. Es kann relativ leicht gestohlen werden und wird von der Diebstahlversicherung nicht ersetzt. Zudem müssen Sie, damit eine Budgetkontrolle möglich wird, für jede einzelne Barauslage einen Beleg verlangen.
- **Kreditkarten** sind im In- und Ausland für Auslagen ab ca. 30 Franken bzw. dem Gegenwert davon sinnvoll. Im Fall eines Diebstahls ist der Schaden limitiert – sofern Sie die Kreditkartenfirma fristgerecht benachrichtigen.
- **Debitkarten** (EC-, Bancomatkarten) werden in Europa ebenfalls an den meisten Orten akzeptiert. Sie entsprechen Bargeld, da sie einen Bezug gemäss den Bestimmungen für Barbezüge ermöglichen. Wie bei den Kreditkarten ist das Diebstahlrisiko limitiert, wenn Sie den Verlust umgehend melden.
- **Gewöhnliche Checks** aus dem Checkbuch werden kaum mehr angenommen, seit die Kreditkarten den Durchbruch geschafft haben.
- **Garantierte Checks** (Euro- und Postchecks) sind sicher und weisen ein geringes Verlustrisiko auf, werden aber immer seltener akzeptiert und teilweise auch nicht mehr ausgegeben.
- **Traveller Checks** sind vorausbezahlt und für beide Seiten sicherer als Bargeld.

Die Kreditkarten haben sich als wichtigstes nationales und internationales Zahlungsmittel durchgesetzt. Als Kunde haben Sie die Wahl zwischen mehreren Produkten, die sich erst auf den zweiten Blick voneinander unterscheiden, nämlich im Kleingedruckten

In der Schweiz erhältliche Kreditkarten

Kreditkartenorganisation	Kreditkarte
UBS	Eurocard/Mastercard, VISA
CS	Eurocard/Mastercard, VISA
Cornèr Banca (Post, TCS)	VISA
Viseca (Kantonal-, Regional- und Raiffeisenbanken, Migrosbank, Coop-Bank, Post)	Eurocard/Mastercard
American Express	American Express
Diners Club	Diners Club

der Vertragsbestimmungen. Verschiedene Banken haben vertragliche Vereinbarungen mit teilweise denselben weltweiten Kreditkartenanbietern; die Konditionen formulieren die Banken im Rahmen ihrer Vereinbarung mit der Kreditkartenfirma. Das bedeutet, dass beispielsweise eine VISA-Karte je nachdem, wer sie in der Schweiz anbietet, abweichenden Vertragsbestimmungen unterliegen kann. Grundsätzlich eignen sich alle Kreditkarten für eine weltweite Benützung. VISA und Eurocard/Mastercard sind jedoch am bekanntesten und werden am häufigsten akzeptiert. Wer sicher reisen will, fährt mit zwei Kreditkarten am besten. Das müssen vor allem Reisende feststellen, die am Freitagabend nach Bankenschluss an einen defekten Bancomaten geraten, der die Karte nach Eingabe des PIN-Codes einfach nicht mehr ausspuckt. Ersatz ist in der Regel innert 48 Stunden gewährleistet. Die Hotline-Nummern der Kreditkartenorganisationen gehören ins Reisegepäck! Für die einzelnen Länder sind aktuelle Informationen direkt bei den Banken und Reisebüros erhältlich.

Achtung *Kreditkarten sind oft richtige Budget- und Ausgabefallen. Wie schnell ist doch die Kreditkarte gezückt, man nimmt ja – zumindest im Moment! – gar kein Geld in die Hand.*

Wer vorsichtig budgetiert, sollte folgende Punkte im Auge behalten: Die Sicherheit, welche zwei verschiedene Kreditkarten bieten, hat ihren Preis: Die Jahresgebühr fällt in der Regel doppelt an. Sie beträgt für eine Kreditkarte zwischen 50 und 100 Franken; weniger gängige Karten (American Express, Diners Club) können allerdings bedeutend teurer sein. Unterschiedlich sind auch die Kommissionen, die beim Bezug von Fremdwährung für die Umrechnung bezahlt werden müssen. Sie bewegen sich zwischen 0,5 und 1,5 Prozent oder werden mit einem schlechteren Umrechnungskurs in Rechnung gestellt. Teurer wird es bei Bargeldbezügen: Im Inland liegen die Kosten je nach Kartenorganisation zwischen 2,5 und 4 Prozent, mindestens aber bei 5 Franken; im Ausland sind es ebenfalls 2,5 bis 4 Prozent, wobei jedoch Mindestgebühren von 10 Franken verlangt werden.

Tipps
- *Notieren Sie Ihre PIN-Codes **nie**.*
- *Kontrollieren Sie jeden Tag – wenn Sie unterwegs sind noch häufiger –, ob Ihre Kreditkarten noch vorhanden sind.*
- *Bei ungerechtfertigten Belastungen müssen Sie sofort, spätestens aber innert 30 Tagen, reklamieren. Nach dieser Frist besteht kein Rückerstattungsanspruch mehr!*
- *Lassen Sie Ihre Kreditkarte möglichst nie aus den Augen, auch nicht beim Bezahlen im Restaurant.*
- *Bewahren Sie eine Kopie des Slip (Beleg für die Bezahlung mit der Karte) auf, bis Sie die Monatsabrechnung erhalten und kontrolliert haben.*
- *Vorsicht bei Hotelreservationen mit Kreditkarte; die Limite könnte rasch ausgeschöpft sein.*
- *Verlangen beispielsweise Autovermieter eine Blankounterschrift, schreiben Sie zu Ihrer grösseren Sicherheit im Fall von Streitigkeiten das Wort «blanko» auf den Slip.*
- *Für Vielreisende könnte sich wegen der Umrechnungskosten beim Geldwechsel ein Fremdwährungskonto lohnen.*
- *Auf der Reise empfehlen sich für den Notfall zusätzlich zur Kreditkarte Reisechecks (Swiss Bankers oder American Express Traveller Cheques) – noch immer eines der sichersten Zahlungsmittel.*

Informationen über die Finanzwelt

Der wichtigste Grundsatz lautet auch bei Vermögensanlagen: Nichts kaufen, über das Sie nicht hinreichend informiert sind. Dieser Ratgeber stellt Ihnen die Grundinformationen zur Verfügung und ebnet den Weg zu weiterführenden Auskünften. Gerüchte und «heisse Tipps», die in Chatrooms im Internet oder an Stammtischen zum Besten gegeben werden, basieren oft auf gezielt gestreuten Desinformationen und dienen in erster Linie der Vernichtung Ihres Ersparten.

Die Schweizer Börse

Die Schweizer Börse heisst SWX Swiss Exchange. Sie bietet die Infrastruktur, um auf elektronischem Weg mit Aktien, Obligationen, Optionen und Derivaten zu handeln. Sie führt für die Schweiz

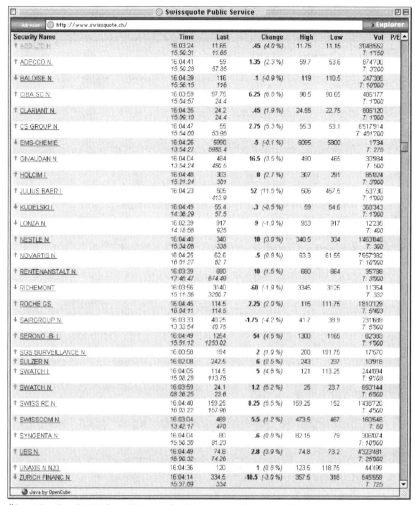

Übersicht über die Titel im SMI mit den Kursen vom 27. September 2001

den breit gefassten SPI (Swiss Performance Index) und den SMI (Swiss Market Index, siehe oben), der die 29 wichtigsten Schweizer Titel umfasst, die so genannten Blue Chips.

Der Handel mit den SMI-Titeln wurde am 26. Juni 2001 an die neue Börse virt-x in London verlegt. Die Schweizer Börse präsentiert die virt-x so: «virt-x ist die erste pan-europäische Blue Chip-Plattform, auf der elektronisch sämtliche europäischen Blue Chips gehandelt werden können und die ein integriertes Clearing und

Settlement mit einer zentralen Gegenpartei anbietet. Dabei handelt es sich um ein Joint Venture zwischen der SWX Swiss Exchange und der TP Group LDC. virt-x läuft auf der von der SWX Swiss Exchange entwickelten Handelsplattform, die eines der modernsten Systeme überhaupt bietet. virt-x geniesst als Börse mit Sitz in London den Status eines ‚Recognized Investment Exchange'. Die Grundauslastung von virt-x ist von Beginn an gewährleistet, da sämtliche Aktien, die im SMI enthalten sind, gleich von Beginn an ausschliesslich auf virt-x gehandelt werden. Insgesamt werden rund 600 Blue Chips, die gegen 80 Prozent der europäischen Marktkapitalisierung abdecken, in der Währung ihres Heimatmarktes gehandelt.»

Finanzen in der globalisierten Welt

Dass sich Rohstoffpreise, Gold und Aktienkurse nach Angebot und Nachfrage richten, galt vor Jahren einmal als Richtwert für Investitionen. In der globalisierten Welt gelten andere Regeln. Wer diese nicht kennt, läuft Gefahr, sich kurz- oder langfristig finanziell falsch zu engagieren.

Beispiel *Infolge der sinkenden Börsen werde der Goldpreis explodieren, verkündete ein Experte Mitte März 2001. Einige Tage später teilte die Schweizerische Nationalbank mit, dass sie aus den Beständen, wie vorgesehen, weitere 100 Tonnen auf dem Weltmarkt verkaufe. Wären die Verantwortlichen der Nationalbank in Bezug auf die Goldpreisentwicklung zuversichtlicher gewesen, hätten sie den geplanten Verkauf sicher zurückgestellt. Auch wenn den Anlegern ein anderes Bild vorgegaukelt wird, die Notenbankchefs stehen in engem Kontakt miteinander und sprechen sich ab. Der Goldpreis pendelt denn auch seit Sommer 2001 immer noch um einen Kurs von 260 bis 290 Dollar pro Unze herum und zeigt praktisch keine Reaktion auf die schwachen Aktienbörsen.*

Einfluss auf die Wertpapierkurse haben vor allem Banken, Versicherungen, Finanzgesellschaften, institutionelle Anleger (Pensionskassenmanager), Fondsmanager und industrielle Grossanleger mit dem Milliardenpotenzial ihrer prall gefüllten Kassen. Privatanleger mit durchschnittlichem Vermögen bestimmen weder das Schicksal eines Aktienkurses noch einer Gesellschaft an den Neuen Märkten. Wenn arabische Ölmilliardäre oder die OPEC (Organisation Erdöl exportierender Länder) entscheiden, dass der Ölpreis oder die Fördermenge sinken bzw. steigen, haben diese Grossinvestoren via Banken in Luxemburg, Liechtenstein, auf den Bahamas und in der Schweiz längst die richtigen Orders platziert, um ihre Vermögen weiter zu vergrössern. Die Privatanleger lesen dann irgendwann später in den Medien, dass die Ölfördermenge reduziert werde und dies der Grund für den unerwarteten Anstieg des Ölpreises in den letzten Wochen sei. Worauf der spekulativ eingestellte Anleger in Rohstoffaktien einsteigen wird – zu einem Zeitpunkt, da der Mist schon lange geführt und die obere Kursschwelle erreicht ist.

Ähnlich ist die Situation oft auch an den Aktienbörsen. Eine grosse Portion Misstrauen ist deshalb bei stark sinkenden oder steigenden Aktienkursen ebenso angezeigt wie bei sehr positiv klingenden Kursprognosen. Das Gleiche gilt für Finanzinformationen in Medien aller Art oder von selbst ernannten Finanz-Kapazitäten.

Beispiel *Eine Kantonalbank verkündete unter dem Titel «Technische Analyse» in ihrer Kundenbroschüre: «Der SMI unterschritt im Februar 2001 die 7800er-Marke und testete anschliessend den Tagesbereich vom 18. Oktober des letzten Jahres. Das war der ‚Ausverkaufstag' im Rahmen von immerhin 213 Punkten zum Abschluss der damaligen Baisse. Die kurzfristigen Zyklen sprechen nun für eine Bodenbildung und eine Erholung in der ersten Märzhälfte.» Tatsächlich stand der SMI nach dem Kurseinbruch vom 22. März am 23. März noch bei 6736 Punkten! Glücklicherweise traf diese Orientierung verspätet bei den Bankkunden ein, sonst wären aufgrund der hoffnungsvollen Nachricht Millionen von Kundenfranken vernichtet worden. Profitiert hätte die Bank mit den Provisionseinnahmen.*

Ein weiteres Beispiel: Viele Anleger haben aufgrund positiver Prognosen von Banken und Analysten in Aktien der Zürich-Versicherungsgesellschaft investiert, eine so genannt absolut sichere Blue-Chip-Gesellschaft in einer blühenden Branche. Vom Höchstkurs von 1004 Franken im Januar 2001 ist der Kurs auf ein Tief von 250 Franken (21. September 2001) abgestürzt.

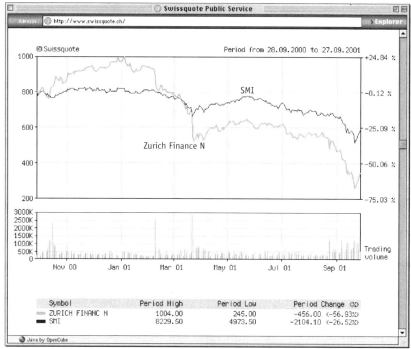

Aktienkursentwicklung Zurich Finance N vom 28. September 2000 bis 27. September 2001 im Vergleich zum SMI (Quelle: www.swissquote.ch)

Die Finanzmächte im Hintergrund werden dank globalisierter Spielregeln an den Aktienbörsen auch künftig dafür sorgen, dass die Aktienkurse von starken Auf- und Abwärtsbewegungen geprägt sind. Stellen Sie sich also bei Ihren Anlagen immer eine wunderschöne, grosse, hundertjährige Eiche vor. Allen Stürmen und Unwettern hat sie in den letzten Jahren getrotzt, zwei Weltkriege und alle Umweltbelastungen überlebt. Dann schlägt der Blitz ein! So könnte es mit Ihren vermeintlich sicheren Anlagen gehen, wenn Sie Ihr Vermögen nicht geschickt auf verschiedene Investitionsmöglichkeiten verteilen (diversifizieren).

Alan Greenspan denkt und lenkt

Viele Anleger übergehen in den Zeitungen die Nachrichten über den amerikanischen «Geldmacher» Alan Greenspan, obwohl gerade solche Informationen für die Aktienmärkte weltweit prägend sind. Seit 14 Jahren ist der Chef des Federal Reserve Board FED, der US-

Notenbank, im Amt – und die ganze Finanzwelt tanzt nach seiner Geige. Als mächtigster Geldmacher bestimmt er die Geldpolitik in den USA. Die US-Notenbank kann als einzige Geldgeberin die Höhe der Leitzinsen (Zinssätze, zu welchen die Banken untereinander kurzfristig Geld ausleihen) festlegen und durch die Kreditvergabe an Banken Einfluss auf die Konjunktur und den «Wirtschaftsmotor» ausüben. Wenn Greenspan an den Leitzinsen schraubt, schaut die globale Finanzwelt gebannt hin. Mit seinem Einfluss kann er auch mächtige Banken beispielsweise dazu bewegen, einem wirtschaftlich angeschlagenen Land wie Südkorea über schwierige Zeiten hinweg zu helfen. Dass damit gleichzeitig günstige Handelskonditionen für die Wirtschaftsmacht USA ausgehandelt werden, liegt auf der Hand. Das FED ist weitgehend selbständig, dem amerikanischen Kongress braucht Greenspan nur zweimal pro Jahr Rechenschaft abzulegen.

Zum ersten Mal jedoch haben sich nun Greenspans Zinssenkungen als wirkungslose Medizin für die kränkelnden Börsenmärkte erwiesen. Bisher ging man davon aus, dass sinkende Zinsen zu steigenden Aktienkursen führen. Gegen die Meldungen von Gewinnrückgängen seit 2000 und die negativen Zukunftsaussichten für die Unternehmensgewinne konnte aber auch die Reduktion der US-Leitzinsen in bisher acht Schritten von 6,5 Prozent Ende 2000 auf 3 Prozent Ende September 2001 vorläufig nichts bewirken. Die Anleger haben diesmal nicht mitgespielt. Nach den negativen Erfahrungen anfangs 2001 vorsichtig geworden, bleiben sie lieber auf ihrem Bargeld sitzen, statt neue Verluste zu riskieren. Am Aktienmarkt Schweiz beispielsweise fehlen schlicht die Käufer.

Was bringen die Zinssenkungen des FED?

Börsenplätze	3 Monate nach Senkung	6 Monate nach Senkung	12 Monate nach Senkung
Schweiz	+ 4,91 %	+ 9,36 %	+ 21,03 %
S&P 500 (von Standard & Poor's geführter Index der 500 grössten US-Unternehmen)	+ 2,54 %	+ 12,86 %	+ 21,54 %
Nasdaq (Index der US-Technologiebörse)	+ 2,50 %	+ 16,07 %	+ 35,22 %

Quelle: Zürcher Kantonalbank

Im Durchschnitt der letzten 20 Jahre hatten die Zinssenkungen Greenspans immer positive Auswirkungen, wie die Tabelle auf Seite 27 zeigt. In der Vergangenheit war die Reaktion der Börsen drei Monate nach der Senkung jeweils noch uneinheitlich: 1982 und 1984 lag die Performance leicht im negativen Bereich; 1989, 1995 und 1998 reagierten die Börsen schon nach drei Monaten deutlich positiv. Spätestens sechs Monate nach der Zinssenkung aber sind in der Regel alle Börsen deutlich im Plus. Die Zinssenkungen von 2001 haben dies bisher nicht bestätigt – Ende September liegt beispielsweise der SMI 26,5 Prozent tiefer als am 1. Januar. Fachleute rechnen mit weiteren Reduktionen bis Ende 2001; erwartet wird eine Senkung des Zinses für erstklassige Schuldner (die so genannte Prime rate) auf etwa 3 Prozent. Vermutlich werden diese Massnahmen die Aktienmärkte positiv beeinflussen, dies jedoch kaum vor 2002.

Tipp
- *Planen Sie, Aktien und Aktienfonds zu kaufen, sollten Sie sich vor einem langfristigen Investment immer über die Absichten von Alan Greenspan informieren. Generell sind die Zinsentwicklungsprognosen ein wichtiger Informationsfaktor. Interessante Quellen und Links zum Thema finden Sie auf den Internetseiten:*
  - *www.cash.ch – Archiv*
  - *www.federalreserve.gov*

Der etwas andere Stimmungsindex: Swiss Investors Sentiment Index (bullish = auf steigende Börsen spekulierend, bearish = mit sinkenden Börsen rechnend)

Anlegerstimmung als Anhaltspunkt

Dass sich die psychologischen Stimmung unter den Anlegerinnen und Anlegern auf die Börse auswirkt, ist bekannt. Ein interessanter Barometer für die Stimmung an der Schweizer Börse ist der Swiss Investors Sentiment Index SISI, den die Finanzzeitung Finanz & Wirtschaft regelmässig erstellt. Möchten Sie vor einem Börsenkauf oder -verkauf wissen, ob Hausse- oder Baissestimmung vorherrscht, konsultieren Sie den SISI-Chart auf www.finanzinfo.ch. Teilnehmen ist nur möglich, wenn Sie vorher Ihre eigene Meinung eintippen.

Wie komme ich zu verlässlichen Finanzinformationen?

Wertpapiere können Sie kaufen, weil Sie das «Gefühl» haben, ein bestimmter Titel weise aus welchen Gründen auch immer ein bedeutendes Renditepotenzial auf. Oder Sie richten sich nach dem «todsicheren» Tipp einer Arbeitskollegin, die per Internet tagtäglich an den Börsen weltweit spekuliert. Beide Investitionen mögen auch mal gut ausgehen – ein Verlust allerdings ist weit wahrscheinlicher.

Besser fahren Sie, wenn Sie sich selbst fundiert informieren. Dazu gehört einerseits die regelmässige Lektüre der einschlägigen Finanzpresse; aktueller aber sind die Informationen auf dem Internet. Ob weltweite Echtzeitkurse, Performancevergleiche, Firmeninformationen, News von Generalversammlungen – geübte Surfer kommen in kurzer Zeit zu allen wichtigen Daten.

Tipps
- *Speichern Sie die für Sie wichtigen Adressen als Bookmarks ab und besuchen Sie sie regelmässig. Gute Seiten für Informationen und Finanzlinks sind (neben den auf Seite 138 genannten):*
  - *www.marktpirat.com*
  - *www.bilanz.ch*
  - *www.cash.ch*
  - *www.finanzinfo.ch*
- *Vorsicht bei heissen Börsentipps vom Internet! Auch die Abzocker gehen mit der Zeit und ködern gutgläubige Dumme mit raffiniert gestreuten Gerüchten in Finanz-Chatrooms.*

Empfehlungslisten von Banken und Analystengesellschaften

Die wenigsten Privatanleger prüfen vor einem Entscheid, ob ein Titel der sie interessiert, von einer weltbekannten Analystengesellschaft oder einer grossen Investmentbank auf ihre Empfehlungslisten gesetzt worden ist. Das aber würde sich lohnen. Diese Gesellschaften verfügen über ein Heer von hoch qualifizierten Spezialisten, welche die verschiedenen Finanzprodukte nach allen wichtigen Kriterien untersuchen und ihre Empfehlungen in oft monatelanger Arbeit zusammenstellen. Institutionelle Anleger wie Pensionskassen und Versicherungsgesellschaften richten ihre Anlagepolitik hauptsächlich nach diesen Empfehlungen aus.

Auch viele Schweizer Banken – beispielsweise Credit Suisse, UBS, verschiedene Kantonal-, Regional- und Privatbanken – verfügen über erstklassige Analysten und geben eigene Empfehlungslisten heraus, die gratis abonniert werden können. Diese sind in der Regel übersichtlich und enthalten gut verständliche Kommentare zu einzelnen Unternehmen, Branchen und Ländern (siehe nebenstehendes Beispiel der Zürcher Kantonalbank). Solche Analysen mit gezielten Kaufempfehlungen bieten gute Voraussetzungen für langfristige Dispositionen und vermindern das Risiko von Aktienanlagen.

Tipps
- *Was den Grossen im Finanzgeschäft recht ist, sollten auch Sie nicht verschmähen. Setzen Sie bei Ihren Anlagen auf die Empfehlungen international anerkannter Analysten und Investmentbanken. Studieren Sie auch die Empfehlungslisten Ihrer Hausbank regelmässig.*
- *Vergessen Sie jedoch eines nicht: Ob lokal oder international, auch Bankanalysten können sich irren – das Risiko tragen Sie.*

Investmentclubs: learning by doing

Das A und O jeder erfolgreichen Kapitalanlage ist die fundierte Kenntnis des ins Auge gefassten Investitionsgutes. Eine gute Gelegenheit, das eigene Fachwissen über Aktienanlagen in allen Formen zu erweitern, sind so genannte Investmentclubs, die ihren Mitgliedern gemeinsame Anlagen nach gemeinsam erarbeiteten Richtlinien ermöglichen.

Aktienmarkt und Wirtschaft: Beide leiden

Das BIP-Wachstum 2000 war mit 1.7 % gegenüber dem Vorjahr (0.8 %) zwar stark, im globalen Vergleich aber doch gering. Auch Japans Aktienmarktindex Nikkei 225 lag zwischenzeitlich nahe dem 16-Jahres-Tief, erholte sich aber wieder auf das Niveau von Anfang Jahr. Das Tief war bedingt durch die starke Technologielastigkeit des Indexes sowie weiterhin schlechte fundamentale Wirtschaftsdaten.

Ende oder Anfang der Bankenkrise?

Das schwierige wirtschaftliche Umfeld wird unter anderem akzentuiert durch die zurückhaltende Kreditvergabe der Banken an die Unternehmen. Die Banken kämpfen mit internen Strukturproblemen, deren Lösung prioritär behandelt wird und die Grundlage bildet für ein funktionierendes Bankensystem sowie die ersehnte Wirtschaftserholung. Die neu eingeführte Rechnungslegung ver~~~~~ neben d~~~~~~~~~~~~~~~~~~~~~~ ~~~-Wachstum ~~~~~~~ue Jahr und 1.9 % für 2002. ~~ Wachstumsbeschleunigung setzt jedoch voraus, dass Unternehmen sowie staatliche Institutionen den Restrukturierungsprozess vorantreiben.

Der Aktienmarkt am Boden

Der tiefe Indexstand am Aktienmarkt trotz Finanzspritzen des Staates und tiefen Zinsen hat wohl seinen Grund und gewissermassen auch seine Berechtigung: Technologielastigkeit und schwache Wirtschaftsverfassung, die mit ungenügender Ertragsentwicklung einhergehen. Bis zu einem deutlichen Anziehen der Binnenwirtschaft bleiben wir gegenüber dem japanischen Aktienmarkt vorsichtig eingestellt und empfehlen internationale Unternehmen mit solider Bilanz. Bis zum Jahresabschluss der Unternehmen im März bleibt die Lage angespannt, danach ist eine kurzfristige Erholung bis zur Bekanntgabe der Unternehmensergebnisse im Mai zu erwarten.

Anlagefavoriten Japan

An Marktkapitalisierung eingebüsst haben die Telekomaktien weltweit, so auch in Japan. Die Unsicherheit bezüglich der Drittgeneration-Bewertung und der Preisstrategien bleibt, die Aussichten sind daher weiterhin eher nüchtern. Finanzwerte, besonders Banken und Versicherungen, haben am Aktienmarkt zugelegt, ebenso die Versorger und die Branche der nichtzyklischen Konsumgüter (Pharma). Da sich die Probleme der japanischen Banken nicht kurzfristig lösen lassen, empfehlen wir im Finanzsektor **Nomura Securities,** das führende Wertschriftenhaus Japans, das von den Beteiligungsverkäufen und neu auch vom Internethandel profitiert. **Takeda** ist unser Favorit aus dem Pharmabereich. Ein Verfahren betreffend Marketingpraktiken eines US-Joint-Ventures liess den Kurs kürzlich sinken. Takeda baut die Produktepalette für Diabetesmedikamente aus und verfügt über viel versprechende neue Produkte in der letzten Testphase. Während die Automobilindustrie in den USA Federn lassen muss, zeigen sich die Japaner noch etwas optimistischer. Dennoch sind geringere Absatzzahlen und tiefere Gewinne aus dem Inland wie auch aus Übersee zu erwarten. **Nissan Motors** als Vorzeigeunternehmen bildet hier eine Ausnahme und präsentiert ein sehr erfolgreiches Restrukturierungsprogramm mit neuen Modellen und enger, Kosten sparender Zusammenarbeit mit Renault. Bei den stark zyklischen Sektoren wie Detailhandel bleiben wir vorsichtig. Unser Favorit ist **Secom** als Dienstleistungsunternehmen im Sicherheitssektor. Die steigende Arbeitslosigkeit und Unzufriedenheit im Lande bringt ein für Secom positives erhöhtes Sicherheitsbedürfnis. **Sony** gilt als hoch innovativer Leader im Elektroniksektor mit sehr gut diversifizierten Produkten und starkem Cashflow. **Fujitsu** ist Japans grösster Computerhersteller und die Nummer zwei weltweit. Durch Zusammenarbeit u.a. mit Siemens ist Fujitsu auch in Europa stark. Der Titel bietet nach wie vor gutes Wachstumspotenzial.

Anlagefavoriten Japan					
	Kurs in JPY	GpA 01 (S) in JPY	GpA 02 (S) in JPY	GpA 03 (S) in JPY	KGV 2001 (x)	Wachstum[1]
Nissan	819	60	65	72	13.7	4.2 %
Nomura	2485	96	114	130	25.9	6.0 %
Secom	7680	200	225	260	38.4	8.0 %
Sony	9350	76*	178	232	123.0	8.0 %
Takeda	6550	180	200	225	36.4	4.5 %
Fujitsu	1760	154	173	190	11.4	8.5 %

[1] Durchschn. Gewinnwachstum pro Aktie über die nächsten fünf Jahre
* Umstellung auf US-Rechnungslegung (ohne: 138)

Die japanischen Anlagefavoriten der Zürcher Kantonalbank vom 29. März 2001

Bevor Sie einem solchen Club beitreten, sollten Sie sich gründlich über die fachlichen Qualifikationen der geschäftsführenden Mitglieder informieren. Ohne seriösen und professionellen Beistand hat ein Investmentclub meist nicht lange Bestand; allerdings sollte er unbedingt seine Unabhängigkeit von Banken, Versicherungen und Vermögensverwaltern bewahren. Die obere Grenze für die Mitgliederzahl liegt erfahrungsgemäss bei 20 Personen, da sonst effiziente Entscheide und laufende Weiterbildung nicht mehr garantiert sind.

Es kann nicht Aufgabe eines Investmentclubs sein, möglichst spekulative Anlagen zu tätigen, um dann gemeinsam den Verlusten nachzutrauern. Auch kann er seinen Mitgliedern nicht die laufende Vermögensverwaltung abnehmen. Bewährt hat sich der Aufbau einiger Musterportfolios nach verschiedenen Kriterien, die dann laufend verwaltet werden.

Wer einen Investmentclub gründen will, hat einige administrative und rechtliche Barrieren zu überwinden. Unabdingbare Basis für ein einwandfreies Funktionieren sind zweckmässige Statuten und Reglemente. Ad-hoc-Entscheide ohne rechtliche und fachliche Basis sind fehl am Platz. Als Pionierin in diesem Bereich gilt beispielsweise Elisabeth Höller, die als Vorsitzende einiger solcher Investmentclubs amtet und auch Musterstatuten entworfen hat (siehe Anhang, Seite 250).

Investmentclubs mit Aufnahmepotenzial (Auswahl)

- ZIF Zürcher Investforum (nur Frauen)
- WIF Wirtschaftsforum für Frauen, Basel
- ICB Investmentclub Bern (nur Frauen)
- ZAC Zürcher Aktienclub (Frauen und Männer)
- MIC Master Invest Club Zürich (Frauen und Männer)

Tipp • *Auskünfte über Investmentclubs und Ratschläge für die eigene Gründung erhalten Sie bei:*
 – Dr. Elisabeth Höller
 Tel. 01 201 81 00

Übersicht über die Finanzinstrumente

Wer gezielt investieren will, muss zuerst einmal Bescheid darüber wissen, welche Anlageinstrumente zur Verfügung stehen und mit welchen Risiken sie behaftet sind. Nachstehend finden Sie einen knappen Überblick über die wesentlichen Finanzinstrumente als Grundlage für die anschliessenden Überlegungen zu Sicherheit und Risiko und für das Verständnis der Anlagepyramide (siehe Seite 49). In den Folgekapiteln werden die verschiedenen Anlagemöglichkeiten dann im Detail beschrieben.

Das Sparkonto als Notreserve
Das alte Sparheft – zu Hause aufbewahrt oder bei der Bank deponiert – hat längst ausgedient. Auch das an seine Stelle getretene Sparkonto ist in den letzten Jahren wegen der tiefen Zinssätze immer unbeliebter geworden. Seit allerdings die Börsenkurse wieder auf den Boden der Realität zurückgekehrt sind, ist mancher Sparkontobesitzer, der sich zuvor altmodisch gefühlt hat, plötzlich froh, kein Geld mit Aktienfonds oder Einzelaktien verloren zu haben.

Das Sparkonto als einfachste und flexibelste Sparmöglichkeit hat noch lange nicht ausgedient. Als eiserne Reserve sowie als Reservoir für geplante Anschaffungen und Unvorhergesehenes bildet es die Basis für den Vermögensaufbau. Es bietet eine bessere Verzinsung als das Privatkonto, doch sind für den Bezug höherer Beträge je nach Bank unterschiedlich lange Kündigungsfristen zu beachten. Die Zinserträge unterliegen der 35-prozentigen Verrechnungssteuer, die jedes Jahr mit dem Verrechnungssteuerantrag zurückgefordert werden kann.

Privat-, Salär-, Postkonto
Diese Kontoarten ermöglichen, den Zahlungsverkehr schriftlich – oder kostengünstiger per Internet- bzw. Tele-Banking – abzuwickeln, monatliche oder periodische Zahlungen wie Miete, Krankenkassenprämien etc. auszulösen und sich das Salär darauf überweisen zu lassen. Auch EC-Karten-, Postcard- und Kreditkartentransaktionen werden diesen Konti belastet.

Obwohl die Kosten für die verschiedenen Dienstleistungen von Bank zu Bank unterschiedlich hoch sind und sich auch die Zinsen –

allerdings in einer engen Bandbreite – unterscheiden, machen solche Differenzen für Durchschnittskonsumenten mit 10 bis 15 Zahlungen im Monat wenig aus. Der gute Kontakt zum Schalter- und Beratungspersonal bei der Bank oder Post wiegt die möglichen Einsparungen auf. Spesenüberlegungen haben beim Kauf von Fondsanteilen und Aktien ihre Berechtigung, dürfen jedoch im normalen Zahlungsverkehr nicht überbewertet werden. Am meisten Gebühren sparen Sie, wenn Sie Ihren Zahlungs- und Wertschriftenverkehr via Online-Banking abwickeln.

Die meisten Banken bieten Privatkonten auch in Fremdwährungen an, wobei ein Euro-Konto beispielsweise bei der UBS keine zusätzlichen Spesen verursacht, wenn bereits ein Privatkonto in Schweizer Franken für denselben Kunden besteht.

Kontokorrent-Konto
Diese Kontoart mit unbeschränkten Rückzugsmöglichkeiten eignet sich nur für geschäftliche Transaktionen mit grossem Umsatz und wird hauptsächlich von Geschäftsleuten und Unternehmen beansprucht.

Privatdarlehen
Häufig gewähren Private anderen Privatpersonen oder auch Gesellschaften (AG, GmbH etc.) private Kredite. Solche Privatdarlehen führen überdurchschnittlich häufig zu Verlusten des Gläubigers. Gerade Schuldner, die selbst bei Privatkreditbanken keinen Kredit mehr erhalten, wenden sich gerne an ihren Bekanntenkreis oder suchen via Inserat gutgläubige Darlehensgeber. Oft wird in solchen Inseraten ein unrealistisch hoher Zinssatz versprochen, allenfalls werden fragwürdige Schuldbriefe oder Aktien der eigenen, Not leidenden Gesellschaft offeriert. Wohlwollende Bekannte und Verwandte werden mehr oder weniger sanft dazu gedrängt, in einer «einmaligen Notsituation» ein zinsgünstiges oder gar zinsloses Darlehen zu gewähren – mit der Rückzahlung hapert es dann. Die komplizierten Verpfändungsformalitäten werden von den geprellten Gläubigern oft ungenügend abgewickelt, halten in einem Prozess den Anforderungen nicht stand und erweisen sich als wertlos. Wird der Darlehensvertrag zudem fehlerhaft abgeschlossen, ergeben sich zusätzliche Komplikationen.

Tipp • *Wenn Sie jemandem ein Privatdarlehen gewähren möchten, sollten Sie aus Beweisgründen in jedem Fall auf einem schriftlichen Darlehensvertrag bestehen (Muster siehe Anhang, Seite 249). Die Abfassung oder Prüfung durch eine Fachperson (Anwalt, Notarin) erspart viel Sorgen und Umtriebe.*

Obligationen

Obligationen sind Schuldverschreibungen von Unternehmen oder von Institutionen der öffentlichen Hand. Eine Obligation verfügt über eine Laufzeit, beispielsweise zehn Jahre, und über einen meist festen Zinssatz. Vorgegeben sind auch Ausgabe- und Rücknahmepreis. Wenn Sie über eine Obligation eines erstklassigen Schuldners verfügen, erhalten Sie somit jährlich eine Zinszahlung und nach Ablauf der Laufzeit wird Ihr Kapital zurückvergütet. Benötigen Sie das Geld früher, können Sie die Obligationen via Bank an der Börse verkaufen, haben dann aber keine Preisgarantie, sondern erhalten den gültigen Tageskurs. Dieser kann je nach Zinsentwicklung über oder unter 100 Prozent liegen. Eine Obligation gilt rechtlich als Schuld des Kapitalnehmers (mehr zu Obligationen auf Seite 76).

Aktien

Eine Aktie ist ein Anteil am Grundkapital einer Aktiengesellschaft. Durch die Aktie wird das Miteigentumsrecht an der Gesellschaft und ein Anspruch auf einen Teil des Ertrags verbrieft. Jährlich genehmigen die Aktionäre an der Generalversammlung die Gewinnverwendung der Firma. Mit Ausnahme einiger wachstumsorientierter Technologiefirmen wird in der Regel ein Teil des Reingewinns als Dividende an die Aktionäre ausgeschüttet. Weil die Aktionärinnen und Aktionäre Miteigentümer der Gesellschaft sind, handelt es sich beim Aktienkapital nicht um eine Schuld – die Firma kann nicht gezwungen werden, eigene Aktien zurückzukaufen.

Die Aktien grösserer Firmen sind an einer oder an mehreren Börsen kotiert, das heisst, sie werden dort gehandelt, während Papiere von Kleinfirmen, die den Auflagen der Börsen nicht gerecht werden können oder wollen, nur privat gehandelt werden. Wenn Sie

Aktien einer nicht börsenkotierten Gesellschaft besitzen, können Sie nicht damit rechnen, dass sich diese gegebenenfalls zu einem guten Preis verkaufen lassen. Besteht keine Nachfrage, bleiben Sie darauf sitzen.

Jüngstes Beispiel eines Rückzugs von der Börse ist der Fussballclub Grasshoppers Zürich. Dessen Hauptaktionäre beschlossen,

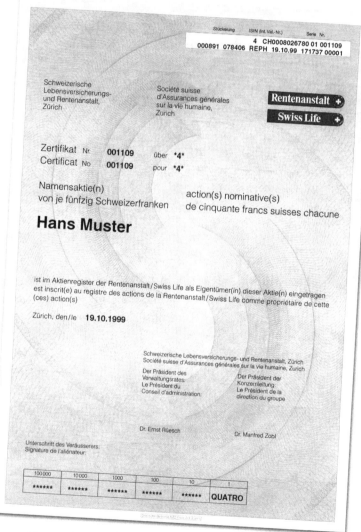

Beispiel für ein Aktienzertifikat

nochmals kräftig Kapital einzuschiessen, um das Defizit der Saison 1999/2000 zu decken, den Handel an der Börse aber einzustellen, um künftig weniger Transparenz über den Club schaffen zu müssen. Die Zürcher Kantonalbank hält nun den Handel mit GC-Aktien in eigener Regie aufrecht (mehr zu Aktien auf Seite 88).

Optionen und Warrants

Mit dem Kauf einer Option erwirbt der Käufer das Recht, aber nicht die Pflicht, jederzeit innerhalb der Optionsfrist vom Verkäufer die Lieferung (bei Kauf- bzw. Call-Optionen) oder Abnahme (bei Verkaufs- bzw. Put-Optionen) einer bestimmten Anzahl von Wertpapieren zum Ausübungspreis, das heisst zu dem am Abschlusstag vereinbarten Kurs des Wertpapiers, zu verlangen. Der Käufer bezahlt für den Erhalt dieses Rechtes eine Prämie. Nimmt er die Option nicht wahr – beispielsweise weil der Kurs der Aktie unter dem Ausübungspreis liegt –, verfällt sie entschädigungslos.

Warrants sind verbriefte Call- oder Put-Optionen mit einer Vielzahl von Ausübungspreisen und Fälligkeitsstrukturen, die sich auf die unterschiedlichsten Basiswerte beziehen. Mit dem Kauf einer bestimmten Anzahl eines Warrants erwirbt der Käufer das Recht, eine vereinbarte Anzahl eines Basiswerts (zum Beispiel eine Aktie) zu einem im Voraus festgelegten Preis (dem Ausübungspreis) an oder bis zu einem bestimmten Datum zu kaufen (Call) bzw. zu verkaufen (Put). Mehr Informationen zu Optionen und Warrants finden Sie im dritten Kapitel (Seite 101).

Gold

Gold hat einst als Fluchtwährung eine wichtige Rolle im Sicherheitsdenken der Leute gespielt. Das Goldvreneli zu 20 Franken war Bestandteil jedes kleinen und grossen Sparbatzens; hunderttausende davon liegen noch heute versteckt in Schubladen oder sicher aufbewahrt im Banksafe. Immer wieder werden Goldanlagen in allen Formen empfohlen, sei es als Goldmünzen, -barren, Aktien von Goldminenunternehmen oder Goldminenfonds.

Seit Jahren wird Gold ein baldiges Comeback vorausgesagt. Doch ist seit dem Höchstkurs von 850 US$ pro Unze im Jahr 1980 bis heute wenig davon zu spüren (Kurs am 10. Juli 2001: 265 US$).

Die neue Anlegergeneration setzt auf andere Werte, besonders seit sich die Notenbanken von ihren Goldreserven sukzessive trennen und damit zusätzlich auf den Preis drücken. Goldminenfonds dagegen haben in den letzten Monaten beachtliche Kursgewinne verbucht. Gold ist zurzeit zum reinen und zinslosen Spekulationsobjekt degradiert worden. Obwohl die Nachfrage in den letzten Jahren höher war als die weltweite Goldproduktion, konnte sich der Preis nicht erholen, weil die Notenbanken in die Bresche sprangen.

Tipp • *Gehören Sie zu den Anlegern, die weiterhin unvermindert an die Erholung des Goldpreises glauben und nach viel Geduld ein gutes Geschäft wittern, finden Sie im breiten Angebot von Goldminenfonds die geeignete Anlage im Rahmen von 2 bis 5 Prozent Ihres Anlagevermögens.*

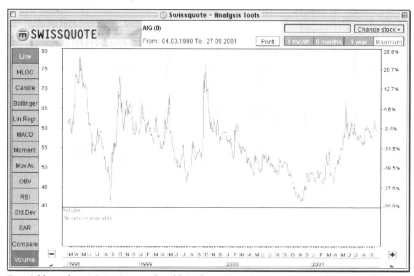

Entwicklung des AIG Equity Fund Gold (Valor 278 353) von März 1998 bis September 2001

Anlagefonds und Fondssparpläne

Anlagefonds führen Gelder einer Vielzahl von Kunden zu einem grossen Vermögen zusammen, das nach bestimmten Richtlinien professionell angelegt wird. Ein Obligationenfonds Schweiz beispielsweise kauft erstklassige Schweizer Obligationen, ein Aktienfonds Japan Aktien in Japan, ein Strategie- oder Portfoliofonds legt das Vermögen so an, wie dies ein kompetenter Investor mit entsprechendem Kapital täte. Kurz: Wenn Sie Fondsanteile kaufen, kommen Sie mit 1000 oder 2000 Franken in den Genuss von Anlagetechniken und Risikoabsicherungen, die sonst nur mit Millionenvermögen machbar sind (mehr zu Anlagefonds auf Seite 111).

Fondssparpläne ermöglichen, mit regelmässigen Zahlungen in einen oder mehrere Fonds zu investieren. Sie als Anleger bezahlen beispielsweise monatlich 100 Franken, partizipieren mit diesem geringen Betrag jedoch an der Anlagestrategie eines grossen Vermögens. Bei hohen Kursen erhalten Sie für Ihre 100 Franken einen etwas kleineren, bei schlechterer Börse und tieferen Kursen einen grösseren Anteil am Fonds. Dadurch, dass Sie regelmässig denselben Betrag einzahlen, werden kurzfristige Ausschläge der Börsen geglättet und langfristig interessante Durchschnittskurse erzielt (mehr zu Fondssparplänen auf Seite 150).

Versicherungsprodukte

Grundsätzlich unterscheiden sich die Versicherungs- von den Bankprodukten dadurch, dass sie ein definiertes Risiko, beispielsweise das Todes- oder Invaliditätsrisiko, abdecken. Die meisten Versicherungskonzerne pflegen Allfinanzstrategien, das heisst, sie bieten Produkte zum Vermögensaufbau mit Risikoschutz an, während reine Risikoversicherungen immer seltener verkauft werden. Über Versicherungspolicen können Sie also genauso in Aktien, Obligationen, Fonds investieren, wie wenn Sie die Papiere über Ihre Bank an der Börse kaufen würden (mehr zum Vermögensaufbau mit Versicherungsprodukten auf Seite 204).

Einzahlungen in die Altersvorsorge

Ein grosser Teil der Altersvorsorge in der Schweiz ist gesetzlich geregelt und basiert auf drei Säulen:

Die **erste Säule**, die AHV/IV (Alters-, Hinterlassenen- und Invalidenversicherung), ist das wichtigste Sozialwerk der Schweiz. Es handelt sich um eine staatliche Versicherung, der alle in der Schweiz erwerbstätigen und/oder wohnhaften Personen angehören. Die AHV/IV ist eine sehr soziale Versicherung: Alle Erwerbstätigen zahlen grundsätzlich denselben prozentualen Anteil vom Einkommen ein, während die Höhe der Renten nur bedingt vom früheren Einkommen abhängt. Die AHV/IV basiert auf dem Umlageverfahren, das heisst, die Einnahmen aus den Zahlungen der Versicherten und der Arbeitgeber werden für die Bezahlung der aktuell fälligen Renten verwendet. Die Renten der AHV/IV decken allerdings höchstens einen Grundbedarf ab (mehr zur AHV auf Seite 162).

Die **zweite Säule**, die Pensionskasse, ist für alle Arbeitnehmerinnen und Arbeitnehmer ab einem Jahreseinkommen von zurzeit 24 720 Franken obligatorisch (Stand 2001). Das Bundesgesetz über die Berufliche Vorsorge (BVG) schreibt das Kapitaldeckungsverfahren vor: Private Stiftungen unter staatlicher Aufsicht äufnen mit den Beiträgen der einzelnen Arbeitnehmenden samt Zinsen für jeden und jede ein Kapital, das nach der Pensionierung für die Ausrichtung der Rente verwendet wird. Bei den meisten Pensionskassen haben die Pensionierten die Wahl, ihr Geld in einer einmaligen Kapitalauszahlung oder als Rente zu beziehen. Wenn Sie Ihre Stelle kündigen, können Sie nicht frei über das Pensionskassenguthaben verfügen. Ausser in ein paar vom Gesetz festgelegten Fällen wird dieses Kapital auf ein so genanntes Freizügigkeitskonto überwiesen, wo es gesperrt bleibt, bis Sie wieder eine Stelle antreten und sich mit diesem Geld in die Pensionskasse des neuen Arbeitgebers einkaufen oder bis Sie pensioniert werden (weitere Informationen zur zweiten Säule auf Seite 172).

Die **dritte Säule** schliesslich umfasst alles, was Sie privat fürs Alter auf die Seite legen. Sie wird unterteilt in die Säulen 3a und 3b. Während Sie über Geld, das Sie im Rahmen der Säule 3b zur Seite legen, frei verfügen können, sind Einzahlungen in die Säule 3a, die so genannte gebundene Vorsorge, bis fünf Jahre vor Erreichen des AHV-Alters blockiert. Im Gegenzug gewährt Ihnen der Staat steuerliche Begünstigungen.

Obwohl Sie Ihre Einlagen in die Säule 3a direkt bei einer Bank oder Versicherung vornehmen, gehen diese Gelder nicht auf ein Konto bei diesen, sondern in eine rechtlich selbständige Bankstiftung. Diese Bankstiftungen unterstehen der Oberaufsicht des Bundesamts für Privatversicherungen; die gesetzeskonforme Anlage der Vorsorgegelder überwacht das Bundesamt für Sozialversicherungen. Sie als Anleger können wählen zwischen einem konventionellen Säule-3a-Konto mit einem von der Bank festgelegten Zinssatz oder einer Variante, die in Anlagefonds investiert. Statt über die Bank sind konventionelle und fondsverwaltete 3a-Anlagen auch in Form von Versicherungspolicen möglich. Die für Gelder der Säule 3a wie auch für Freizügigkeitsguthaben der zweiten Säule bestimmten Fonds sind vom Risiko her begrenzt: Der Anteil an Schweizer Aktien darf maximal 30 Prozent, derjenige an ausländischen Aktien (nur börsenkotierte Papiere zugelassen) maximal 25 Prozent betragen. Mindestens zur Hälfte muss solches Vorsorgegeld in festverzinsliche Anlagen wie Obligationen fliessen (mehr zu den verschiedenen Möglichkeiten der dritten Säule auf Seite 192).

Sicherheit, Risiko und Rendite

Nachdem Sie sich einen Überblick über die verschiedenen Anlageinstrumente verschafft haben, stellt sich die Frage: Wo wollen Sie Ihr Erspartes anlegen? Wie erreichen Sie eine gute Rendite, ohne einen schmerzhaften Verlust zu riskieren?

Rendite und Risiko hängen untrennbar zusammen. Instrumente, die hohe Gewinne versprechen, beispielsweise Optionen, beinhalten auch das Risiko grosser Rückschläge bis hin zum Totalverlust. Das geringste Risiko gehen Sie mit dem Bank- oder Postkonto sowie mit festverzinslichen Produkten eines erstklassigen Schuldners (zum Beispiel Bundesanleihen) ein, auch ist hier die Verzinsung zumindest innerhalb einer bestimmten Bandbreite im Voraus bekannt; grosse Gewinne sind damit jedoch nicht möglich. Ein weiterer Faktor beeinflusst die Rendite einer Anlage: Je freier Sie über das angelegte Geld verfügen können, desto geringer fällt in der Regel die Rendite aus. Das Privatkonto mit seinen hohen Rückzugsmöglichkeiten trägt weniger ein als das Sparkonto; längerfristige Verbindlichkeiten wie beispielsweise Kassenobligationen werden etwas höher verzinst.

Wie sicher sind die Finanzinstrumente?

Grundsätzlich beinhaltet jedes Anlageinstrument (Privat-, Sparkonto, Obligation, Aktie, Option) ein bestimmtes Risiko. Gleichzeitig gibt es innerhalb der Kategorien sicherere und weniger sichere Werte. Diese Unterschiede kommen vor allem bei den Wertpapieren zum Tragen. Die einzelnen Unternehmen, die Wertpapiere ausgeben, werden von unabhängigen Agenturen bewertet, man spricht dabei von «Rating» (siehe unten). Kaufen Sie die Aktie einer tief bewerteten Firma, können Sie hoch spekulativ auf Gewinne hoffen, riskieren aber, wenn's schief geht, einen Totalverlust. Doch Vorsicht: Auch die Aktie einer hoch bewerteten Firma ist nicht vor Kurseinbrüchen gefeit.

Eine weitere Komponente der Sicherheit ist die Währung: Haben Sie all Ihr Vermögen in einer einzigen Währung, beispielsweise dem Euro, angelegt, erleiden Sie Verluste, wenn diese Währung an Wert verliert. Ganz generell gilt: Je weniger diversifiziert Ihre Anlagen nach Währungen, Anlageinstrumenten und Unternehmungen sind, desto grösser ist das Risiko erheblicher Verluste. Der Kauf von Anteilen eines Fonds, der beispielsweise alle SMI-Titel enthält, ist viel weniger riskant als eine Investition desselben Betrags in eine Einzelaktie.

Die Frage nach der Sicherheit von Vermögensanlagen und Finanzgesellschaften ist umso berechtigter, als viele Medien und Finanzgurus angesichts der satten Gewinne während der Neunzigerjahre Aktienanlagen in den Himmel heben und als die lang-

Bedeutung der Bewertungen im Obligationenrating

S&P	Moody's	Bedeutung
AAA	Aaa	Beste Bonitätsstufe für Zinsen und Kapitalrückzahlung; minimalstes Risiko für Investoren.
AA	Aa	Nur geringfügig tiefere Qualität als AAA/Aaa, noch immer weit über dem Durchschnitt; Zinsen und Kapitalrückzahlung sind praktisch sicher.
A	A	Mit Zinsen und Kapitalrückzahlung kann gerechnet werden, allerdings ist das Unternehmen anfälliger für Rückstufungen als ein höher bewertetes.
BBB	Baa	Mittlere Gesamtqualität; das Zinszahlungs- und Rückzahlungsvermögen ist noch genügend.
BB, B, CCC, CC, C	BA, B, Caa, Ca, C	Spekulative Bonitätsstufe, Rückzahlungen und Zinsendienst sind nicht mehr voll gewährleistet.
D	D	Kapital vermutlich verloren oder Gesellschaft in Konkurs.

fristig allein glückselig machende Investition empfehlen. Dabei wird gerne übergangen, dass beispielsweise der japanische Nikkei-Index zurzeit bei rund einem Viertel des Wertes von 1990 notiert.

Sparer und Anleger sollten lernen, bei ihren Entscheiden vermehrt Eigenverantwortung zu übernehmen. Dafür aber müssen sie die Risiken und die Beurteilungskriterien näher kennen. Das grösste Risiko geht ein, wer in Papiere investiert, über die er nichts weiss.

Die Ratingbeurteilung

Das Ratingsystem ist eine Benotung der Unternehmen anhand ihrer Bonität (Kreditwürdigkeit) und ihrer Entwicklungschancen durch spezialisierte Agenturen und nach standardisierten Modellen und Verfahren. Die bekanntesten dieser Ratingagenturen sind Standard & Poor's (S&P) und Moody's. Wird eine Gesellschaft (oder ein Land) zurückgestuft, reagieren die Börsenkurse ihrer Obligationen und Aktien auf das neue Rating umgehend. In der Finanzzeitung Finanz & Wirtschaft, die an jedem Kiosk erhältlich ist, werden regelmässig die neuen Ratings bekannt gegeben.

Tipp • *Je tiefer das Rating, desto höher die Rendite auf Verfall, desto grösser aber auch das Risiko! Vor dem Kauf von Obligationen sollten Sie bei der Bank immer das Rating erfragen.*

Auszug aus Finanz & Wirtschaft vom 31. März 2001

Standard & Poor's International hat folgende neue Ratings für Obligationen veröffentlicht:

Emittent	Obligation	Rating	
Neue S&P-Obligationenratings			
• Royal Bank of Canada	500 Mio. $, Floater, 2004	AA	
• Usinor	500 Mio. Euro, 61/8 %, 2008	BBB	
Änderungen von Ratings		bisher	neu
Erhöhungen:			
• AT&T Capital	2.1 Mrd. $	BBB	A
Rückstufungen:			
• Crown Cork & Seal Finance	200 Mio. $, 63/4%, 2003	BB	B

Rating für Aktien

Auch im Aktienhandel sind die Begriffe, welche die Banken und Analysten für ihre Kauf- und Verkaufsempfehlungen verwenden, weitgehend normiert. Und auch hier gibt es Zurückstufungen einzelner Unternehmen, etwa von Kaufen auf Verkaufen etc. So schreibt Finanz & Wirtschaft zum Beispiel in der Ausgabe vom 28. März 2001: «Die Zürich-Aktien haben nach dem ‚Ausverkauf' der letzten Woche auf tiefem Niveau wieder Boden gefunden, sich sogar technisch etwas vom Tiefstand erholt, doch die Luft ist vorerst draussen. Von den Analysten sind die Titel zurückgestuft worden, in der Regel von ‚Kaufen' auf ‚Halten' (z.B. durch die CSFB/Credit Suisse First Boston) bzw. auf ‚Neutral' (wie beispielsweise durch Merrill Lynch).»

Begriffe im Aktienrating

Internationale Begriffe	Deutsche Begriffe
Hold oder marketweight/marketperformer	Halten oder neutral
Buy, add oder overweight/overperformer	Kaufen
Strong buy	Sehr kaufenswert
Sell, reduce oder underweight/underperformer	Verkaufen

Tipp
- *Interessante Ratings mit Kauf- und Verkaufsempfehlungen finden Sie auf folgenden Internetseiten:*
  - *www.stocks.ch – Finanzzeitung Stocks*
  - *www.zkb.ch – Klick: Börse/Handel – Aktuelle Anlageinfos*

Diversifikation bringt Sicherheit

Die Sicherheit einer Vermögensanlage hängt nicht nur davon ab, wie sicher ein einzelner Titel ist. Eine Obligation der Stadt Bern beispielsweise kann zweifellos als sicher bezeichnet werden; auch ist das Kursrisiko tiefer als etwa bei einer Aktie. Trotzdem ist es nicht empfehlenswert, das ganze Vermögen in Obligationen der Stadt Bern zu investieren. Denn dadurch erhöht sich das Schuldnerrisiko und das Mass an Sicherheit sinkt automatisch. Nebst der Beurteilung der einzelnen Anlagearten und Schuldnerbonitäten sollten Sie daher einer guten Diversifikation Ihres Anlagevermögens die erforderliche Aufmerksamkeit widmen.

Bei einem kleinen oder mittleren Vermögen ist eine solche Diversifikation eigentlich nur mittels Anlagefonds möglich (siehe Seite 111). Es macht keinen Sinn, von verschiedenen Einzelaktien je ein oder zwei Stück zu kaufen. Einerseits fallen dabei für jede einzelne Transaktion Kommissionen an, anderseits hängen die Depotgebühren nicht nur vom Depotwert, sondern auch von der Anzahl der Posten ab. Mit Anteilen an einem Anlagefonds dagegen können Sie das Risiko breit abstützen, da sich dieser ja aus einer grossen Zahl verschiedener Einzeltitel zusammensetzt.

Zeithorizont

In der Nachkriegszeit hat sich in Europa und Nordamerika gezeigt, dass eine gut diversifizierte Aktienanlage über einen Zeitraum von zehn Jahren von allen Anlagevarianten den höchsten Ertrag bietet – eine Garantie dafür hat man allerdings nicht, wie das Beispiel Japan in den Neunzigerjahren zeigt. Grundsätzlich lässt sich aber sagen, dass sich Aktien bei einer Anlagedauer von zehn Jahren oder mehr in der Regel lohnen. Geld, das Sie schon früher benötigen, sollten Sie dagegen weniger riskant anlegen. Der Traum vom raschen Geld ist schon für manche zum Albtraum vom rasch verschwundenen Geld geworden. Wer sich beispielsweise Anfang 2000 von den rasanten Kursgewinnen von 4M Technologies am Schweizer New Market

10-Jahres-Performance Nestlé N

Datum	Kurs	Entwicklung
27. 8. 1991	Fr. 82.88	
27. 8. 1992	Fr. 89.50	↑
27. 8. 1993	Fr. 110.40	↑
27. 8. 1994	Fr. 122.90	↑
27. 8. 1995	Fr. 122.50	↓
27. 8. 1996	Fr. 141.90	↑
27. 8. 1997	Fr. 182.90	↑
27. 8. 1998	Fr. 271.70	↑
27. 8. 1999	Fr. 301.50	↑
27. 8. 2000	Fr. 372.50	↑
27. 8. 2001	Fr. 355.–	↓

Durchschnittliche Rendite 27. August 1991 bis 27. August 2001: 15,66%

blenden liess und den Titel im Februar für rund 800 Franken erwarb, hatte am 28. September 2001 noch einen Gegenwert von Fr. 5.50. Ob dieser Titel in zehn Jahren die 800 Franken wieder erreichen wird, ist mehr als fraglich; wahrscheinlicher ist ein Totalverlust.

Ein positives Beispiel für die These der ansprechenden Renditen von Aktienanlagen über längere Dauer ist dagegen die Namenaktie des Nestlé-Konzerns (siehe Zusammenstellung auf Seite 45): Obwohl auch sie bei den letzten Börsenrückgängen in Mitleidenschaft gezogen wurde, liegt die durchschnittliche Rendite der letzten zehn Jahre bei beachtlichen 15,66 Prozent.

Welches ist die richtige Investitionsstrategie?

Die persönliche Investitionsstrategie ist letzten Endes eine Frage des Temperaments und der eigenen Risikobereitschaft. Diese Frage muss sich jede und jeder selbst beantworten. Trotzdem gibt es auch einige allgemein gültige Kriterien für die Festlegung einer erfolgversprechenden Investitionsstrategie:

- **Wissensstand:** Je mehr Anlageinstrumente Sie kennen, desto mehr können Sie auch einsetzen. Investieren Sie nie in Anlagen, über die Sie nicht Bescheid wissen. Sich stets auf dem neuesten Stand zu halten, braucht allerdings einiges an Zeit. Mit Anlagefonds können Sie die Detailkenntnisse delegieren – wählen Sie Fonds einer Bank Ihres Vertrauens aus.
- **Vermögen und laufendes Einkommen:** Je besser Sie einen allfälligen Verlust verschmerzen könnten, desto höher darf Ihr Risiko sein. Was Sie regelmässig zur Deckung Ihres Lebensstandards benötigen, darf nicht in risikoreichen Anlagen mit grossen Schwankungen investiert sein. Geld, das Sie für die monatlichen Zahlungen brauchen, gehört ganz bestimmt nicht in Obligationen oder gar Aktien angelegt. Der Notgroschen sollte immer in bar verfügbar sein.
- **Ziel des Vermögensaufbaus:** Je nach Zielsetzung ist der Anlagehorizont unterschiedlich. Wer mit 20 für die Pensionierung zu sparen beginnt, hat einen Anlagehorizont von 40 bis 45 Jahren. Wer sich mit

Investieren Frauen anders?

- Frauen investieren weniger risikofreudig, weniger wachstumsorientiert und vorsichtiger als Männer.
- Frauen tragen schwerer an der Anlageverantwortung und tun sich vielfach schwerer mit der Entscheidungsfindung.
- Frauen erliegen weniger leicht dem (Börsen-)Spieltrieb als Männer; jedenfalls reden sie nicht darüber.
- Frauen bevorzugen für die Anlageberatung in zunehmendem Mass Frauen.
- Frauen haben ein besonders starkes Interesse daran, sozial und ökologisch verantwortungsbewusst zu investieren. Die Männer sind in dieser Hinsicht, statistisch gesehen, allerdings stark im Vormarsch.
- Frauen haben im Allgemeinen ein grösseres Distanzverhalten zur «grossen Welt der Hochfinanz». Sie beurteilen volkswirtschaftliche Zusammenhänge oder das Verhalten von Spitzenmanagern börsengängiger Unternehmen gerne «aus dem Bauch» und mit «menschlichem Einfühlungsvermögen» – was sich bemerkenswerterweise auch bei komplexen Zusammenhängen oft als sehr zielgerichtet und treffsicher erweist.
- Die «Demokratisierung des Investmentdenkens» durch den «Ausbruch des Fondszeitalters» hat in den letzten Jahren das Sparkonto als Anlageform immer mehr zurückgedrängt. Da Frauen, statistisch gesehen, weniger Geld besitzen als Männer, profitieren sie überdurchschnittlich davon, dass heute der Weg über Anlagefonds schon für geringe Beträge ein professionelles Anlegen erlaubt.
- Es gibt – abgesehen von der geringeren Risikotoleranz der Frauen – keine typischen Damen- oder Herrendepots in Bezug auf Aktienauswahl oder Branchen- und Länderverteilung.

Quelle: Dr. Elisabeth Höller

40 entschliesst, ein Haus zu bauen, muss die nötigen Mittel sinnvollerweise in fünf bis zehn Jahren aufbringen. Wer für ein Auto von 20 000 Franken spart, hat einen Anlagehorizont von ein bis drei Jahren. In jedem Fall bieten sich grundlegend andere Anlageinstrumente an. Können Sie eine Summe zehn Jahre und länger investiert lassen, dürfen Sie grössere Risiken eingehen.

- **Risikoschutz:** Wie gut sind Sie gegen die Folgen von Invalidität oder gar Tod abgesichert? Bevor nicht der Lebensunterhalt für Sie und Ihre Familie auch bei Erwerbsunfähigkeit oder im Todesfall gedeckt ist, sollten Sie sich ganz bestimmt nicht auf riskante Investitionen einlassen.

- **Alter:** Mit zunehmendem Alter nimmt das Bedürfnis nach Sicherheit zu. Wer nur noch vom Ersparten lebt, kann Verluste nicht mehr decken – mit 30 dagegen haben Sie bis zur Pensionierung noch gut 30 Jahre zur Verfügung, um eine Fehlinvestition zu kompensieren.
- **Steuerliche Überlegungen:** Die Zinserträge auf Sparkonten, Obligationen sowie die Dividenden von Aktien sind als Einkommen zu versteuern. Kapitalgewinne dagegen müssen Sie als Privatinvestor in der Schweiz nicht versteuern. Einzahlungen in die Pensionskasse sind ebenfalls steuerbegünstigt, auch wenn es sich um den Einkauf auf ein jüngeres Eintrittsalter handelt. Ebenso bestehen Steuerprivilegien bei der dritten Säule. Bei der Analyse der verschiedenen Anlagemöglichkeiten lohnt es sich daher, die steuerlichen Auswirkungen exakt zu prüfen (mehr dazu auf Seite 131, 196 und 204).

Den Fünfer und das Weggli gibt es nicht im Anlagegeschäft. Weniger Risiko bedeutet in aller Regel auch weniger Rendite. Die Chance, einen Anlagefonds oder eine Aktie zu finden, die sich bei weltweit negativen Börsenverläufen gegen den Trend positiv entwickeln, ist etwa gleich hoch wie die Wahrscheinlichkeit eines Sechsers im Lotto. Wer nicht an die langfristig bessere Renditeentwicklung von Aktien- und Aktienfonds glaubt, legt sein Geld daher besser in Obligationen- und Obligationenfonds an.

Gezielter Vorsorgeaufbau mit der Anlagepyramide

Angesichts der Fülle von Anlagemöglichkeiten fühlen sich nicht wenige Sparerinnen und Sparer überfordert. Und viele tappen immer wieder in dieselben Fallen. Die einen vertrödeln ihre Zeit damit, die Bank mit den höchsten Zinsen für Sparkonten zu suchen – obwohl dies in der nächsten Woche schon wieder ändern kann. Oder sie versuchen, aus dem weltweiten Angebot von 60 000 Fonds den besten zu finden – dabei können Fonds, die heute top sind, morgen bereits zu den Verlierern gehören. Eine weitere Schwelle ist das lange Warten auf den todsicheren Aktientipp – der bestimmt nie kommt oder sich dann garantiert als Niete erweist. Andere lassen ihr Geld monate-, ja sogar jahrelang auf dem tief verzinsten Konto liegen, weil sie die Gebühren, die beim Kauf von

Planung: A und O des effizienten Vermögensaufbaus   49

Die Anlagepyramide

Alter	Anlageinstrument	Charakteristik des Instruments	Risikostufe
1 bis 20	Sparkonto		•
	Lebensversicherung	Abdeckung des Invaliditäts- und Todesfallrisikos	•
	Fondssparplan	Nur Obligationen	•
		20% Aktienanteil	••
		30% Aktienanteil	•••
		50% Aktienanteil	••••
		Risikobranchen und Risikoländer	•••••
20 bis 44	Sparkonto		•
	Lebensversicherung	wie oben	•
	Fondssparplan	wie oben	• bis •••••
	Anlagefonds individuell	je nach Fonds	• bis •••••
	Lebensversicherung	lange Dauer, bindet und verpflichtet!	•
	Säule-3a-Konto	lange Anlagedauer, Guthaben sind in der Regel blockiert, keine Einzahlungsverpflichtung	•
	Säule-3a-Police	Wie Säule-3a-Konto, aber Einzahlungsverpflichtung!	•
	Säule-3a fondsverwaltet (Bank oder Versicherung)	je nach Fondsauswahl	• bis ••••
	Fondsvermögensverwaltung	je nach Fonds und Anbieter	• bis ••••
	Wertschriftenanlagen individuell	je nach Art der Wertschriften und Derivate	• bis ••••••
	Eigenheim	bei vernünftiger Belehnung	••
	Immobilien	bei Spekulationsobjekten	•• bis ••••
ab 45	(zusätzlich zu den Instrumenten von 20 bis 44)		
	Einmaleinlagen	Abschlussalter maximal 66	•
	Einmaleinlagen fondsverwaltet	je nach Fondsauswahl, Abschlussalter maximal 66	• bis ••••
	Leibrenten	sofort oder aufgeschoben	•
	Leibrenten fondsverwaltet	je nach Fondsauswahl	• bis ••••
	Wertschriftenanlagen individuell	je nach Art der Wertschriften und Derivate	• bis ••••••
	Fondsrentenentnahmepläne ab Alter 65	bei längerfristigem Abwärtstrend der Aktienbörsen	••••

• *praktisch kein Risiko* / •• *geringes Risiko* / ••• *tragbares Risiko* / •••• *erhöhtes Risiko* / ••••• *hohes Risiko* / •••••• *Totalverlust möglich*

Anlagefonds erhoben werden, reuen – bei einer langfristigen Anlageperspektive von fünf bis zehn Jahren sind einmalige Ausgabekommissionen von ein bis zwei Prozent jedoch wirklich kein Kopfzerbrechen wert. Im schlimmsten Fall merken solche «Anleger» erst am Ende einer Boom-Phase, dass sie eine Chance verpasst haben, und kaufen dann blindlings dem erstbesten Allfinanzberater die angebotenen Fonds ab, während die Aktienkurse bereits wieder in den Keller purzeln.

Bei jedem Anlageentscheid geht es vor allem um eine Frage: Wie hoch soll der Aktienanteil sein? Denn je höher der Aktienanteil, desto höher die Renditechancen, desto höher aber auch das Risiko eines Verlustes. Die Anlagepyramide auf Seite 49 hilft Ihnen, die verschiedenen Kriterien wie Alter, Risiko, Diversifikation unter einen Hut zu bringen und in jedem Fall die richtige Struktur für Ihre Anlagen zu finden.

2. Anbieter von Finanzprodukten

Das zweite Kapitel vermittelt eine Übersicht über die verschiedenen Anbieter von Finanzprodukten. Es zeigt, wie man Sicherheit und Seriosität von Finanzpartnern überprüfen kann, und warnt vor Abzockern, die sich in grosser Zahl in der Finanzwelt tummeln.

Wie sicher sind meine Finanzpartner?

Basis jeder ernsthaften Beratung ist das gegenseitige Vertrauen. Es ist deshalb wichtig, dass Sie Ihre Bank genauso kennen wie Ihre persönliche Beraterin oder Ihren persönlichen Berater. Eine gute Beratung ist nur möglich, wenn Ihre Ansprechpartner detailliert über Ihre spezifischen Bedürfnisse informiert sind.

Das Bankengesetz bietet seit dem 1. Januar 1997 einen verbesserten Anlegerschutz. Danach sind Ihre Anlagen wie folgt geschützt:

Anlegerschutz im Konkursfall

Konten, denen regelmässig Zahlungen aus Erwerbseinkommen oder Renten gutgeschrieben werden (Spar-, Privat- und Anlagekonten)	Im Konkursfall werden diese Konten einer besonderen Konkursklasse zwischen zwei und drei*) zugewiesen. Garantiert sind maximal 30 000 Franken pro Kunde (nicht pro Konto!).
Kassenobligationen und Festgeldanlagen bei Banken	Kein besonderer Schutz im Konkursfall, ausser bei Kantonalbanken mit Staatsgarantie.

*) *Die Konkursklassen von 1 bis 5 sagen aus, in welcher Reihenfolge die Forderungen der Bankkunden berücksichtigt werden. Die erwähnten 30 000 Franken dürfen als gedeckt betrachtet werden.*

Sollte es in der Schweiz zu einem Bankenkonkurs kommen, würde die Schweizerische Bankiervereinigung (www.swissbanking.org) als Dachorganisation insgesamt bis zu einer Milliarde Franken bevorschussen. Sonst müssten die geschädigten Bankkunden bis zum Ende des Konkursverfahrens, das Jahre dauern kann, auf ihre 30 000 Franken warten. Ein Mitglied der Schweizerischen Nationalbank hat allerdings ausgerechnet, dass bei einem – wenig wahrscheinlichen – Konkurs der UBS von dieser Milliarde auf jeden Sparkontokunden gerade 500 Franken fallen würden. Folgende Banken sind dieser freiwilligen Vereinbarung der Schweizerischen Bankiervereinigung nicht beigetreten:
- Alternative Bank ABS, Olten
- Banca Commerciale Italiana (Suisse)

- BZ Bank AG, Wilen (Bank von Martin Ebner)
- Freie Gemeinschaftsbank BCL, Basel

Grundsätzlich kann die Sicherheit von Vermögensanlagen mit einem treibenden Fass verglichen werden: Stürzt das Fass den Niagara-Fall hinunter, ist der ganze Inhalt gefährdet. Absolute Sicherheit gibt es also bei den Finanzen genauso wenig wie irgendwo sonst im Leben. Dennoch kann das Mass an Sicherheit mit einer guten Diversifikation und einer breiten Abstützung wesentlich erhöht werden. Ein Anlagevermögen von 500 000 Franken kann beispielsweise wie folgt aufgeteilt werden:

Vermögensaufteilung eines Kunden der Grossbank Z

Anlageart	Wenig optimal	Gute Diversifikation	
	Hausbank Z	Hausbank Z	Andere Bank
Anlagesparkonto	Fr. 150 000.–	Fr. 20 000.–	Fr. 20 000.–
Privatkonto	Fr. 50 000.–	Fr. 10 000.–	Fr. 10 000.–
Kassenobligationen	Fr. 100 000.–	Fr. 50 000.–	Fr. 50 000.–
Aktien der Bank	Fr. 100 000.–	Fr. 30 000.–	Fr. 30 000.–
Strategiefonds der Bank	Fr. 100 000.–	Fr. 200 000.–	Fr. 80 000.–
Total Anlagevermögen	**Fr. 500 000.–**	**Fr. 310 000.–**	**Fr. 190 000.–**

Die Sicherheit von Banken

Wichtigster Finanzpartner ist für die meisten nach wie vor die Bank. Nachdem aber auch grosse Banken von den Ratingagenturen zurückgestuft wurden, stellen sich immer mehr Anlegerinnen und Sparer die Frage: Wie sicher ist eigentlich «meine» Bank?

Die Grossbanken

Die Sicherheit der Grossbanken zu beurteilen ist schwierig. Zwar handelt es sich bei der Credit Suisse/CS und bei der UBS um Schweizer Banken mit Sitz in der Schweiz; mit der weltweiten Verflechtung und der Globalisierung der Banken- und Finanzwelt steht jedoch die internationale Tätigkeit dieser Institute im Vordergrund, sodass der Sicherheitsfaktor kaum zuverlässig zu bestimmen ist. Viele weltweite Ereignisse wie Devisenkursentwicklungen, Börsenabstürze, politische Ereignisse und Krisen, Bonitätsverschlechterungen von Staaten, Rezession, Naturkatastrophen und langfristig auch Umwelteinflüsse können zu grossen Veränderungen in der Banken- und Finanzwelt führen.

Die Frage, ob der Staat oder die Schweizerische Nationalbank (SNB) bei finanziellen Problemen einer Grossbank rettend eingreifen würden, kann nicht theoretisch beantwortet werden. Sicher ist, dass Grossbankenprobleme auf alle anderen Banken, aber auch auf Bund, Kantone und Gemeinden übergreifen würden, da diese über ihre Geldanlagen und Kredite vom Funktionieren der Grossbanken abhängig sind. Langer Rede kurzer Sinn: Unter den aktuellen Bedingungen gelten die Grossbanken als sehr sicher. Sollten irgendwelche unvorhersehbaren Ereignisse aber zum Konkurs einer Grossbank führen, wären bei weitem nicht nur ihre eigenen Kunden davon betroffen. Wenn eine der grossen Banken der Welt Konkurs ginge, könnte sich dies zu einem finanziellen Flächenbrand mit unabsehbaren Folgen für die globale Finanzwelt entwickeln.

Kantonalbanken
Ausser der Caisse d'Epargne Cantonale Vaudoise und der Banque Cantonale de Genève, für die spezielle Regelungen bestehen, verfügen die Kantonalbanken dank einer Staatsbeteiligung zwischen 51 und 100 Prozent über Staatsgarantien und gelten deshalb als sehr sichere Banken. Anlagen wie Spar- und Privatkonten, Kassen- und Anleihensobligationen gelten als geschützt. Tochtergesellschaften von Kantonalbanken wie die Coop-Bank (Tochtergesellschaft der Basler Kantonalbank) oder die Basler Discount Direct geniessen dieselben Sicherheiten wie die Muttergesellschaften. Werden hingegen Kantonalbanken – etwa die St. Galler, die Zuger und die Luzerner Kantonalbank – als Aktiengesellschaften geführt und ihre Aktien an der Börse gehandelt, richtet sich das Risiko dieser Aktie nach den üblichen Kriterien der Kursbewertung wie Geschäftsgang, Angebot und Nachfrage, Dividende.

Regionalbanken
Mit der Gründung der Regionalbankenholding (RBA-Holding) hat sich die Sicherheit der angeschlossenen Institute erhöht. Sollte eine

dieser Banken Probleme bekommen, steht für die Unterstützung ein Sicherheitsfonds der RBA-Holding in zweistelliger Millionenhöhe zur Verfügung. Folgende Regionalbanken sind der Holding nicht beigetreten:
- Hypothekarbank Lenzburg, Lenzburg
- Spar- und Leihkasse Wynigen, Wynigen

Migrosbank
Die Migrosbank gehört zu den grösseren Banken in der Schweiz und hat nur einen einzigen Aktionär: den Migros-Genossenschafts-Bund (MGB). Bezüglich der Sicherheit kann die Migrosbank mit den Grossbanken verglichen werden.

Raiffeisenbanken
Die viertgrösste schweizerische Bankenorganisation mit über 1200 Bankstellen und einer Bilanzsumme von rund 80 Milliarden Schweizer Franken hat sich einer eher konservativen Geschäftsstrategie verschrieben und gilt darum ebenfalls als sichere Bank.

Alternative Banken
Dazu zählen die Alternative Bank ABS, Olten, und die Freie Gemeinschaftsbank BCL, Dornach. Beide sind dem Bankengesetz unterstellt und erfüllen mit ihrem Schwergewicht auf einem sozialverträglichen und ökologischen Umgang mit Geld und Kapital eine wichtige Funktion in einer Marktnische. Die transparente Geschäftstätigkeit dieser Banken und die sorgfältige Auswahl des Kundenkreises mit begrenzter Kreditgewährung reduzieren das Risiko auf ein Minimum.

Privatbankiers
Die meisten dieser bankgesetzlich geregelten Gesellschaften konzentrieren sich auf die Vermögensverwaltung und auf Spezialfinanzierungen. Im Vordergrund steht bei diesen Instituten neben der Sicherheit speziell die Seriosität der Beratung. Mit klaren Anlagerichtlinien können Sie als Kunde die Sicherheit Ihres verwalteten Privatvermögens erhöhen und die Risiken begrenzen. Verbreitet ist die Annahme, bei einer Privatbank seien nur einige

wenige Angestellte beschäftigt. Das täuscht jedoch: Die Bank Julius Bär beispielsweise verwaltet mit 2300 Mitarbeitern Vermögen in der Höhe von über 140 Milliarden Franken, die Bank Sarasin mit 700 Mitarbeitern 41 Milliarden Franken und die Bank Vontobel mit rund 900 Mitarbeitern 77 Milliarden Franken. Einige Privatbanken kennen für die Vermögensverwaltung untere Grenzen; willkommen sind in der Regel Kunden mit Vermögen ab 250 000 Franken.

WIR-Bank, Basel

Bis Ende Juni 1998 hiess die WIR-Bank WIR-Wirtschaftsring-Genossenschaft. Schon damals war sie dem Bankengesetz unterstellt, betrieb aber lediglich ein Verrechnungssystem in Form von WIR-Checks, die unter Handwerkern und Handelsbetrieben ausgetauscht werden. Seit der Namensänderung hat die Organisation zusätzlich zum WIR-Verrechnungssystem ihre Angebotspalette sukzessive mit den üblichen Bankprodukten ergänzt, die auch Nicht-WIR-Mitgliedern zur Verfügung stehen.

Die Post

Unter der Bezeichnung Postfinance hat die Post die ganze klassische Palette an Finanzprodukten und -dienstleistungen aufgebaut. Da die Post dem Bund gehört, geniessen alle direkten Anlagen wie das gelbe Postkonto (das Privatkonto der Post), das Deposito-Konto und das gelbe Festgeld faktisch Staatsgarantie. Wie die Sicherheit der Anlagen nach der Gründung der geplanten Postbank geregelt wird, bleibt jedoch abzuwarten. Zudem müssen Parlament und Volk dieser Gründung erst noch zustimmen.

Für andere Finanzprodukte, etwa die von Postfinance unter dem Namen Postsoleil vertriebenen gelben Fonds, stellt sich die Sicherheitsfrage nicht in dieser Weise. Hier liegt das Risiko für die Anleger im je nach Fonds unterschiedlich hohen Aktienanteil. Weiter vertreibt die Post auch verschiedene Versicherungsprodukte der Winterthur, zum Beispiel gemischte Versicherungen (Lebensversicherungen mit Risikoschutz), Produkte der gebundenen und der freien Vorsorge (Einmaleinlagen, fondsverwaltet mit Postsoleilfonds 1 bis 5).

Schweizerische Nationalbank (SNB)
Die oft als Notenbank bezeichnete schweizerische Nationalbank ist im Besitz der Kantone, der Kantonalbanken und anderer öffentlich-rechtlicher Körperschaften. Diese halten mehr als die Hälfte des Aktienkapitals. Die Aktien der Nationalbank sind an der SWX Swiss Exchange kotiert. Die SNB ist die Bank der Banken. Ihre Hauptaufgaben liegen in einer dem Land dienenden Kredit- und Währungspolitik und in der Gewährleistung der Preisstabilität dank möglichst geschickter Geldpolitik. Private Anleger können bei der SNB kein Konto führen.

Pfandbriefzentrale der schweizerischen Kantonalbanken
Diese Pfandbriefe sind an der Börse gehandelte Obligationenanleihen, die der langfristigen Finanzierung des Hypothekargeschäfts der Kantonalbanken dienen. Bei der Aufnahme solcher Darlehen dürfen die Banken nur Schuldbriefe im ersten Rang als Sicherheit verpfänden. Darum erfüllen Pfandbriefanlagen höchste Sicherheitsansprüche und gelten als mündelsicher – das heisst, ein Vormund darf Vermögen seines Mündels verzinslich in solche Papiere anlegen. Zu den Anleihensobligationen, die als mündelsicher anerkannt werden, zählen auch diejenigen des Bundes, der Kantone sowie von Städten, Gemeinden, Kraftwerken, Kantonalbanken und ähnlichen öffentlich-rechtlichen Schuldnern.

Pfandbriefbank schweizerischer Hypothekarinstitute
Die Anleihensobligationen der Pfandbriefbank zählen ebenfalls zu den mündelsicheren Anlagen. Ausschlaggebend für die Anlage in solche Obligationen sind denn auch die hohe Sicherheit und der attraktive Zinssatz. Diese Titel finden sich in den Portefeuilles vieler Pensionskassen sowie der AHV. Die Mitglieder der Pfandbriefbank sind fast ausschliesslich Banken, die via Pfandbriefdarlehen Geld für ihr Hypothekargeschäft aufnehmen und dabei strenge Prüfungs- und Hinterlagebedingungen erfüllen müssen.

Emissionszentrale der Schweizer Gemeinden ESG, Bern
Die Emissionszentrale ESG stand den Gemeinden für die Aufnahme von Darlehen zur Verfügung und nahm ihrerseits die Kapitalien via

Anleihen auf dem Schweizer Kapitalmarkt auf. Nach dem finanziellen Debakel der Burgergemeinde Leukerbad sind die Anleihensobligationen der ESG jedoch für Anleger keine empfehlenswerte Investition mehr. Neuerdings hat sich die Credit Suisse als Geldgeberin der Emissionszentrale zur Verfügung gestellt.

Finanz- und Treuhandgesellschaften

Die Bezeichnung Finanz- oder Treuhandgesellschaft ist kein geschützter Begriff und kann von allen natürlichen oder juristischen Personen (zum Beispiel von einer AG oder GmbH) verwendet werden. Zu den grösseren dieser Gesellschaften zählen auch Mitglieder der Schweizerischen Bankiervereinigung; diese sind dem Bankengesetz unterstellt.

Neben seriösen in- und ausländischen Finanzgesellschaften sind verschiedene unseriöse Anbieter mit Sitz in der Schweiz oder im Ausland im Markt aktiv. Ihnen gegenüber ist allergrösste Vorsicht geboten. Jegliche unüblich hohen Renditeversprechen oder undurchsichtigen Vertragsunterlagen sollten Ihnen Anlass zu Skepsis sein. Anstelle des Geldregens aus dem erhofften finanziellen Füllhorn erwarten Sie bei solchen Investitionen meist herbe Verluste. Schon mancher leichtsinnige und naive Anleger liess sich von der Gier auf hohen Gewinn zu riskanten Investitionen verleiten und hat von seinem Geld nie wieder einen Rappen gesehen. Umso schlimmer, wenn er sich für diese «Anlagen» gar verschuldet hat. Der Rechtsweg ist teuer, beschwerlich und meist aussichtslos.

Tipps
- *Eine vollständige Liste der Mitglieder der Bankiervereinigung (Banken und Nichtbanken-Mitglieder) finden Sie im Internet unter www.swissbanking.org.*
- *Wenn Sie mit Ihrer Bank Probleme haben, ist dafür der Schweizerische Bankenombudsman zuständig:*
  - *Schweizerischer Bankenombudsman*
    Postfach
    8021 Zürich
    Tel. 01 213 14 50
    Fax 01 210 37 20
    www.bankenombudsman.ch

Bankvollmacht und Gemeinschaftskonto

Zu jeder Vermögensanlage gehört, dass man sich rechtzeitig Gedanken darüber macht, was mit den Vermögenswerten im Todesfall geschehen soll. In der Regel erteilen Anleger einer Person ihres Vertrauens eine Bankvollmacht. Solche Bankvollmachten sind generell über den Tod des Vollmachtgebers hinaus gültig – sollte man meinen. Doch treffen im Beobachter-Beratungszentrum in letzter Zeit vermehrt Klagen ein, dass sich die Banken immer restriktiver verhalten und solche Vollmachten nicht anerkennen wollen.

Beispiel *Als Thomas Aregger starb, war sein Sohn Hans neben einer Cousine der einzige Erbe. Hans Aregger, der eine Bankvollmacht seines Vaters besass, wollte zwecks Aufteilung des Erbes über dessen Konten und Vermögenswerte bei der Bank verfügen. Pflichtbewusst teilte er der Bank den Todesfall mit. Doch die Bank in Liestal verlangte – anders als andere Banken, bei denen der Vater Kunde gewesen war – eine Erbenbescheinigung, weil die über den Tod hinaus gültige Vollmacht nicht genüge. Beim zuständigen Bezirksamt erhielt Hans Aregger die Erbenbescheinigung (Kostenpunkt 50 Franken) und sprach damit wieder bei der Bank vor. Nun verlangte die Bank, dass die ebenfalls erbberechtigte Cousine den Auftrag zur Kontoaufhebung mit unterzeichne; falls die Cousine nicht persönlich am Schalter erscheinen könne, sei zur Identifikation eine zusätzliche Ausweiskopie nötig. Bis hierher hatte sich die Bank zwar durchaus korrekt, wenn auch etwas kleinlich verhalten. Dass hingegen Hans Aregger die Erbenbescheinigung auf sein Verlangen hin nicht mehr zurückerhielt, war reine Beamtenwillkür. «Die Bankangestellte liess mich wie einen Bettler vor dem Schalter stehen, ohne mir die Erbenbescheinigung wieder auszuhändigen», schrieb er dem Beobachter.*

Mit ihrer Vollmachtspraxis steht diese Liestaler Bank nicht allein da. Auch andere Banken verhalten sich beim Todesfall eines Kunden trotz gültiger Bankvollmacht über den Tod hinaus ähnlich. Reklamieren nützt nichts; denn die Banken sind mit ihrer extrem vorsichtigen Haltung im Recht: Sie sind nur so lange geschützt, wie sie gutgläubig sind, das heisst, nicht davon ausgehen müssen, dass der

Bevollmächtigte gegen die Interessen der anderen Erben handeln könnte. Akut wird die Problematik erst dann, wenn die Bank vom Ableben des Vollmachtgebers Kenntnis erhält. Dass Banken in solchen Fällen eine gegenüber früher erhöhte Vorsicht walten lassen, ist weitgehend eine Reaktion auf ein Urteil des Bundesgerichts vom 28. Oktober 1993.

All diese Probleme um Vollmachten über den Tod hinaus können mit einem Gemeinschaftskonto und -depot vermieden werden. Im oben stehenden Beispiel hätten Konto und Depot also auf Hans und/oder Thomas Aregger gelautet. Beim Tod des einen, wäre der Überlebende automatisch Alleininhaber des Kontos und der deponierten Wertschriften geworden. Da es sich bei solchen Gemeinschaftskonten um einen Vertrag zwischen der Bank und allen Unterzeichnenden handelt, brauchen diese sich gegenseitig auch keine Vollmacht auszustellen. Einziger Nachteil ist, dass der Vertrag für ein Gemeinschaftskonto nur mit Zustimmung aller Unterzeichner aufgehoben werden kann. Ist der überlebende Unterzeichner gegenüber dem verstorbenen nicht erbberechtigt, können die Erben, wenn sie von der Bankbeziehung erfahren, unberechtigte Vermögensdispositionen zivilrechtlich einklagen.

Die Sicherheit von Versicherungsgesellschaften

Gesellschaften, die in der Schweiz Versicherungsgeschäfte abschliessen, unterstehen der gesetzlichen Schutzaufsicht des Bundes (Bundesamt für Privatversicherungswesen). Wesentliche Voraussetzungen dafür, dass das Bundesamt für Privatversicherungswesen einer Versicherungsgesellschaft die Geschäftsbewilligung erteilt, sind ihre Solvenz und Bonität. Die Schutzaufsicht und die damit verbundenen Auflagen sind denn auch der Grund, dass seit vielen Jahren kein Lebensversicherer mehr in Konkurs geraten ist. Beruhigend für Anleger ist zudem der Sicherungsfonds der Versicherungsgesellschaften, der die eingezahlten Prämienguthaben der Versicherten garantiert. Zur Anlage von Sparkapitalien eignen sich daher bezüglich Sicherheit alle Versicherungsgesellschaften, hingegen ist bei der Wahl der einzelnen Produkte ein sorgfältiger Konkurrenzvergleich zu empfehlen.

Im Rahmen dieses Ratgebers interessieren von den verschiedenen Versicherungsprodukten nur die der Altersvorsorge dienenden Policen. Neben den üblichen gemischten Versicherungspolicen (Risiko- und Erlebensfallversicherung, so genannte Säule 3b) mit monatlicher, vierteljährlicher oder halbjährlicher Prämienzahlung und den Produkten der Säule 3a (gebundene Vorsorge) bieten gegen dreissig Gesellschaften massgeschneiderte Produkte für die Altersvorsorge wie Einmaleinlageversicherungen mit Kapitalzahlung oder Rente und fondsverwaltete Einmaleinlagen (mehr dazu im fünften Kapitel; Adressen der Anbieter im Anhang, Seite 240).

Klagemauern für Probleme mit Versicherungsgesellschaften und Krankenkassen

Trotz der Sicherheit, welche die gesetzlichen Auflagen bieten, können Versicherte Probleme mit ihrer Versicherungsgesellschaft haben, beispielsweise:
- Die Versicherung liefert keine detaillierte Berechnung des Rückkaufswerts einer Police.
- Bei Auszahlungen ergeben sich Verzögerungen.
- Vermittler halten ihre Renditeversprechen nicht ein.
- Mangels fachgerechter Beratung wird das falsche Produkt gewählt.
- Bei der Kündigung einer Police entstehen Probleme.

Für solche Probleme gibt es eine offizielle Stelle, den Ombudsman der Privatversicherung – oder vielmehr die Ombudsfrau; zurzeit ist die Zürcher Rechtsanwältin und Nationalrätin Lili Nabholz Ansprechpartnerin. Im Jahr 2000 haben sich rund 3000 Betroffene an sie gewendet und unentgeltliche Hilfe bei Problemen mit der Lebensversicherung, der Autohaftpflicht und der privaten Krankenversicherung erhalten.

Tipps
- *Bei Problemen mit privaten Versicherungen wenden Sie sich am besten an:*
  - *Ombudsman der Privatversicherung*
  Postfach
  8022 Zürich
  Tel. 01 211 30 90
  Fax 01 212 52 20

- *Für Probleme mit Krankenkassen und Zusatzversicherungen ist der Ombudsman der Sozialversicherungen in Luzern zuständig:*
  - *Ombudsman der sozialen Krankenversicherung*
  Morgartenstrasse 9
  6003 Luzern
  Tel. 041 226 10 10

Strukturvertriebe: einige weisse und viele schwarze Schafe

Wer Anlagefonds verkauft, braucht in der Schweiz eine Bewilligung der Eidgenössischen Bankenkommission (EBK). Wird das Fondsprodukt jedoch in eine Lebensversicherungspolice eingepackt, kann jedermann nach einer Schnellbleiche-Ausbildung mit solchen Produkten an Haustüren hausieren und via Telefon in Sportvereinen, Discoclubs, bei ehemaligen Schul- und Militärkollegen sein Verkaufstalent unter Beweis stellen. Solche Verkaufspraktiken sind die Domäne der so genannten Strukturvertriebe.

Das Allfinanz- und Strukturvertriebsgeschäft hat riesige Dimensionen angenommen, nicht zuletzt, weil die rosige Börsenstimmung der letzten Jahre das beste Argument war, um Fondsprodukte in allen Formen zu verkaufen und zu vermitteln. Strukturvertriebe leben nicht nur von Provisionen, sondern erweitern ihr Geschäftsfeld im Strukturprinzip. Das heisst, es werden ständig neue Agenten angeworben, die ihrerseits wieder Agenten anwerben, nach einem ausgeklügelten Provisionssystem in der Hierarchie aufsteigen und von den Provisionseinnahmen ihrer Unteragenten mit profitieren.

Die Beratungsleistungen solcher Agenten sind mit Vorsicht zu geniessen. Oft bieten Allfinanzgesellschaften und Strukturvertriebe teure Seminare für Berufsaussteiger an, in denen diese im Schnellverfahren zu «Finanzvermittlern» ausgebildet werden. Da lässt nicht nur die fachliche Qualifikation viel zu wünschen übrig, auch für die Angeworbenen ist eine solche «Ausbildung» oft mit Verlusten verbunden. Haben sie nach dem Kurs den Zusammenarbeitsvertrag unterzeichnet, ist ein Ausstieg ohne Kostenfolgen kaum mehr möglich. Viele Berufsum- oder -einsteiger zahlen hohes Lehrgeld, wenn sie ihre Vermittlertätigkeit wieder aufgeben müssen, sobald das Feld von Familienmitgliedern, Freunden und Bekannten abgegrast ist. Zudem kann sich ein Arbeitszeugnis mit dem Namen eines Strukturvertriebs auf die weitere berufliche Zukunft negativ auswirken, besonders wenn das Agentenverhältnis nicht friedlich, allenfalls sogar in einem Rechtsstreit geendet hat.

Die Zeitschrift K-Geld hat einige Strukturvertriebe unter die Lupe genommen; ihr Fazit in der Ausgabe 3/2001: «Unabhängige Rundumberatung in allen finanziellen Angelegenheiten versprechen Schweizer Strukturvertriebe. Tatsächlich empfehlen sie vor allem jene Versicherungsprodukte, die ihnen am meisten Provisionen bringen. Die spezifischen Bedürfnisse der Kundschaft spielen bestenfalls eine untergeordnete Rolle.» Im Test erhielt einzig der AWD trotz einiger kritischer Bemerkungen die Gesamtnote «gut»; der BDS wurde noch als «genügend» eingestuft; bei First, WNB und ITE lautete das Urteil «ungenügend».

Auswahl der bekanntesten Allfinanzgesellschaften und Strukturvertriebe

- AWD Allgemeiner Wirtschaftsdienst AG, 6300 Zug
- BDS Beratungsdienst GmbH, 6330 Cham
- DIS Direct Invest Schweiz AG, 8957 Spreitenbach
- First Insurance Contact AG, 8806 Bäch SZ (besonders aktiv unter Tamilen)
- IAVAG Vermögensverwaltung, 4618 Boningen
- Intres Genossenschaft, 6020 Emmenbrücke
- Swissfirst AG, 6300 Zug
- WNB Finanzanlagen AG, 4622 Egerkingen

Mit der Gesamtrevision des Versicherungsaufsichtsgesetzes soll dem Wildwuchs im Verkauf von Finanzprodukten endlich ein Riegel geschoben werden. Das imageschädigende Treiben auf dem Buckel derjenigen Versicherungsgesellschaften und Banken, die ihre Produkte nicht durch Strukturvertriebe unter die Leute bringen, soll ein Ende haben. Das neue Gesetz, das allerdings nicht vor 2003 in Kraft treten wird, sieht vor allem eine Aufsicht über solche Vermittler vor; sie müssen zur Ausübung ihrer Tätigkeit eine hohe berufliche Qualifikation nachweisen.

Tipps
- *Geben Sie keine Adressen weiter – oder wollen Sie wirklich Ihre Freunde und Bekannten vergraulen?*
- *Lassen Sie Angebote und Offerten immer von Ihrer Hausbank prüfen.*
- *Bedenken Sie, dass Sie Ihre persönlichsten Daten und finanziellen Verhältnisse preisgeben und keine Gewähr haben, dass diese Informationen nicht für Werbezwecke weitergegeben werden.*
- *Glauben Sie nicht alles. Der beliebteste Satz der Vermittler und Berater lautet: «Wir sind im Gegensatz zu Banken neutral.» – obwohl sie oft nur die Fondsprodukte einer einzigen Bank oder Versicherungsgesellschaft empfehlen!*

Selbstregulierungsorganisationen (SRO)

Alle Firmen, die gegen Honorar Vermögenswerte für Kunden anlegen, müssen einer Selbstregulierungsorganisation (SRO) angeschlossen sein, die von der Kontrollstelle für die Bekämpfung der Geldwäscherei in Bern anerkannt ist. Regelmässig verkünden diese Organisationen in den Medien, die Mitgliedschaft bei einer SRO sei eine Garantie für Seriosität, da sich schwarze Schafe kaum registrieren lassen würden. Das Eidgenössische Finanzdepartement allerdings, dem die Kontrollstelle angeschlossen ist, verweist diese Behauptung ins Reich der Märchen: «Die Mitgliedschaft bei einer SRO sagt gar nichts über die Seriosität eines Unternehmens aus. Der Finanzdienstleister erfüllte lediglich die gesetzliche Pflicht, sich einem Aufsichtsgremium zu unterstellen.»

Das Geldwäschereigesetz schreibt zwar vor, dass die Kontrollorganisationen nur Firmen aufnehmen dürfen, die «einen guten Ruf geniessen». Doch in einigen SRO ist diese Vorschrift bislang reine Theorie; Kontrollen zur Überprüfung der Seriosität der Mitglieder fehlen weitgehend. So bestätigt zum Beispiel die PolyReg, dass für die Aufnahme «primär formelle Gründe entscheidend» seien, beispielsweise die Vollständigkeit der eingereichten Unterlagen. Laschere Sitten pflegen auch Sammel-Selbstregulierungsorganisationen, die Anlageberater, Devisen- und Optionshändler sowie Kreditvermittler unter ihrem Dach beherbergen, etwa der Verein zur Qualitätssicherung im Bereich der Finanzdienstleistungen (VQF). Ihnen dürfte es schwer fallen, die Dienstleistungsqualität ihrer unterschiedlichen Mitglieder unter Kontrolle zu halten. In diesem Zusammenhang teilt der Verband Schweizerischer Vermögensverwalter mit, dass er unter den zwölf bestehenden Selbstregulierungsorganisationen als einziger seine Mitglieder auch punkto Berufsethik auf Herz und Nieren prüfe. Wer gegen die Standesregeln verstosse, dem werde die Mitgliedschaft verweigert oder aufgekündigt.

Die schwarzen Schafe unter den Geldberatern haben deshalb trotz der gesetzlichen Pflicht zum Beitritt zu einer von der Kontrollstelle anerkannten Selbstregulierungsorganisation (SRO) leichtes Spiel. Ob ein Unternehmen seine Geschäfte seriös betreibt, wird in der Regel nicht kontrolliert. Die vom Beobachter in seiner Ausgabe 8/2001 kritisch erwähnte ECN/EC Business Service AG beispielsweise ist der PolyReg angeschlossen, einer von der Kontrollstelle anerkannten Selbstregulierungsorganisation.

Tipps
- *Werden Sie als Anleger umworben? Eine Anfrage bei einer SRO kann nichts schaden. Die Liste der anerkannten Organisationen finden Sie im Anhang (Seite 242). Bei über 10 000 Finanzdienstleistern müssen Sie trotzdem damit rechnen, dass Sie einem unseriösen Anbieter auf den Leim kriechen. Fragen Sie sich immer: Wozu benötige ich einen Finanzdienstleister? Und vor allem: Misstrauen Sie allen Angeboten, die unüblich hohe Gewinne versprechen!*
- *Gibt die SRO keine Auskunft über eine Mitgliedschaft, können Sie die Kontrollstelle anfragen:*
  - *Eidgenössische Finanzverwaltung*
  Kontrollstelle für die Bekämpfung der Geldwäscherei
  Christoffelgasse 5
  3003 Bern
  Tel. 031 323 39 94

Der Klick zum Internet- und Online-Broker

Internet- und Online-Banking werden in der Regel als gleichbedeutende Begriffe verwendet. Dies stimmt nicht ganz: Online-Banking umfasst alle Online-Methoden, zurzeit also Internet- und Tele-Banking. Beim Internet-Banking wird der Auftrag am Computer eingetippt und per Internet umgehend (real time) übermittelt. Beim Tele-Banking geschieht dasselbe über das WAP-Handy; WAP steht für wireless application protocol und meint die internet-ähnliche Technologie für Online-Dienste ab Mobiltelefon. Zwar wird das langsame und teure WAP momentan noch wenig genutzt, doch dürfte mit der Einführung der wesentlich schnelleren und günstigeren Technologie GPRS (General Packet Radio Service) der Durchbruch zum «mobilen Internet» erfolgen.

Kriterien für die Auswahl eines Internet-Brokers

Der Börsenhandel via Internet ist dank der bedeutend tieferen Gebühren und Kommissionen attraktiv: Während ein telefonisch an die Bank übermittelter Auftrag in der Regel auf mindestens 80 Franken zu stehen kommt, beträgt die Mindestgebühr für einen Internetauftrag 35 bis 50 Franken. Zwar sind die Gebühren je nach Bank oder Broker leicht unterschiedlich, doch macht es keinen Sinn, wegen einiger Franken den Anbieter zu wechseln; die Transferkosten für die Wertschriften (80 bis 250 Franken pro Posten) fallen dabei massiv ins Gewicht.

Wenn Sie Ihren Online-Börsenpartner auswählen, spielen in einem echten Kostenvergleich neben den Bankkommissionen zahlreiche, ebenso wichtige Kriterien eine Rolle:

- **Anzahl Börsenplätze:** Handelt die Bank an allen relevanten Börsenplätzen der Welt direkt?
- **Realtime-Kurse:** Bietet die Bank Realtime-Kurse oder müssen Sie mit verzögerten Kursangaben vorlieb nehmen? Wenn Kurse von ausländischen Börsen verzögert angezeigt werden, nennt die Bank jeweils die Verzögerung?
- **Limit- und Stop-loss-Aufträge:** Können Sie alle üblichen Vorgaben eingeben? Stop-loss bedeutet, dass ein Titel verkauft wird, sobald ein bestimmter Kurs unterschritten wird; auf diese Weise lassen sich erhebliche Verluste vermeiden.
- **Rasche Information:** Werden Sie via SMS, WAP, E-Mail informiert, sobald bestimmte Limiten über- oder unterschritten werden?
- **Telefonische Beratung:** Bietet die Bank auch telefonische Beratung an? Verrechnet sie dafür Gebühren?

- **Telefonaufträge:** Ist es möglich, wenn kein Internet-Anschluss zur Verfügung steht, alternativ per Telefon Aufträge zu erteilen? Wie hoch sind die Kosten?
- **Konditionen:** Wie sind die Zins- und Gebührenkonditionen für Franken-, Euro- und Dollarkonten? Wie hoch sind die Transferkosten? Welche Depotgebühren werden verlangt?
- **Abwicklung:** Wie hoch ist der Aufwand für die Abwicklung via PIN, Vertragsnummer, Streichliste?
- **Kreditmöglichkeiten:** Haben Sie bei einem Engpass die Möglichkeit, das Konto zu überziehen.
- **Sollzinssatz:** Welchen Zins verrechnet die Bank, wenn Sie ins Soll geraten?
- **Höhe der Stammeinlage:** Welchen Minimalbetrag müssen Sie insgesamt bei der Bank angelegt haben?
- **Kreditkarten:** Welche Kreditkarten bietet die Bank zu welchen Bedingungen an?
- **Rückzugsbeschränkungen:** Von welchem Kontotyp können Sie in welcher Frist wie viel beziehen?
- **Abschlüsse:** Erhalten Sie Ende Jahr von der Bank einen Abschluss von Konto und Depot, den Sie für die Steuererklärung verwenden können?
- **Portospesen:** Wie werden Porti verrechnet? Unter Umständen können Porti mehr ins Gewicht fallen als Konto- und Depotgebühren.
- **Nachlieferung von Unterlagen:** Liefert Ihnen die Bank verlorene Unterlagen nachträglich nach? Was sind die Bedingungen?
- **Sicherheit:** Wie sicher ist die Bank (siehe Seite 53)?

Seit die konventionellen Banken ihre Internetdienste immer effizienter ausbauen, geraten die Angebote der Discountbroker unter Druck. Vor allem die kleinen haben ihren Vorsprung auf die Banken längst eingebüsst. Wenn alle genannten Kriterien berücksichtigt werden, fällt der Entscheid oft nicht zugunsten eines Discountbrokers. Ein einziger Internet-Broker kann sich bisher am Markt behaupten: Swissquote hält im Online-Börsenhandel der Schweiz Platz 3, allerdings deutlich hinter den beiden Grossbanken UBS und CS, die neben dem Online-Banking die grösste Palette an Dienstleistungen anbieten.

Die wichtigsten Anbieter von Online-Banking in der Schweiz

Bank	Internet-Angebot
Banque Cantonale Vaudoise	www.e-sider.com
Basellandschaftliche Kantonalbank	www.BLKB.ch
Basler Kantonalbank	www.bskb.ch
Berner Kantonalbank	www.bekb.ch
Consors	www.consors.com
Credit Suisse	www.youtrade.ch
Migrosbank	www.migrosbank.ch/German/
Postfinance	www.yellowtrade.ch
Solothurner Bank / Bâloise Bank	https://sobanet.soba.ch/ident.html
Swissnetbank AG	www.swissnetbank.com
Swissquote Group Bank (gehört zu 51% der Swissquote Group Holding, zu 49% der Bank Rüd, Blass & Cie, einer Tochtergesellschaft der Zurich Financial Services)	www.swissquote.ch/
UBS	• www.tradepac.ch (Discountangebot) • www.ubs.ch/ebanking/classic (etwas teurer als www.tradepac.ch, dafür mit der gesamten UBS-Dienstleistungspalette)
Zürcher Kantonalbank	www.zkb.ch

Tipp
- *Wenn Sie Kosten- und Gebührenvergleiche anstellen möchten, eignet sich das klar strukturierte Angebot auf www.yellowtrade.ch (Postfinance, siehe nebenstehende Seite) als Vergleichsraster ausgezeichnet.*

Bonität spielt eine wichtige Rolle

Die Bonität (siehe Seite 43) ist bei Discountbrokern genauso wichtig wie bei Banken. Bereits haben die Online-Broker Fimatex Schweiz und Swissbrokers ihre Geschäftstätigkeit wieder einstellen müssen; weitere könnten folgen. Ein Online-System zu entwickeln, ist teuer, wie das Beispiel der Bank Vontobel zeigt, die mit Verlusten in zweistelliger Millionenhöhe aus einem solchen Projekt ausgestiegen ist. Nur wer über eine genügend grosse Kundenbasis im Online-Bereich verfügt, kann diesen gewinnbringend gestalten. Wer damit Verluste einfährt, stellt

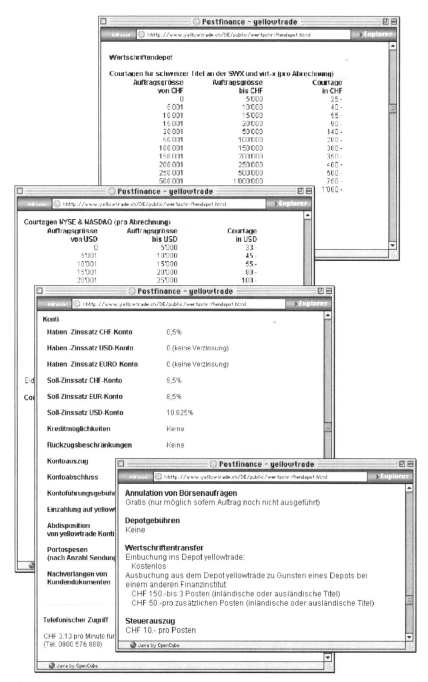

Übersichtliche Gebührenangaben auf www.yellowtrade.ch

das Online-Angebot irgendwann wieder ein oder geht Konkurs. Das kann Sie als Kunde in verschiedener Hinsicht finanziell belasten:
- Der Wechsel zu einem anderen Online-Anbieter ist mit hohen Transferkosten verbunden.
- Das Kontoguthaben bei einem reinen Online-Broker geniesst keinen gesetzlichen Schutz, da es sich nicht um ein Konto handelt, auf das regelmässig ein Salär oder eine Rente fliesst (siehe Seite 52).
- Das Risiko, dass beim Zusammenbruch eines Brokers in der Wertschriften- und Kontoadministration ein Chaos herrscht, ist nicht zu unterschätzen. In einem solchen Fall besteht auch keine Gewähr, dass alle Depotwerte ausgehändigt werden.

Tipp • *Wer online mit Wertpapieren handeln will, fährt mit seiner Hausbank vielleicht nicht immer am günstigsten, dafür aber am sichersten.*

Achtung Anlegerfallen

Hunderte von finanziell Geschädigten wenden sich jedes Jahr Hilfe suchend ans Beobachter-Beratungszentrum. Trotz aller Warnungen im Beobachter, in Zeitungen, Radio und Fernsehen lassen sich immer wieder gutgläubige Anleger auf der Renditejagd von Scharlatanen erwischen. Traurig ist, dass dabei hunderttausende von Franken blindlings aufs Spiel gesetzt und oft ganze Familien ihrer Existenz beraubt werden. Machen die unredlichen Finanzhaie Konkurs oder geraten sie endlich in die Mühlen der Justiz, tauchen sie oft schon bald unter neuem Namen wieder in der «Branche» auf und das böse Spiel beginnt von vorn! Die geschädigten Anleger stehen vor der schwierigen Entscheidung, ob sie privat- oder strafrechtliche Schritte einleiten sollen. In den meisten Fällen ist das ergaunerte Kapital auf dunklen Wegen für immer verschwunden, die Chancen auf Rückerstattung sind minim.

Leider sind die Interventionsmöglichkeiten der Eidgenössischen Bankenkommission und anderer Instanzen heute sehr beschränkt. Das wird sich erst ändern, wenn das neue Finanzaufsichtsgesetz endlich in Kraft tritt.

Die Abzockertricks der Telefonhaie

Optionen: Bei einer Bank im In- oder Ausland wird ein Konto auf den Namen des Kunden eröffnet, dann wird eine Vollmacht des Kunden verlangt und tüchtig mit Optionen spekuliert. Das eingesetzte Kapital wird mit hohen Kommissionen und anderen Tricks systematisch vernichtet. Die Hochglanzprospekte vermitteln falsche Sicherheit und Seriosität; oft soll der Name eines angesehenen Bankinstituts als Bankverbindung Vertrauen erwecken.

Devisen, FOREX (Foreign Exchange) und Rohstoffgeschäfte: Auch für solche Geschäfte wird in der Regel bei einer in- oder ausländischen Bank oder direkt bei einem dubiosen Broker ein Konto auf den Namen des Kunden eröffnet. Mit angeblich kleinen Margen, aber völlig unüblichen Kommissionen, die Laien sowieso nicht überprüfen können, spekulieren die sich als Währungsspezialisten ausgebenden Abzocker auf Kosten der Investoren.

Wertlose Beteiligungspapiere: Ein weiterer Trick besteht im Verkauf von wertlosen Aktien und Beteiligungspapieren oder von Beteiligungen an Immobiliengesellschaften. Es sei nochmals erwähnt: Kaufen Sie nie Papiere von Gesellschaften, die Sie nicht kennen – und wenn Ihnen die Gesellschaften bekannt sind, kaufen Sie die Beteiligungspapiere am besten bei Ihrer Bank!

Angebliche IPO (initial public offering): Kleine Gesellschaften, die oft nur über eine Internetadresse verfügen und meist auch keine Bilanzunterlagen vorweisen können, versuchen unter der Hand Aktien, die an keiner Börse gehandelt werden, zu völlig überrissenen Preisen zu verscherbeln. Als Köder dient das Versprechen, die Aktien würden demnächst an einer Börse kotiert (IPO), was den Preis massiv in die Höhe treibe. Die gutgläubigen Anleger wundern sich dann, dass die Börsenkotierung nie zustande kommt und sie auf wertlosen Aktienzertifikaten sitzen bleiben – falls sie diese überhaupt ausgehändigt erhalten.

Die Nigeria-Mafia: Per E-Mail oder Brief flattern nach wie vor in hunderte von Haushaltungen frohe Botschaften vor allem aus Nigeria, teilweise auch aus anderen afrikanischen Staaten. Da hat beispielsweise der Sohn eines gescheiterten Machthabers wegen des bösen Nachfolgers Mühe, seine sauer und völlig legal verdienten Millionen ins Ausland zu transferieren, und sucht nun gegen eine grosszügige Beteiligung Hilfe in der Schweiz. Manchmal wird auch die Mitwirkung der nigerianischen Behörden vorgetäuscht. Natürlich sehen die hilfsbereiten Opfer nie Geld, im Gegenteil: Für das angeblich kurz vor der Auszahlung stehende Riesenvermögen muss kurzfristig – nur für einige Tage – eine Garantie in Form einer Einzahlung geleistet werden. In der Hoffnung auf einen Riesengewinn senden naive Anleger blanko unterschriebene persönliche Briefbogen an die Adresse des unbekannten Absenders und geben ihre Bankverbindung samt Kontonummer in der Schweiz bekannt. Immerhin wird auf diese Weise lediglich das Konto geplündert. Weit schlimmer ist es, wenn solche Anleger ihre Millionen direkt in Lagos abholen wollen; dann ist nicht nur das Geld verloren, sondern zusätzlich die Gesundheit und das Leben gefährdet. Achtung: Die Mittel und Methoden der Betrüger werden zunehmend brutaler und raffinierter!

Tipps
- *Denken Sie bei jedem Aktienkauf daran, dass Sie die Aktie möglicherweise wieder verkaufen müssen oder wollen. Das ist nur bei Papieren von börsenkotierten oder sehr seriösen Unternehmen mit hoher Reputation möglich. Wenn Sie zum exklusiven Kreis jener Leute zählen, die sich eine (nicht börsengängige) NZZ-Aktie für rund 200 000 Franken leisten können, fahren Sie damit so sicher wie mit einer an der SWX gehandelten Aktie – bei weniger bekannten, nicht kotierten Unternehmen lassen Sie besser die Hände davon.*
- *Sind Sie einem Betrüger aufgesessen und haben dabei Geld verloren? Sind Sie Minderheitsaktionär einer Aktiengesellschaft und missachten die Mehrheitsaktionäre Ihre berechtigten Vorwürfe? Empfehlenswerte Anlaufstellen für solcherart geschädigte Investoren sind:*
  - *SIS Schutzgemeinschaft der Investoren Schweiz*
  - *Postfach*
  - *8032 Zürich*
  - *Tel. 01 387 98 60*
  - *Fax 01 387 98 89*
  - *www.investorenschutz.ch*

- Dr. iur. Peter C. Giger
  Kuttelgasse 8
  Postfach 4916
  8022 Zürich
  Tel. 01 215 41 41
- Eine Homepage zur Warnung vor Finanzbetrügern hat die Schweizerische Koordinationsstelle für Verbrechensprävention aufgebaut: www.stoppbetrug.ch.
- Die Bundesverwaltung in Bern hat im Internet speziell für Geschädigte der Nigeria-Mafia und Interessierte eine Informationsstelle eingerichtet: www.admin.ch – im Suchfeld «Nigeria» eintippen.

Weitere Hilfe finden Sie bei den oben genannten Adressen sowie beim Beobachter-Beratungszentrum (Tel. 01 448 76 07).

3. Von Obligation bis Option: die Wertpapiere

Alles, was Sie über die einzelnen Arten von Wertpapieren wissen müssen, um entweder selbst an der Börse zu investieren oder informiert und kompetent mit Ihrem Berater, Ihrer Beraterin über Anlagestrategien sprechen zu können, finden Sie in diesem Kapitel.

Obligationen

Obligationen sind Darlehen, die Sie als Anleger einer Gesellschaft oder der öffentlichen Hand zu einem bestimmten Zinssatz und für eine bestimmte Laufzeit gewähren. Solche Obligationen werden regelmässig neu aufgelegt. Aus Kotierungsinseraten oder von Ihrer Hausbank erfahren Sie Emissionspreise, Zinssätze, Laufzeiten und Rückzahlungsbedingungen und können die Titel über die Bank kaufen.

Verschiedene Arten von Obligationen

- **Kassenobligation:** Diese von den Banken herausgegebenen Wertpapiere mit festem Zins und fester Laufzeit werden nicht an der Börse gehandelt, sondern direkt am Schalter verkauft. Das Kapital bleibt bis zum Ablauf blockiert, sofern die Bank nicht aus Kulanzgründen die Titel mit einem Kommissionsabzug abrechnet.
- **Anleihensobligation:** Diese geläufigste Form der Obligation hat einen im Voraus festgesetzten Zinssatz; am Ende der im Voraus definierten Laufzeit wird die ausgeliehene Summe vollständig zurückgezahlt. Ausgegeben werden Anleihensobligationen von Unternehmen im In- und Ausland. Häufig behält sich der Schuldner eine vorzeitige Kündigungsmöglichkeit zu einem im Voraus bestimmten Kurs vor.
- **Pfandbrief:** Diese Obligation ist durch ein Grundpfand gesichert. Zur Ausgabe ermächtigt sind lediglich die Pfandbriefzentrale und die Pfandbriefbank Schweizerischer Hypothekarinstitute (siehe Seite 57). Die hohe Sicherheit solcher Titel schlägt sich in tieferen Zinssätzen nieder.
- **Zerobond:** Bei diesen Obligationen gibt es keine Zinszahlungen. Stattdessen werden sie unter ihrem Rückzahlungswert ausgegeben und gehandelt, sodass dem Anleger bis zum Ende der Laufzeit ein Kursgewinn winkt. Das macht solche Obligationen besonders anfällig auf Kursschwankungen. Ein Beispiel: Die 0%-Anleihe der Weltbank mit Laufzeit 1985 bis 2015 wurde am 27. Juli 2001 bei 57,7 Prozent gehandelt, das heisst, für 5770 Franken erhielt man Anleihen mit einem Wert per Verfall von 10 000 Franken. Daraus lässt sich eine Rendite bis 2015 von jährlich 3,94 Prozent errechnen. Vor dem Kauf ist es empfehlenswert, sich bei der Bank über die Besteuerungsbestimmungen zu erkundigen.
- **Wandelanleihe**: Inhaber von Wandelanleihen erhalten zusätzlich zum Zins das Recht, innerhalb einer festgelegten Zeitspanne die Anleihe

gegen eine im Voraus bestimmte Anzahl Aktien der Gesellschaft einzutauschen. Wird das Eintauschrecht wahrgenommen, verfällt die Anleihe.

- **Optionsanleihe:** Diese enthält einen so genannten Optionsschein, der den Inhaber berechtigt, innerhalb einer festgelegten Zeitspanne Aktien der Gesellschaft zu einem im Voraus bestimmten Preis zu kaufen. Die Obligation wird – unabhängig davon, ob das Optionsrecht wahrgenommen wurde – am Ende der Laufzeit zurückbezahlt. Der Optionsschein kann auch separat gehandelt werden.

Anleihensobligationen

Anleihensobligationen können bis zum Ende ihrer Laufzeit an der Börse täglich zum Tageskurs gekauft und verkauft werden. Ihr Wert an der Börse entspricht nicht ihrem Nominalwert, sondern hängt von der Entwicklung der Zinssituation ab. Sinkt das allgemeine Zinsniveau, steigt der Obligationenkurs auf über 100 Prozent des Nominalwerts, steigt das Zinsniveau, fällt er darunter.

Beispiel: 2,625%-Obligation der Berner Kantonalbank (Valor 507 418)

- Laufzeit: 12. April 1999 bis 12. April 2006
- Emissionskurs: 100,75%
- Kurs am 2. April 2001: 96,90%
- Rückzahlung zu 100% bei Verfall am 12. April 2006

Die Grafik auf www.swissquote.ch (siehe Seite 78) zeigt die Kursentwicklung des Papiers seit der Emission am 26. März 1999. Auf der Achse rechts sind die Veränderungen in Prozent gegenüber dem Emissionspreis vermerkt. Ein Verlust von 4 Prozent beispielsweise entspricht einem Tageskurs von 96 Prozent. Die Striche unter der Kurve für die Kursentwicklung zeigen das Handelsvolumen pro Tag an. Das Zahlenblatt enthält folgende Informationen (von links nach rechts und von oben nach unten):

- Datum und Zeit der Abfrage
- Valorennummer (unter dieser Nummer ist ein Titel an einem bestimmten Börsenplatz eindeutig identifizierbar)
- Veränderung gegenüber dem Vortag

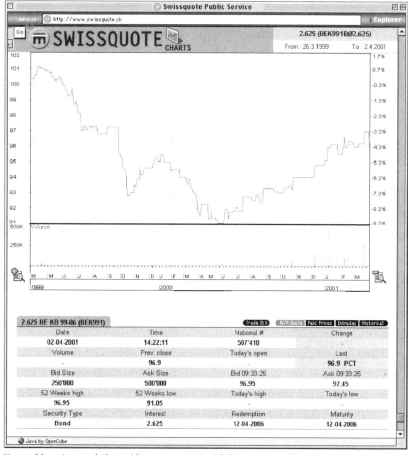

Kennzahlen einer Anleihensobligation am Beispiel der 2,625%-Obligation der Berner Kantonalbank

- Handelsvolumen am Tag der Abfrage
- Schlusskurs am Vortag
- Eröffnungskurs am Tag der Abfrage
- Zuletzt bezahlter Preis
- Anzahl gesuchte Obligationen
- Anzahl angebotene Obligationen
- Geldkurs (Kurs, zu dem das Papier verkauft werden kann) und dessen Eingabezeit
- Briefkurs (Kurs, zu dem das Papier gekauft werden kann) und dessen Eingabezeit

- 52-Wochen-Hoch (höchster Kurs, der in den letzten 52 Wochen bezahlt worden ist)
- 52-Wochen-Tief
- Tageshoch
- Tagestief
- Wertpapierart (Bond, das heisst Obligation)
- Nominalzins (Zins in Prozent des Nominalwerts von 100 Prozent)
- Datum der Möglichkeit zur vorzeitigen Kündigung
- Verfall- und Rückzahlungsdatum

Wie sicher sind Obligationen?

Obligationen sind sicherer als Aktien, denn im Gegensatz zu diesen werden sie am Ende der Laufzeit zum Nominalwert zurückbezahlt. Zudem werfen sie jedes Jahr einen gleich bleibenden Zins ab. Die Sicherheit der Obligationen hängt jedoch sehr von der Qualität des Emittenten, also der ausgebenden Gesellschaft ab: Wird diese zahlungsunfähig, ist der investierte Betrag verloren. Die Bonität der Obligationenschuldner wird nach den Ratingsystemen der beiden amerikanischen Unternehmen Standard & Poor's und Moody's Investor Service beurteilt (siehe Seite 42).

Ein weiteres Kriterium für die Sicherheit einer Obligation ist die Währung, in der sie ausgegeben wurde. Wer den Schweizer Franken verlässt und in Fremdwährungen investiert, erhöht zwar die Rendite (nur in Japan liegen die Zinsen tiefer), geht aber auch ein höheres Risiko ein, da sich eine Fremdwährung gegenüber dem Schweizer Franken verändern kann.

Steuerliche Behandlung von Obligationen

Obligationen müssen Sie zum jährlich von den Behörden festgelegten Steuerkurs als Vermögen versteuern, zudem sind die Zinserträge ab Kauf als Wertschriftenertrag steuerbar. Verkaufen Sie Obligationen, müssen Sie die Zinserträge seit dem letzten Zinstermin (Zinscoupon) bis zum Verkauf, die so genannten Marchzinsen, nicht versteuern. Allerdings könnten die Steuerbehörden einen häufigen Verkauf kurz vor Fälligkeit des Zinscoupons möglicherweise als Steuerumgehung taxieren.

Kursgewinne dagegen sind wie bei Aktien steuerfrei. Dies bedeutet bei der im Beispiel genannten Anleihensobligation der Berner

Kantonalbank, dass der Zins von 2,625 Prozent versteuert werden muss, der kursbedingte Wertzuwachs von rund 97 auf 100 Prozent dagegen als Kapitalgewinn gilt und damit steuerfrei ist.

Tipps
- *Die Steuerkurse erfahren Sie aus der Kursliste der eidgenössischen Steuerverwaltung (Kosten: Fr. 9.50). Sie ist erhältlich bei:*
  – Eidgenössische Steuerverwaltung
  Wertschriftenbewertung
  Eigerstrasse 65
  3003 Bern
  Tel. 031 322 71 34
  Internet www.estv.admin.ch
  E-Mail dvs@estv.admin.ch
- *Gegen eine Gebühr erstellt Ihnen auch die Bank ein Steuerverzeichnis, aus dem Sie die Totale einfach und zeitsparend in Ihre Steuererklärung übertragen können.*

Wie investiert man in Obligationen?

Wer in Obligationen investiert, tut dies meist aus Sicherheitsüberlegungen oder um sich regelmässige Zinseinkünfte zu sichern. Die Länge der Laufzeit hängt einerseits davon ab, wie rasch Sie das Kapital wieder brauchen, anderseits aber auch davon, wie Sie die künftige Zinsentwicklung einschätzen. Rechnen Sie damit, dass die Zinsen langfristig sinken, werden Sie längere Laufzeiten bevorzugen, weil dann Ihre Obligationen im Kurs steigen. Umgekehrt wollen Sie bei steigenden Zinsen Ihr Kapital nicht zehn Jahre lang in schlecht rentierenden Papieren blockiert haben.

Achtung *Ausgebende Gesellschaften behalten sich oft vor, ihre Obligationen vor Verfall zurückzuzahlen. Sie werden dies vor allem dann tun, wenn die Zinsen seit der Ausgabe gesunken sind, und anschliessend eine neue Anleihe zu anderen Konditionen auflegen. Ihnen als Anleger bleibt in der Folge nichts anderes übrig, als das zurückbezahlte Kapital in dieser schlechteren Zinssituation wieder anzulegen.*

Wandelanleihen (Convertible bonds)

Wandelanleihen sind bereits spekulativerer Natur als eine konservative Kassen- oder Anleihensobligation. Sie verfügen zwar ebenfalls über einen festen Zinssatz und eine feste Laufzeit, doch sind sie zusätzlich mit einem Wandelrecht versehen. Dieses berechtigt den Anleger, die Obligation zu einem bei der Ausgabe festgelegten Verhältnis in Aktien des gleichen Unternehmens umzuwandeln. Nach Ausübung des Wandelrechts verfällt die Obligation.

Mit Wandelanleihen kommt die ausgebende Gesellschaft zu günstigem Geld, denn der Zins bei der Emission liegt tiefer als für Anleihensobligationen. Sie als Anleger haben dafür die Chance, von einer günstigen Entwicklung der Aktienkurse zu profitieren, indem Sie Ihre Anleihe in Aktien umwandeln. Ihr Risiko ist beschränkt: Wenn Sie auf die Wandlungsmöglichkeit verzichten, erhalten Sie zumindest den Nominalwert zurück und haben bloss die Zinsdifferenz verloren. Gerade in unsicheren Börsenzeiten und nach Kurskorrekturen sind deshalb Wandelanleihen bei den Anlegern beliebt.

Das Wandelrecht

Das Wandelrecht gilt während der ganzen Laufzeit einer Wandelobligation. Ob sich die Umwandlung lohnt, hängt von der so genannten Wandelprämie ab. Diese besteht im Unterschied des Preises zwischen dem direkten Erwerb der Aktie und dem Kauf über das Wandelrecht.

Beispiel *Eine Wandelobligation mit Nominalwert 6000 Franken hat einen aktuellen Börsenkurs von 98 Prozent; sie berechtigt zum Eintausch gegen eine Aktie des Unternehmens. Der aktuelle Kurs der Aktie liegt bei 5500 Franken. Die Wandelprämie (ohne Einberechnung des laufenden Zinses) beträgt:*

$$\textit{Nominalwert} \times \textit{aktueller Börsenkurs} - \textit{aktueller Aktienkurs} =$$
$$\frac{\textit{Fr. 6000.-} \times 98}{100} - \textit{Fr. 5500.-} = \textit{Fr. 380.-}$$

Der Erwerb der Aktie per Wandelrecht käme also um 380 Franken oder 6,9 Prozent teurer zu stehen als der Kauf direkt an der Börse.

Den Weg über eine Wandelanleihe wählen Sie, wenn Sie nicht sicher sind, ob eine Aktie im Kurs ansteigt oder sinkt, beispielsweise vor der Publikation des Jahresergebnisses der Gesellschaft. Ist das Ergebnis unbefriedigend, bleibt Ihnen immer noch die Anleihe – liegt es dagegen über den Erwartungen und steigt die Aktie im Kurs, lohnt es sich, das Wandelrecht wahrzunehmen.

Wie entwickeln sich Wandelanleihen?

Die Kursentwicklung der Wandelanleihe spiegelt den Kursverlauf der damit zusammenhängenden Aktie, verläuft aber nicht völlig parallel dazu. Liegen nämlich Aktienpreis und Wandelpreis nur wenig von einander entfernt, reagiert die Wandelanleihe schneller auf eine nach oben tendierende Börsenentwicklung. Gleichzeitig bleibt das Rückschlagsrisiko limitiert. Je mehr sich jedoch der Kurs der Wandelobligation vom Aktienkurs entfernt, desto aktienähnlicher reagiert die Wandelanleihe bei Kurssteigerungen und desto grösser ist das Rückschlagsrisiko der im Kurswert gestiegenen Wandelanleihe. Wandelleihen, deren Preis maximal 20 Prozent über dem Aktienpreis liegt, weisen ein optimales Rendite-Risiko-Verhältnis auf. Es gibt auch vermehrt Anlagefonds, die nur in solche Wandelanleihen investieren.

Nach starken Börsenkursrückgängen ist die Wandelanleihe eine interessante Anlage für risikobewusste Anleger. Einerseits erhöht der tiefe Kurs der Wandelanleihe die Rendite, anderseits wirken sich Kurserholungen schnell positiv auf den Kurs der Wandelanleihe aus.

Achtung *Wandelanleihen sind nur so sicher wie die Gesellschaft, die sie ausgibt. Hohe Bonitätskriterien (siehe Seite 42) sind der beste Schutz gegen einen Verlust.*

Beispiel: 1%-Wandelobligation der Sika Finanz AG (Valor 918 791)
- Laufzeit: 14. Juli 1998 bis 14. Juli 2004
- Nominalwert: 5000 Franken
- Kurs der Wandelanleihe am 4. April 2001: 93,8 Prozent
- Wandelrecht: Nominal 5000 Franken Wandelanleihe berechtigen zum Umtausch in 6.89655 Sika-Aktien (Valor 058 797).
- Kurs der Aktie am 4. April 2001: 482 Franken

Von Obligation bis Option: die Wertpapiere 83

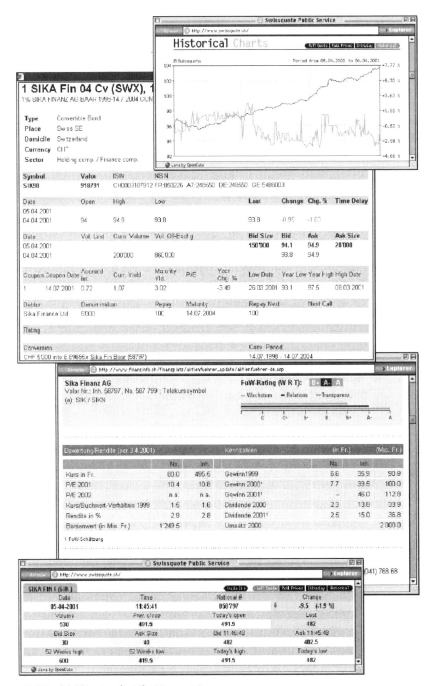

1%-Wandelobligation der Sika Finanz AG

Wer diese Wandelanleihe anlässlich ihrer Emission im Juli 1998 zum Nominalwert gekauft hat, wird sich also im April 2001 noch eine Weile in Geduld üben müssen, da der Kurs infolge des Kursrückgangs der Sika-Aktie auf 93,8 Prozent zurückgegangen ist (siehe Grafiken auf Seite 83). Auch ein Umtausch in Aktien der Sika würde sich zu diesem Zeitpunkt kaum lohnen:

Beispiel *Kurswert der Wandelobligation: 5000.– x 93,8 %*   Fr. 4690.–
Kurswert der Aktien: 6.98655 x 482.–   Fr. 3324.15
Wandelprämie = Aufpreis   ***Fr. 1365.85***

Wer die Wandelobligation jedoch neu zum tieferen Kurs erwirbt, erhält eine Verzinsung von 1 Prozent und bessere Renditeperspektiven bei steigenden Aktienkursen. Hinzu kommt der Kapitalgewinn, da am 14. Juli 2004 der Nominalwert zu 100 Prozent zurückbezahlt wird. Die Gesamtrendite beträgt damit – auch wenn sich die Sika-Aktie nicht erholen sollte – 3,16 Prozent, wovon nur 1 Prozent versteuert werden muss.

Wandelanleihenfonds als Anlagealternativen

Statt einzelne Wandelobligationen können Anlegerinnen und Anleger auch Anteile von Wandelanleihenfonds kaufen. Damit wird das Risiko breiter gestreut, weil diese Fonds in verschiedene Gesellschaften investieren. Wandelanleihenfonds sind sowohl in Schweizer Franken als auch in Fremdwährungen wie Dollar oder Euro erhältlich (mehr zu Anlagefonds siehe Seite 111).

Tipps
- *Grundsätzlich können Sie davon ausgehen, dass die Renditechancen und das Risiko von Wandelanleihen höher liegen als bei Obligationen, aber tiefer als bei Aktien. Wie hoch allerdings der Anteil der Wandelanleihen am gesamten Anlagevermögen sein soll, muss dem persönlichen Entscheid jedes einzelnen Investors überlassen werden. Bis zu 5 Prozent sind in der Regel vertretbar.*
- *Eine Auswahl empfehlenswerter Wandelanleihenfonds:*
  - *Lombard Obliflex Convertibles (CHF), Valor 141 499*
  - *Julius Bär Convert Bond Fund (CHF), Valor 596 420*
  - *UBS Bond Fund Convert Asia (USD), Valor 279 158*

Optionsanleihen

Optionsanleihen enthalten einen Zinscoupons und einen Optionsschein: Für jeden Zinstermin während der Laufzeit ist der Obligation ein Coupon angefügt, der Sie als Inhaber zum Bezug des Zinses berechtigt; da in der Praxis die Bank die Wertpapiere der Anlegerinnen und Anleger verwaltet, obliegt es ihr, diese Coupons rechtzeitig dem Konto gutzuschreiben. Der Optionsschein verbrieft das Eigentumsrecht an einer Option, die mit der Anleihe zusammen ausgegeben worden ist. Er berechtigt Sie, während der Optionsfrist eine bestimmte Anzahl Aktien des Unternehmens zu einem im Voraus bestimmten Preis zu beziehen.

Im Gegensatz zur Wandelanleihe läuft die Optionsanleihe auch nach Ausübung der Option bis zum Verfall weiter. Sie kann mit dem Optionsschein (cum) oder ohne (ex) gehandelt werden. Die Optionsscheine können getrennt gehandelt werden, und darum liegen die Gewinnchancen höher als bei Wandelanleihen – ähnlich wie bei den von Banken und Finanzgesellschaften herausgegebenen Optionen/Warrants, die in der Regel an einer Börse kotiert und nicht an eine Anleihe gebunden sind (siehe Seite 101).

Die wichtigsten Kennzahlen von Optionsanleihen

Bei Emission einer Optionsanleihe legt die ausgebende Gesellschaft folgende Kennzahlen fest:
- Nominalwert der Obligation
- Anzahl Optionsscheine pro Obligation und Anzahl Aktien, die dafür bezogen werden können
- Laufzeit der Obligation
- Ausübungsfrist, während der das Optionsrecht ausgeübt werden kann
- Ausübungspreis, zu dem die Aktien während der Ausübungsfrist bezogen werden können

---

Die Optionsanleihe ist eine Spekulation mit abschätzbarem Risiko, da sie bei Ablauf zumindest zum Nominalwert wieder zurückbezahlt wird. Besonders nach einer Börsenkorrektur, wenn wieder mit anziehenden Kursen gerechnet werden kann, lohnt sich eine solche Investition.

Tipp • *Kaufen Sie Optionsanleihen vorzugsweise dann, wenn die entsprechende Aktiengesellschaft auf den Empfehlungslisten der Banken und Analysten figuriert.*

Beispiel: 2%-Optionsanleihe Generali (Schweiz) Holding, 2000 bis 31. 5. 2005

- 2%-Generali, mit Option (Valor 1 067 687)
  Kurs am 5. April 2001: 102,75% = Fr. 5137.50
  52-Wochen-Höchst/-Tiefst: 106,75%/95%
- 2%-Generali, ex Option (Valor 1 067 688)
  Kurs am 5. April 2001: 95,25% = Fr. 4762.50
  52-Wochen-Höchst/-Tiefst: 95,30%/89%
- Option (Valor 1 067 689)
  Kurs am 5. April 2001: Fr. 1.95
  52-Wochen-Höchst/-Tiefst: Fr. 4.00/1.35
- Aktie Generali (Valor 507 241)
  Kurs am 5. April 2001: Fr. 490.–
  52-Wochen-Höchst/-Tiefst: Fr. 548.–/476.–

Kursentwicklung der Namenaktie der Generali Holding von Januar 1998 bis März 2001

Jede Optionsanleihe im Nominalwert von 5000 Franken ist mit 200 Optionen versehen. Je 20 Optionen berechtigen, während der Ausübungsfrist vom 31. Mai 2000 bis zum 30. Mai 2003, 16.00 Uhr, spesenfrei eine Namenaktie der Generali (Schweiz) Holding zum Ausübungspreis von 515 Franken zu erwerben. Ob sich dieses Optionsrecht lohnt, wird unterschiedlich berechnet, je nachdem, ob Sie bereits Optionsanleihen besitzen, solche kaufen oder nur die Optionsscheine erwerben möchten:

1. Wenn Sie Optionsanleihen der Generali besitzen und Ihr Optionsrecht am 31. Juli 2001 ausüben möchten, rechnen Sie wie folgt:
10 Aktien pro Obligation à Fr. 515.– Fr. 5150.–
10 Aktien direkt an der Börse à Fr. 490.– Fr. 4900.–
Differenz **Fr. 250.–**
Der Aktienkurs muss also noch um einiges ansteigen, bis sich die Ausübung des Optionsrechts lohnt.

2. Anders rechnet, wer im selben Zeitpunkt Optionsscheine erwerben möchte, um damit Aktien zu kaufen:
Kauf 20 Optionen zum Kurs von Fr. 1.90 Fr. 38.–
+ Kauf der Aktie zum Preis von Fr. 515.– Fr. 515.–
Total **Fr. 552.–**
Da der Kurs der Aktie erst bei 490 Franken liegt, handelt es sich um eine uninteressante Investition.

3. Rechnen Sie mit einem Kursanstieg der Generali-Papiere und kaufen am 4. April 2001 eine Optionsanleihe zum aktuellen Kurs von 103 Prozent, besteht Ihr Risiko – exklusive der Verzinsung von 2 Prozent pro Jahr – einzig im Verlust von 3 Prozent. Steigt nämlich der Aktienkurs während der Ausübungsfrist nicht, wird die Optionsanleihe am 31. Mai 2005 zum Nominalwert zurückbezahlt, während die Option wertlos verfällt. Fazit: eine vertretbare Spekulation!

Wie werden Optionsanleihen steuerlich behandelt?
Die Optionsscheine werden nicht besteuert. Die mit der Option erzielten Gewinne stellen Kapitalgewinne (bzw. -verluste) dar, die steuerlich nicht berücksichtigt werden. Die jährlichen Zinsen unter-

liegen wie bei jeder anderen Obligation der Einkommenssteuer, ebenso die Differenz zwischen dem steuerlich massgebenden Wert der Anleihe ex-Option bei Kauf (oder Zeichnung) und Verkauf (oder Rückzahlung).

Aktien

Aktien sind Wertpapiere, die einen Anteil am Kapital und somit am Wert einer Aktiengesellschaft verbriefen. Wenn Sie Aktien kaufen, erwerben Sie damit Mitgliedschaftsrechte wie Stimm- und Wahlrecht an der Generalversammlung und das Recht auf eine Dividende, sofern der Geschäftsgang der Gesellschaft dies ermöglicht. Wer Aktien kauft, rechnet aber vor allem damit, dass «sein» Unternehmen in Zukunft gut wirtschaftet, von der Börse entsprechend bewertet wird und dass deshalb der Kurs der Aktien steigt. Aktien sind in diesem Sinn langfristige Kapitalanlagen mit unterschiedlichen Risikostufen.

Achtung *Kaufen Sie nur Aktien, die an einer Börse gehandelt werden. Papiere von nicht börsenkotierten Gesellschaften sind nur schwer verkäuflich und auch der Kurswert ist nur schwer zu bestimmen. Vorsicht ist vor allem bei Aktiengesellschaften mit Zahlungsproblemen geboten. Häufig haben solche Gesellschaften auch spezielle Aktionärsbindungsverträge, deren Bestimmungen einen Verkauf zusätzlich erschweren können. Nicht an Börsen kotierte Aktien werden gutgläubigen Anlegern oft von dubiosen Vermittlern angedreht. Meist ist mit einem Totalverlust zu rechnen, da zur undefinierbaren Schuldnerqualität noch Abzockertricks kommen.*

Steuerliche Behandlung

Aktien sind in der Steuererklärung als Vermögen zu deklarieren; als Wert gilt der Kurswert der Kursliste der eidgenössischen Steuerverwaltung (Adresse, siehe Seite 80) von Ende Jahr. Die Dividenden gelten als Einkommen und müssen versteuert werden. Kursgewinne dagegen sind steuerfrei; im Gegenzug dürfen Kursverluste nicht vom Einkommen in Abzug gebracht werden.

Verschiedene Arten von Aktien

Folgende Bezeichnungen für Aktien sollten Sie auseinander halten können:

- **Namenaktien** werden auf den Namen des Aktionärs ausgestellt; er muss im Aktienbuch der Firma eingetragen sein, um das Stimmrecht ausüben zu können. Dadurch kann das Unternehmen eine gewisse Kontrolle über seine Aktionäre und über Kauf und Verkauf seiner Titel ausüben. Oft sind in den Statuten Bestimmungen aufgenommen, die den Aktienbesitz des einzelnen Aktionärs einschränken.
- **Inhaberaktien** können ohne Übertragungsbeschränkungen an der Börse gehandelt werden. Wer eine Inhaberaktie besitzt, verfügt über die entsprechenden Rechte, ohne dass die Unternehmung Einschränkungen anordnen kann. Da Inhaberaktien die Gefahr unfreundlicher Übernahmen beinhalten, werden sie immer häufiger durch Namenaktien ersetzt. So kennt beispielsweise die «neue» UBS nur noch Namenaktien, nachdem der Financier Martin Ebner mit dem Kauf von Inhaberaktien die frühere UBS beinahe hat übernehmen können.
- **Partizipations- oder Genussscheine** verleihen der Inhaberin oder dem Inhaber keine Mitgliedschaftsrechte an der Gesellschaft; in vermögensrechtlicher Hinsicht sind sie den Aktien gleichgestellt. Partizipationsscheine werden von den Unternehmen zunehmend aus dem Verkehr gezogen und sind heute nur noch selten anzutreffen.
- **Blue Chips** sind Aktien grosser, börsenkotierter Unternehmen mit erstklassiger Bonität und solider Finanzstruktur. Die Schweizer Blue Chips sind alle im Swiss Market Index SMI vertreten (siehe Seite 23). Jedes Jahr wird aufgrund der Kapitalisierung und des Handelsvolumens der SPI-Titel entschieden, welche Aktien im SMI bleiben und welche gegebenenfalls neu aufgenommen werden. Die Kapitalisierung einer Gesellschaft wird errechnet aus dem aktuellen Börsenkurs der Aktie multipliziert mit der Anzahl der ausgegebenen Aktien. Das Handelsvolumen ist insofern von Bedeutung, als es nur Sinn macht, Titel im SMI zu belassen, die jederzeit gehandelt werden, was bei Titeln mit wenigen Grossaktionären nicht immer zutrifft.

Kauf und Verkauf von Aktien

Aktien kauft und verkauft man über die Bank – schriftlich, telefonisch oder über Online-Banking. Zum Handel an der Börse sind nur Händler mit Effektenhändlerstatus, welcher von der Eidgenössischen Bankenkommission vergeben wird, zugelassen. Das sind: Banken, Finanzinstitute, Broker, Versicherungsgesellschaften und Pensionskassen. Nur sie sind befugt, an den Börsen zu handeln; Privatpersonen sind nicht zugelassen. Für ihre Vermittlungsleistungen verrechnen die Händler Kommissionen, die sich nach dem «Courtagentarif» richten (siehe auch Seite 66). Sie sind in der Regel nach der Höhe der Transaktion abgestuft.

Die wichtigsten Börsenplätze

Schweizerische Anlegerinnen und Anleger bevorzugen die nachfolgend aufgeführten Börsenplätze; in Klammern sind die dazugehörenden Indices beigefügt. Ein solcher Index ist ein Börsenbarometer, der aus ausgewählten Aktien zusammengestellt wird; im EURO STOXX50 beispielsweise sind 50 europäische Blue Chips vertreten. Je höher die Kapitalisierung eines Unternehmens, desto höher sein Gewicht im Index.

- SWX Swiss Exchange (SMI, SPI): www.swx.com
- SWX New Market (SNMI): www.swx.com
- EUREX, Terminbörse: www.swx.com
- New York Stock Exchange (Dow Jones): www.nyse.com
- NASDAQ, Technologiebörse New York (Nasdaq): www.nasdaq.com
- Europa (EURO STOXX50): www.stoxx.com
- Tokyo/Japan (Nikkei): www.nikkei.co.ip
- Börsen von Frankfurt (XETRA Dax): www.exchange.de
- virt-x, London (Handel mit SMI-Titeln
  und europäischen Blue Chips): www.virt-x.com

SWX Swiss New Market – der Platz für Risikokapital

Der speziell für rasch wachsende Unternehmen ins Leben gerufene Börsenplatz Swiss New Market zählt total 16 kotierte Unternehmen (Stand Ende Juli 2001). Dieser Börsenplatz ist gedacht für Unternehmen aus Wachstumsbranchen, die hier die Möglichkeit erhalten, ihre zuvor noch nicht an der Börse gehandelten Aktien in der Regel via IPO (Initial Public Offering = Aktienzeichnung aus Neuemission) in den Handel zu bringen. Durchgeführt wird das IPO meist von einer Investmentbank wie der UBS Warburg oder CS First Boston, die auf Börsengänge spezialisiert sind; aber auch die

Zürcher Kantonalbank beispielsweise hat einige IPO am Swiss New Market durchgeführt.

Symbol	State	B Vol	Bid	Ask	A Vol	Last	Time	Volume	Open	Prev. Day	D High	D Low	Security
ATLN	Trad	500	47.50	48.00	1353	47.95	18:05:36	28517	40.60	40.60	48.00	40.00	ACTELION N
BMRN	Trad	500	15.10	15.15	14510	15.15	16:08:07	44930	15.20	15.15	15.50	15.05	BIOMARIN N
CARDG	Stop	300	46.50	Market	2415	46.70	18:02:12	93060	55.30	54.15	58.00	46.70	CARD GUARD N
CLXN	Trad	10	32.10	32.90	100	29.00	15:59:48	1250	31.00	30.00	33.00	28.00	CREALOGIX N
DAYN	Trad	20	18.10	18.55	4902	18.55	16:11:18	7743	16.90	16.80	18.85	16.00	DAY N
ECEN	Trad	100	0.96	1.00	2000	0.99	16:08:34	49600	1.10	0.99	1.10	0.95	E-CENTIVES N
EMT	Trad	694	62.50	64.00	390	64.00	18:09:36	3106	63.30	63.00	64.90	62.00	EMTS TECHNOLOGIE I
JCM	Trad	435	30.00	30.50	58	30.00	16:11:13	22119	30.00	30.00	32.00	30.00	JOMED I
MDXN	Trad	1000	4.55	4.86	30	4.95	18:02:10	19940	4.30	4.10	4.95	4.20	MODEX N
MMMN	Trad	530	5.20	5.60	530	5.65	15:54:51	8635	5.90	5.45	5.90	5.15	4M N
ORION	Trad	50	6.94	7.00	1185	7.00	16:01:08	20267	6.85	6.75	7.22	6.85	ORIDION N
PRG	Trad	368	3.35	3.70	1540	3.35	16:01:24	9630	3.40	3.80	3.80	3.35	PRAGMATICA I
SHLTN	Trad	200	15.50	15.60	330	15.85	18:09:20	66672	14.55	14.55	16.05	14.40	SHL TELEMEDICINE N
SQN	Trad	50	27.80	28.00	390	28.00	15:54:15	2458	29.50	29.50	29.50	24.95	SWISSQUOTE N
SWF	Trad	20	151.25	151.50	816	151.50	18:10:57	8724	147.25	147.00	151.50	147.25	SWISSFIRST I
TTO	Trad	10	22.75	23.30	10	22.50	15:24:50	6474	23.05	22.80	23.50	22.40	THINK TOOLS I
SNMI						470.42	16:11:18		456.15	455.49	475.03	456.15	SNMI TOTAL RETURN

Übersicht über die im SNMI zusammengefassten Unternehmen

Die anfängliche Euphorie hat nicht lange angehalten, die hohen Gewinnerwartungen konnten sich nicht bewahrheiten. Der Swiss New Market Index SNMI, am 1. Januar 2000 mit 1000 Punkten gestartet, erreichte im März 2000 nahezu 2500 Punkte – und fiel als vorläufiger Minusrekord Ende September 2001 auf den Stand von 381 Punkten. Infolge dieser negativen Kursentwicklung und wegen verschiedener im negativen Sinn schlagzeilenträchtiger Unternehmen steht der Swiss New Market kaum mehr in der Gunst spekulationsfreudiger Anlegerinnen und Anleger. Gerade in diesem Börsensegment, in dem eine Mehrzahl der Unternehmen (noch) rote Zahlen schreibt, ist die kritische Prüfung besonders wichtig. Kommt eine Gesellschaft innert vernünftiger Frist nicht in die schwarzen Zahlen, geht sie Konkurs und die Aktien werden wertlos.

Tipps
- *Bevorstehende Börsengänge/IPOs werden unter www.swx.ch angekündigt.*
- *Wer für seine Aktieninvestitionen besonders hohe Kursschwankungen und möglicherweise hohe Verluste bis hin zum Totalverlust in Kauf nehmen kann, liegt beim Swiss New Market richtig. Risi-*

kofreudige Anlegerinnen und Anleger können die momentan tiefen Kurse für einen Einstieg nutzen – wobei keine Garantie besteht, dass sich der Markt tatsächlich in nützlicher Frist erholt.
- New Market-Gesellschaften, die bereits schwarze Zahlen (Gewinne) ausweisen, reduzieren das Kursrisiko.

Die wichtigsten Kennzahlen

Aktienkennzahlen und Gewinnziffern erfreuen sich grosser Beliebtheit, besonders bei Fachleuten und Analysten. Der Aktienlaie und die Privatanlegerin kaufen ihre Aktien meist nach anderen Kriterien als nach den Empfehlungen aus Finanzzeitungen und von Banken. Dabei kümmert es sie wenig, ob die Gewinnindikatoren günstig oder weniger günstig lauten. Doch das kann schnell einmal zu Fehlinvestitionen führen und sich fatal auf die Entwicklung des Portefeuilles auswirken. Es lohnt sich deshalb, sich mit den wichtigsten Begriffen etwas vertrauter zu machen und diese Kennzahlen, während man die Aktien im Depot hält, auch weiter zu verfolgen. In den Empfehlungslisten der Banken sind sie immer aufgeführt.

Das Kurs-Gewinn-Verhältnis (KGV)

Die bekannteste Kennziffer ist das Kurs-Gewinn-Verhältnis (KGV); oft wird auch der englische Ausdruck Price-Earnings-Ratio (PE) dafür verwendet. Dieses setzt den Aktienkurs ins Verhältnis zum erwirtschafteten oder erwarteten Gewinn pro Aktie. Die Berechnungsformel für das KGV lautet: aktueller Aktienkurs dividiert durch Gewinn pro Aktie.

Beispiel *Titel: Hilti PS*
Kurs Fr. 1505.–
Gewinn pro Aktie 2000 Fr. 143.40
KGV 2000 (1505 : 143.4) **10.5**

Bei dieser Berechnungsart wird häufig der zukünftige, geschätzte Gewinn verwendet, in der Regel der Gewinn des laufenden oder des nächsten Geschäftsjahrs. Sinn machen solche Vergleiche besonders innerhalb der gleichen Branche. Die Beurteilung des KGV einer

Aktie ist abhängig von verschiedenen Faktoren wie Zinsniveau, Aktionärsstruktur, Risiko der Branche und Wachstumsprognosen.

Als Faustregel gilt: Das KGV einer Aktie sollte nicht wesentlich über demjenigen der nationalen und internationalen Mitbewerber liegen. Je tiefer diese Kennziffer gegenüber anderen Gesellschaften liegt, desto höher ist der Gewinn pro Aktie. Ein grosses KGV zeigt, dass der Markt hohe künftige Gewinne der Gesellschaft erwartet. Treffen diese nicht ein, bricht der Aktienkurs zusammen – so, wie es im Lauf des Jahres 2000 bei den meisten Gesellschaften des Swiss New Market mit aller Deutlichkeit geschehen ist.

Der faire Aktienkurs als Messlatte

Analysten und Fachleute sind besonders interessiert am effektiven, «fairen» Wert einer Aktie. Um diesen festzustellen, wird vermehrt auch die PEG-Ratio beigezogen. Das Kürzel PEG steht für «price/earnings to growth»; das heisst, in die Berechnung fliessen auch Wachstumsprognosen ein. Die Formel lautet: Kurs-Gewinn-Verhältnis dividiert durch das erwartete durchschnittliche Gewinnwachstum pro Aktie für die nächsten drei bis fünf Jahre. Beim Beispiel der Hilti PS ergibt sich diesbezüglich folgendes Bild:

Beispiel

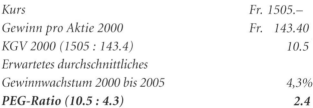

Titel: Hilti PS	
Kurs	Fr. 1505.–
Gewinn pro Aktie 2000	Fr. 143.40
KGV 2000 (1505 : 143.4)	10.5
Erwartetes durchschnittliches	
Gewinnwachstum 2000 bis 2005	4,3%
PEG-Ratio (10.5 : 4.3)	**2.4**

Ein Verhältnis von wesentlich über eins deutet auf eine ambitiöse Bewertung hin, das heisst, der Markt rechnet mit einem Gewinnwachstum, das über den Prognosen liegt. Darum gilt: Je tiefer die Ratio, desto attraktiver die Bewertung. Eine tiefe PEG-Ratio suggeriert, dass das zu erwartende Gewinnwachstum nicht oder noch nicht vollumfänglich im Aktienkurs enthalten ist. Ein PEG deutlich über zwei gilt als sehr hoch. Ist das KGV einer bestimmten Aktie im Vergleich zu anderen gross, lässt dies auf eine sehr hohe Bewertung schliessen. Zeigt sich aber, dass die PEG-Ratio unter dem der Vergleichsgesellschaft liegt, wird diese Bewertung gründlich relativiert. Darum eignet sich das PEG-Ratio bestens, um eine Aktienempfehlung zu erläutern. Doch Vorsicht: Bei Firmen mit sehr tiefem KGV liegt die PEG-Ratio relativ hoch.

Beispiel *Head produziert Skis, Bindungen (Tyrolia) und weitere Sportgeräte. Die Dividende ist mit 5,6 Prozent sehr attraktiv. Das KGV liegt trotz des geringen, allerdings soliden Wachstums verhältnismässig tief.*

Kurs (30. Juli 2001)	*4.5 US$*
Gewinn pro Aktie 2000	*0.92 US$*
KGV 2000 (4.5 : 0.92)	*4.9*
Erwartetes durchschnittliches	
Gewinnwachstum 2000 bis 2005	*2,1%*
PEG-Ratio (4.9 : 2.1)	*2.3*

Neben einigen Nachteilen – die Berechnung ist unbrauchbar für Firmen, die Verluste oder ein negatives Gewinnwachstum ausweisen – liegen die Vorteile der PEG-Ratio in folgenden Faktoren:
- Sie ist einfach zu berechnen.
- Sie hebt den Hauptnachteil des KGV auf, weil das prognostizierte Gewinnwachstum in die Berechnung einfliesst.
- Sie ermöglicht einen ersten Quervergleich zwischen einzelnen Unternehmen. Speziell bei Wachstumsgesellschaften können die oft sehr hohen KGV in ein aussagekräftigeres Licht gerückt werden.

Kaufen, verkaufen oder halten?

Jeder Anleger träumt davon, seine Aktien im günstigsten Zeitpunkt zu kaufen und sie auf der Spitze ihrer Kursentwicklung wieder zu verkaufen. Dieser Traum lässt sich leider höchst selten realisieren, und auch dann handelt es sich häufig um Zufall. Emotionelle Entscheide nach dem Lust-und-Laune-Prinzip werden meist zu einem enttäuschenden Resultat führen. Komplizierte Anlagestrategien überfordern den Anleger schnell einmal; zudem sind theoretischen Überlegungen und so genannten bewährten Strategien Grenzen gesetzt. Gerade auch bei Aktienanlagen gilt es, die persönliche Risikobereitschaft und Anlagezieldauer festzulegen (siehe Seite 46).

Wenn Sie Ihr Risikoprofil kennen, sind Sie in der Lage, auch nach Börsenkorrekturen eine sinnvolle Strategie zu entwickeln. Einige Möglichkeiten:

- Cool bleiben und den Statistiken vertrauen, die nachweisen, dass langfristig die Aktienindices fast immer nach oben zeigen (Ausnahme: Japan seit den Neunzigerjahren).
- Keine schlechte Regel in unsicheren Börsenzeiten ist das Fondueprinzip «moitié-moitié»: die Hälfte der Aktien verkaufen. Sinken die Kurse weiter, ist der Verlust halbiert; steigen die Kurse wieder, nimmt man immerhin mit der Hälfte am Gewinn teil.
- Mutig sein und zu tieferen Kursen vorsichtig einsteigen, aber nur mit der Hälfte des verfügbaren Betrags.
- Wenn möglich für den gleichen Betrag, mit dem man zuvor ausgestiegen ist, wieder Aktien dazu kaufen, aber gestaffelt in vierteljährlichen Abständen. Die Einstandskurse können dadurch verbessert werden
- Wenn die Aktienkurse sinken, verschiebt sich der Anteil der Aktien am Gesamtvermögen. Diesen tieferen Aktienanteil kann man mit gestaffelten Käufen ausgleichen.
- Es lohnt sich, schon beim Kauf eine persönliche Limite gegen unten zu setzen und beim Erreichen dieser Grenze zu verkaufen. Mit einem Stop-loss-Auftrag an die Bank kann der Verkauf bei Unterschreiten der vereinbarten Limite ausgelöst werden.
- Nachkaufen, aber nur bei den zwei am tiefsten gesunkenen Aktienpositionen, sofern die Gesellschaft positive Entwicklungsperspektiven aufweist.

Auf und ab an der Börse

Eine Aktie ist grundsätzlich immer mit einem 100-prozentigen Risiko verbunden. Geht die Gesellschaft Konkurs, erhalten die Investoren gar nichts oder höchstens einen allfälligen Liquidationserlös. Zudem können Aktien hohe Kursschwankungen aufweisen. Wer in einem ungünstigen Zeitpunkt verkaufen muss, erleidet einen Verlust. Deshalb sollte die Anlagedauer für Aktien mindestens acht Jahre betragen. Selbst für die aussichtsreichste Aktie gilt ein alter Kapitänsspruch: Auch die Titanic galt als unsinkbar!

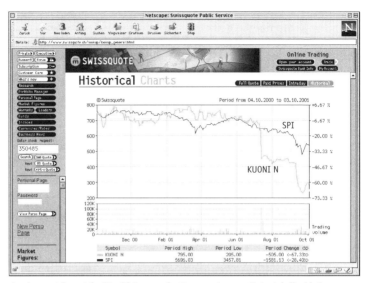

Auch aussichtsreiche Titel können abstürzen, wie zum Beispiel die Aktie von Kuoni.

Kommt der «richtige» Crash?
Im März 2001 lagen die schweizerischen Börsenkennzahlen auf dem tiefsten Stand seit Herbst 1998. Auch die Herzstromkurve des USA-Aktienindexes Dow Jones tauchte am 14. März unter die Marke von 10 000 Punkten. Der Crash in Raten hat zu einer hohen Verunsi-

Börsenkennzahlen SMI und SPI vom 5. Januar 1998 bis 27. September 2001

cherung der Anleger geführt. Die Durststrecke bis zur Erholung könnte länger dauern, als erwartet. Die laufend reduzierten Gewinnmeldungen von grossen Unternehmen liessen bis Ende August 2001 jedes Aufflackern von Hoffnung am Börsenhimmel im Keim ersticken. «To crash or not to crash», wird die Anleger weiterhin beschäftigen.

Der amerikanische Aktienindex Standard & Poor's 500 wird seit 1923 erhoben und umfasst rund 500 Aktien. Die Übersicht über die bisher grössten Börsenkorrekturen und Abstürze der letzten rund 80 Jahre zeigt deutlich, dass zurzeit bei Aktienbesitzern Geduld angesagt ist.

Börsenabstürze seit 1929

Beginn	Ende	Ungefähre Dauer in Monaten	Minus in %
September 1929	Juni 1932	33	– 86.2
Juli 1933	März 1935	20	– 33.9
März 1937	März 1938	13	– 54.5
November 1938	April 1942	42	– 45.8
Mai 1946	Mai 1947	12	– 28.8
Juni 1948	Juni 1949	12	– 20.6
August 1956	Oktober 1957	15	– 21.6
Februar 1966	Oktober 1966	8	– 22.2
November 1968	Mai 1970	18	– 35.1
Januar 1973	Oktober 1974	21	– 46.2
November 1980	August 1982	20	– 27.1
Dezember 1981	Juni 1982	6	– 28.0
August 1987	Dezember 1987	3	– 33.5

Private Equity, die Geld(vernichtungs)maschinen

Unter dem Begriff Private Equity versteht man die Beschaffung von Risikokapital, beispielsweise für den Aufbau eines neuen Unternehmens in einer Wachstumsbranche. Häufig wird das benötigte Geld über Beteiligungsgesellschaften bereitgestellt. Solche Beteiligungsgesellschaften sind selbständige Unternehmen, die ihr Anlagekapital in der Regel über eine limitierte Ausgabe von Aktien – bei kleineren Gesellschaften auch über Vermittler, Treuhänder etc. –

beschaffen. Will der Käufer die Anteile wieder veräussern, muss er feststellen, dass dafür keine Käufer und auch kein Markt vorhanden sind. Nur Beteiligungsgesellschaften, die an der Börse kotiert sind, wie beispielsweise die Visionen von Martin Ebner, werden je nach Angebot und Nachfrage täglich gehandelt. Einige Banken halten für ihre Produkte einen eigenen Handel aufrecht. Dieser enge Markt mit grossen Margen zwischen Geld- und Briefkursen (Nachfrage und Angebot) ist aber kein Tummelfeld für Ungeübte. Beteiligungsgesellschaften bieten keine Gewähr, dass die Interessen der Aktionäre gewahrt bleiben. Im Gegensatz zu Anlagefonds unterstehen sie auch nicht einer gesetzlichen Bewilligungspflicht.

Achtung *Vermittler von Risikokapital verkaufen Beteiligungen oft irreführend als Fondsanteile. Prüfen Sie bei solchen «Fonds» immer, ob die Anteile jederzeit wieder verkauft werden können und ob die ausgebende Bank permanent Geld- und Briefkurse stellt, die möglichst nahe beieinander liegen.*

Nachteilig für Anleger wirkt sich auch aus, dass diese Finanzvehikel und ihre Gebühren meist nur schwer durchschaubar sind. Martin Ebner, der diese Art von Investitionen in der Schweiz populär gemacht hat, kassiert zum Beispiel ab sechs Prozent Kurssteigerung happige Provisionen, unabhängig davon, ob der Vergleichsindex übertroffen wird oder nicht – bei Kursverlusten muss er diese Provisionen nicht zurück-

Kursentwicklung einiger Beteiligungsgesellschaften vom 1. Januar 2001 bis 7. Juni 2001

Gesellschaft (Valor)	+/–	Rang
Top		
• Castle Alternativ Inv. N (0 509 275)	+ 20.7%	1
Ebners Visionen		
• Stillhalter Vision I (1 053 370)	+ 0.4%	12
• BK Vision I (0 852 560)	0.0%	13
• Spezialitäten Vision I (1 228 737)	– 1.5%	15
• Pharma Vision (1 228 735)	– 2.1%	17
Flop		
• BB HiTech I (1 089 234)	– 57.8%	35

zahlen. Die Aktionärinnen und Aktionäre teilen also die Gewinne mit ihm, tragen aber die Verluste allein. Manager von Beteiligungsgesellschaften werden deswegen oft auch Casino-Croupiers genannt. Ist eine Beteiligungsgesellschaft an der Börse kotiert, richtet sich ihr Gesamtwert nach ihrem Aktienkurs. Die geschickte Werbung von Martin Ebner für seine Gesellschaften mit hohen Durchschnittsrenditen seit der Gründung kann nicht verdecken, dass sich nur die Pharma Vision besser entwickelt hat als der SPI-Aktienindex. Wer Branchenfonds kauft, fährt meist besser, nur schon deshalb, weil bei Fonds weniger Gewinnprovisionen an die Fondsmanager ausgeschüttet werden.

Kursentwicklung der Beteiligungsgesellschaft Commcept Trust von Januar 1998 bis Juni 2001

Der Kauf von Aktien von Private Equity Gesellschaften – rund 40 sind an der Schweizer Börse kotiert – ist höchstens als sehr spekulative Beimischung zum Anlagevermögen zu empfehlen. Diese Geldmaschinen (wie Commcept Trust, BT & T, Private Equity Holding etc.) sind nach den Kurseinbrüchen an den Aktienmärkten arg ins Stottern gekommen. Etwas reduziert ist das Risiko bei Private Equity Fonds – meist handelt es sich um ausländische Fondsprodukte –, die ihr Anlagevermögen in der Regel viel breiter gestreut haben als direkte Beteiligungsgesellschaften. Doch auch diese Anlagefonds eignen sich nur für risikofreudige Investoren.

Der UBS-PEG-Basket als Anlagealternative

Wenn Sie in Aktien investieren möchten, aber den Aufwand für die umfassenden Abklärungen über die Qualität der verschiedenen Unternehmen, die Bewertung der Papiere etc. scheuen, finden Sie im Swiss-PEG-8-Index (Valor 1 171 531) der UBS eine Alternative. Wie der Name PEG andeutet, liegt das Schwergewicht auf Aktien mit positiven Perspektiven bezüglich Kursentwicklung (price), Gewinnausschüttung (earning) und Wachstumschancen (growth). Der Basket, der in Form eines Zertifikats (Laufzeit fünf Jahre) ausgestellt wird, enthält acht Gesellschaften: Swiss RE, CS, UBS, Zurich Financial Services, ABB, Adecco, Unaxis Holding, HOLCIM. Fachleute überprüfen alle drei Monate die Zusammensetzung und Gewichtung. Die Zertifikate können täglich an der Börse gehandelt werden. Diese Aktien weisen ein tiefes Kurs-Gewinn-Verhältnis auf, lassen aber dennoch ein solides Wachstum erwarten. Der PEG-Basekt nimmt Anlegerinnen und Anlegern mit einer bestimmten Strategie die ständige Beurteilung ab, welche Aktien dem eingeschlagenen Weg am besten entsprechen.

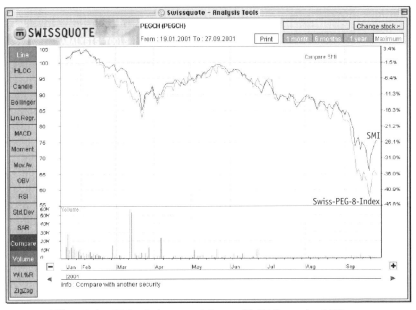

Kursentwicklung Swiss-PEG-8-Index vom 19. Januar bis 27. September 2001 im Vergleich zum SMI

Derivate

Der Sammelbegriff Derivate steht für spekulative Finanzinstrumente wie Optionen auf Aktien, Börsenindices, Währungen oder Waren. Eine besonders riskante Form von Derivaten sind Futures.

- Optionen geben das Recht, ein bestimmtes Wertpapier oder Gut zu kaufen oder zu verkaufen. Ist dies zum vereinbarten Kurs nicht attraktiv, weil der Kurs zu hoch oder zu tief liegt, verfällt die Option wertlos, das heisst, Sie als Investor verlieren Ihren gesamten Einsatz.
- Bei Futures wird die Verpflichtung eingegangen, zu einem bestimmten Zeitpunkt ein Wertpapier zu einem vereinbarten Preis zu kaufen oder zu verkaufen (Terminhandel). Hier ist der Verlust praktisch unlimitiert; er kann den Einsatz weit übersteigen.

Spekulativ eingestellte Anleger, die über einige Grundkenntnisse verfügen, dürfen es wagen, sich auf das aalglatte Parkett der Optionen zu begeben – allerdings nur mit Geld, das sie zu hundert Prozent verlieren können, ohne dadurch in Schwierigkeiten zu geraten. Auf den verglichen mit Optionen noch spekulativeren Terminhandel mit Futures wird an dieser Stelle bewusst nicht eingegangen, weil diese Art von unbegrenzter Spekulation fundiertes Grundwissen und einschlägige Erfahrung an den Weltbörsen erfordert und erhebliche spekulativ einsetzbare Mittel voraussetzt.

Optionen und Warrants

Optionen und Warrants sind von Banken und Finanzgesellschaften emittierte (herausgegebene) Finanzinstrumente und werden an den Börsen gehandelt (Definition, siehe Seite 37). Die beteiligten Gesellschaften halten den täglichen Handel aufrecht, indem sie für den Kauf und Verkauf Limiten stellen, zu denen die Optionen gehandelt werden. Die Schlusskurse werden jeweils in den Tages- und Finanzzeitungen sowie auf den Internetseiten der verschiedenen Finanzdienstanbietern publiziert. Die meisten Banken orientieren auf dem Internet ständig und ohne Zeitverzögerung über die aktuellen Kauf- und Verkaufsangebote sowie über die bezahlten Preise. Die Anleger versuchen, Kursschwankungen meist kurzfristig zu ihren Gunsten auszunutzen, indem sie bei steigender Tendenz Call-Optionen (Kauf), bei sinkenden Kursen dagegen Put-Optionen (Verkauf) erwerben.

St. Galler
Kantonalbank

St. Gallen, 3. April 2001
St. Galler Kantonalbank
Postfach
9001 St. Gallen

Herr
Felix Schnell
Bahnhofstrasse 34
9001 St. Gallen

Börse - Kauf
Belastungsanzeige

Wir haben für Sie gekauft: Konto Nr. 333.066.4/Depot 455 828.6
Abschlussort: Schweizer Börse SWX
Abschlussdatum: 03.04.2001

Stück	10 000	PUT-Warrants Credit Suisse First Boston (Emittentin) – **20.09.01**) (SMI/CHF 6500) = **Basiswert**))	Valor 1 032 340 ISIN CH-001032340-7
CHF	5 100	zu CHF 0.51	
CHF	40.00	+ Courtage Internet-Banking	
CHF	0.60	+ Börsengebühr SWX	
		Abschlüsse mit Zeitangabe in Klammern 10 000.00 zu 0.51 (16.32)	
		Titel in Depot Nr. 455 828.6 Den Betrag werden wir obigem Konto belasten. Für den Auftrag danken wir Ihnen bestens. Die Courtagen beinhalten die Kostenpauschale für eigene und fremde Kommissionen.	
CHF	5 140.60	Valuta 06.04.2001	

Freundliche Grüssen
St. Galler Kantonalbank
Anzeige ohne Unterschrift

Börsenabrechnung der St. Galler Kantonalbank beim Kauf einer Put-Option auf den SMI

So funktioniert eine Option

Das Beispiel eines Put-Warrants der St. Galler Kantonalbank (siehe nebenstehende Börsenabrechnung) soll verdeutlichen, wie Optionen funktionieren: Eine Option ist ein Vertrag zwischen Käufer und Verkäufer; gegen Zahlung der Prämie (Optionspreis) erwirbt der Käufer das Recht,

- eine festgelegte Menge (Kontraktgrösse: 10 000 Stück)
- eines bestimmten Gutes (Basiswert: SMI-Index)
- an oder bis zu einem beim Kauf festgelegten Zeitpunkt (Verfalltermin: 20. September 2001)
- zu einem beim Kauf festgelegten Preis (Ausübungspreis, Strike): SMI 6500 Punkte)
- zum aktuellen Tageskurs zu kaufen (Kaufoption/Call)
- oder zu verkaufen (Verkaufsoption/Put, Prämie: Fr. –.51)

Beispiel *Bankkunde Felix Schnell spekulierte am 3. April 2001 bei einem SMI-Indexstand von 6904 Punkten auf weiter sinkende Kurse der im SMI enthaltenen Aktien bis spätestens am 20. September 2001 (Anleger, die auf sinkende Kurse spekulieren, werden bears, also Bären genannt). Für 5140 Franken (inkl. Gebühren, siehe Börsenabrechnung) kaufte er 10 000 Put-Warrants. 500 dieser Put-Warrants berechtigten zum Verkauf eines SMI-Indexes zu 6500 Punkten (Ausübungspreis/Strike).*

Wären die Aktien gestiegen, wäre Schnells Option immer wertloser geworden. Doch der SMI stand bei Verfall gerade noch bei 5399 Punkten. Schnell stellte die Position glatt, die Differenz verblieb zu seinen Gunsten. Bei Indexpunkten kann der Basiswert nicht physisch bezogen werden wie bei Optionen, die Anspruch auf Lieferung von Aktien geben; deshalb wurde Felix Schnell die Differenz in Franken gutgeschrieben. Die Berechnung:

Indexstand 20. September 2001	*5399*
Ausübungspreis/Strike	*6500*
Differenz pro Indexstand	**1101**

500 Optionen berechtigen zum Verkauf eines Indexes zu 6500 Punkten; 10 000 Optionen ergeben 20 x 1101 Fr. 22 020.–

abzüglich Einstandspreis	*Fr. 5140.–*
Gewinn	**Fr. 16 880.– = 328%**

Einige Fachbegriffe am Beispiel einer Call-Option

Die meisten Anleger spekulieren im positiven Sinn, sie rechnen also mit einem Ansteigen des Basiswerts und kaufen Call-Optionen (Anleger, die auf steigende Kurse spekulieren werden bulls oder Bullen genannt). Am Beispiel einer Call-Option auf Swisscom-Namenaktien werden einige Fachbegriffe erläutert.

SCMZU ZKB C 09/01 (SCMZU)			
Date	Time	National #	Change
11-04-2001	13:05:50	1'141'599	-.01 (-1.4 %)
Volume	Prev. close	Today's open	Last
1'210'000	.73	-	.72
Bid Size	Ask Size	Bid 13:12:37	Ask 13:12:37
150'000	150'000	.69	.71
52 Weeks high	52 Weeks low	Today's high	Today's low
2.09	.38	.83	.7
Security Type	Strike Price	Ratio	Expiration
Warrant	400	50	21-09-2001
Premium	Premium/Year	Underlying	Udl Price 13:27:46
7.52 %	16.84 %	SWISSCOM N	405.5 CHF (-.5)

Call-Option auf Swisscom-Namenaktie

50 Optionen – der Fachbegriff für die Anzahl Optionen, die zum Kauf einer Aktie nötig sind, lautet Ratio – berechtigen bis zum 21. September 2001 (letzter Ausübungstermin = Expiration) zum Bezug einer Swisscom Namenaktie zum Preis (= Strike) von 400 Franken. Eine Option kostet 71 Rappen (Briefkurs = Ask).

Prämie/Aufgeld

Mit Prämie wird der Prozentsatz bezeichnet, um den der Kauf des Basiswerts (Swisscom-Namenaktie) mittels Option höher ist als der direkte Erwerb der Aktie an der Börse.

Beispiel *Aktueller Aktienkurs vom 11. April 2001* Fr. 405.50
Kauf über Option:
Strike + Kaufpreis = Fr. 400.– + 50 x Fr. –.71 Fr. 435.50
Differenz + Fr. 30.–
Prämie 7,40%

Im, beim und aus dem Geld

Der Kurs des Basiswerts kann unter, beim oder über dem Ausübungspreis (Strike) liegen. Dafür werden die folgenden Fachbegriffe verwendet:

- **in the money/im Geld:** Der Kurs des Basiswerts liegt über dem Ausübungspreis. Bei einem Kurs der Swisscom-Aktie von Fr. 405.50 liegt die Swisscom-Option also bereits im Geld, allerdings noch nicht so, dass ein Bezug sich lohnen würde.
- **out of the money/aus dem Geld:** Der Basiswertkurs liegt unter dem Ausübungspreis.
- **at the money/beim Geld:** Der Basiswertkurs liegt unmittelbar beim Ausübungspreis.

Optionen unterliegen einem Zeitverlust: Je näher der Ablauftermin rückt, desto wertloser wird eine Option, wenn der Basiswert den Ausübungspreis/Strike nicht erreicht.

Delta

Der Deltafaktor sagt, um wie viel sich die Option verändert, wenn der Basiswert, also die Swisscom-Aktie um die Einheit 1 steigt oder sinkt. Das Delta gibt Auskunft über die Wahrscheinlichkeit, dass der Preis des Basiswerts einer Call-Option bei Verfall über dem Ausübungspreis liegt – bzw. bei einer Put-Option, dass der Basiswertkurs tiefer liegt als der Ausübungspreis –, die Option also in the money ist. Folgende Regeln gelten:

- Das Delta von Calls bewegt sich zwischen 0 und 1
- Der Deltafaktor von Puts liegt zwischen 0 und −1.
- Eine Option at the money hat in der Regel ein Delta von ca. 0.5. Das heisst: Steigt der Basiswert einer Call-Option um einen Franken, nimmt der theoretische Wert der Option um 50 Rappen zu. Die Wahrscheinlichkeit, dass eine solche Option bei Verfall in the money ist, liegt bei 50 Prozent.

Delta und Optionspreis

Aktienkurs	Delta	Optionspreis
Fr. 405.50	0.50	Fr. 35.50
Fr. 406.50	0.51	Fr. 36.00

- Das Delta von Optionen in the money liegt zwischen (plus bzw. minus) 0.6 und 1; sie reagieren also stark auf Wertveränderungen des Basiswerts.
- Optionen out of the money weisen ein Delta zwischen 0 und 0.5 auf. Wertveränderungen der Aktie wirken sich nur geringfügig auf den Optionspreis aus.

Gearing und Leverage

Auch mit einem kleinen Kapitaleinsatz lassen sich mit Optionen hohe Beträge umsetzen. Die Option ist sozusagen der Hebel (leverage), mit dem das grosse Gewicht des Basiswerts bewegt wird. Entsprechend stärker sind denn auch die Preisschwankungen der Optionen verglichen mit dem Basiswert. Dieser Effekt wird mit dem Leveragefaktor angegeben.

Mit dem Leveragefaktor wird recht häufig der an sich wenig aussagekräftige Begriff Gearing verwechselt. Er gibt an, wie viele Optionen für den Preis einer Aktie gekauft werden können.

Beispiel
Kurs der Aktie   *Fr. 405.50*
Kurs der Option   *Fr. –.71*
Ratio (Bezugsverhältnis)   *50*
Gearing = 405.50 : (50 x 0.71)   **11.42**

Multipliziert man das Gearing mit dem Delta erhält man den Hebel oder Leveragefaktor. Er gibt an, um wie viel mehr sich der Preis einer Option verändert als derjenige der zugrunde liegenden Aktie.

Beispiel
Gearing   *11.42*
Delta   *0.51*
Leverage = 11.42 x 0.51   **5.82**

Eine Zunahme des Aktienkurses um ein Prozent müsste sich demnach mit einer Kurssteigerung von 5,82 Prozent auf die Option auswirken.

Hinweis *Das Leverage sollte jeweils nur für die nächsten fünf Tage berechnet werden, da der näher rückende Verfalltermin das Leverage verändert.*

Von Obligation bis Option: die Wertpapiere 107

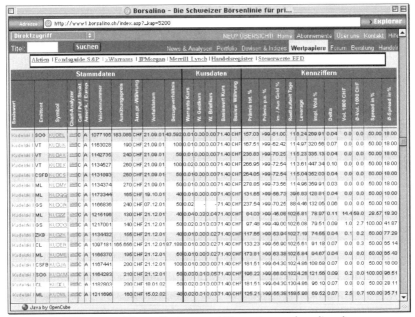

*Interessante Webseite zum Thema Optionen und Warrants: www.borsalino.ch
– Klick: Wertpapiere – Auswahlfenster: Optionen A–Z*

Neben den hier beschriebenen Faktoren wirken sich auch Volatilität (bisherige Schwankungsbreiten des Basiswerts), Angebot und Nachfrage sowie Restlaufzeit auf den Wert einer Option aus. Käufer von Calls oder Puts sollten sich daher nicht wundern, wenn die Kurse trotz steigendem oder sinkendem Basiswert stagnieren oder sich sogar gegensätzlich entwickeln.

Tipps
- *Als Optionseinsteiger sollten Sie sich vorsichtig und mit kleinen Einsätzen an diese Spekulationsart wagen und zuerst Erfahrungen sammeln. Statistiken zeigen, dass 70 Prozent solcher «Investitionen» mit einem Totalverlust enden.*
- *Kaufen Sie Optionen nie auf Kredit!*
- *Optionen sind keine Alternative zu langfristigen Aktienanlagen, sondern ein Spekulationsmittel (oder sie dienen der Kursabsicherung bestehender Anlagen).*
- *Vor dem Kauf von Optionen sollten Sie unbedingt Informationen über den Basiswert einholen. Charts von Optionen sagen wenig aus; wichtiger ist der Chart des Basiswerts.*

- *Laufzeiten von neun bis zwölf Monaten verringern das Risiko.*
- *Geben Sie als Verlustabsicherung Stop-loss-Limiten mit 10 Prozent ein. Dann werden Ihre Optionen, sobald der Kurs um 10 oder mehr Prozent unter den Kaufkurs oder eine von Ihnen festgesetzte Limite fällt, automatisch verkauft.*
- *Grundlegende Kenntnisse sind eine Voraussetzung für den Anlageerfolg.*

Die neue Baisse-Spekulationsmöglichkeit mit dem SMI

Möchten Sie auf Baisse spekulieren, trauen sich aber den kompetenten Umgang mit Put-Optionen nicht zu? Die UBS bietet die Baisse-Zertifikate Shorty (Valor 1 168 974) für Spekulationen auf sinkende SMI-Kurse «à la baisse» oder zur Absicherung des Portefeuilles an. Dieses leicht verständliche Produkt ermöglicht auch nicht professionellen Anlegern ohne die nötigen Vorkenntnisse für komplexe Strategien eine kostengünstige Baisse-Spekulation. Weitere Shorty-Produkte gibt es auf den Swiss New Market (Valor 1 168 975) und den Nasdaq (117 722).

Beispiel *Am 10. April 2001 beim SMI-Stand von 7247 Punkten kostet der SMI-Shorty 2175 Franken. Fällt der SMI-Index um einen Punkt, steigt der Wert des Shorty-Zertifikats um einen Franken. Im Gegensatz zu Put-Optionen entfallen die Prämie, und weil die Laufzeit bei diesen Produkten nicht beschränkt ist, riskieren Sie auch keinen Zeitverlust beim Ablauf (siehe Seite 105).*

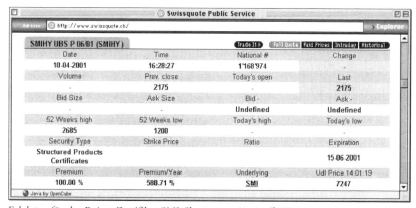

Eckdaten für das Baisse-Zertifikat SMI-Shorty vom 10. April 2001

Spekulieren auf Kredit

Für die Aufnahme von Krediten zum Kauf von Wertschriften – oder zur Geldbeschaffung bei Liquiditätsengpässen – bestehen verschiedene Möglichkeiten, zum Beispiel:
- Belehnung der Rückkaufswerte von Versicherungspolicen (empfehlenswerter als ein vorzeitiger Rückkauf, der mit grossen finanziellen Einbussen verbunden ist)
- Belehnung von Wertschriftendepots (auch für Finanzierung des Eigenheims, des Studiums von Kindern etc.)

In beiden Fällen wird für die Sicherheit des Kredits ein so genanntes Faustpfand hinterlegt. Es handelt sich dabei um Wertschriften, Schuldbriefe oder Policen, die als Sicherheiten eingesetzt werden. Die Bank oder Versicherungsgesellschaft prüft in erster Linie die Verwertbarkeit der Pfänder für den Fall, dass der Kunde den Kreditverpflichtungen (Zinszahlungen und Amortisationsvereinbarungen) nicht mehr nachkommen kann. Die Höhe der Kreditlimite wird aufgrund der Sicherheiten bestimmt und hängt vom Kursrisiko des hinterlegten Faustpfands ab. Hinterlegen Sie zum Beispiel erstklassige Obligationen, erhalten Sie 80 Prozent des Wertes als Kredit.

Sinkt der Wert der Sicherheiten, kann die Bank einen Nachschuss in Form von weiteren Wertschriften oder einer Bareinzahlung fordern. Kommen Sie als Schuldner dieser Aufforderung nicht nach, kann die Bank die rasche und freihändige Verwertung des Faustpfands vornehmen. Das heisst, sie wird – in der Regel nach

Richtlinien für Kreditmargen

Verpfändeter Wert	Kreditlimite
Frankenobligationen	80 – 90%
Fremdwährungsobligationen, je nach Währung	70 – 80%
Aktien	50 – 60%
Versicherungspolicen	80 – 90%
Edelmetalle	50 – 60%
Optionen/Derivate	in der Regel keine Belehnung

vorheriger einfacher Aufforderung an Ihre Adresse – die hinterlegten Wertschriften zum aktuellen Kurs verkaufen.

In der Regel gewähren die Banken solche Kredite als Kontokorrentkredit. Der Negativzins des Wertschriftenkredits wird in diesem Fall täglich aufgrund des Saldos berechnet. Wird der Kredit als fixe Summe bezogen, wird meist die Form eines Darlehens oder eines festen Vorschusses gewählt. Der Kreditbetrag bleibt während der ganzen Laufzeit unverändert – es sei denn, es wurden Rückzahlungen vereinbart. Ein Vergleich der Konditionen (Zins und Kommissionsberechnungen) bei verschiedenen Banken und Versicherungsgesellschaften lohnt sich.

Achtung Steuerfalle!

Spekulieren mit möglichst günstigen Bankkrediten, damit steuerfreie Kursgewinne erzielen und erst noch die Schuldzinsen in der Steuererklärung vom Einkommen in Abzug bringen, das ist der Traum jedes Spekulanten. Ganz so einfach läuft es aber nicht.

Ein Bundesgerichtsentscheid aus dem Jahr 1996 lässt den kantonalen Steuerbehörden grossen Spielraum, solche Spekulanten auf Kredit als gewerbsmässige Händler einzustufen und damit die Kursgewinne der Kapitalgewinnsteuer zu unterstellen. Auch Aufstockungen von Hypotheken auf dem Eigenheim zu Spekulationszwecken werden von den Steuerbehörden näher unter die Lupe genommen. Die Beteuerung des Anlegers, es handle sich bloss um eine private Vermögensverwaltung, hilft in der Praxis meist nicht. Allein schon übermässig viele Aktien- und Optionstransaktionen und die Ausweisung des Mehrvermögens in der Steuererklärung kann den Steuerkommissär auf den Plan rufen. Genaue Grenzwerte über die zulässige Anzahl von jährlichen Transaktionen für die private Vermögensverwaltung gibt es jedoch nicht; die Praxis ist von Kanton zu Kanton unterschiedlich.

4. Anlagefonds und Fondssparpläne

Anlegerinnen und Anleger, die ihr Geld entsprechend den Ausführungen im dritten Kapitel möglichst optimal anlegen wollen, müssen sich intensiv sowohl mit den Unternehmen, in die sie investieren, als auch mit dem Finanzmarkt allgemein beschäftigen und brauchen zudem ein entsprechendes Vermögen. Doch auch wenn Sie nur einige tausend Franken zur Verfügung haben, brauchen Sie auf die Möglichkeiten der grossen Investorenwelt nicht ganz zu verzichten. Mit Anlagefonds und Fondssparplänen sind Sie mit dabei.

Anlagefonds

Anlagefonds führen Gelder einer Vielzahl von Kunden zu einem grossen Vermögen zusammen, das nach bestimmten, den Anlegerinnen und Anlegern bekannten und überprüften Richtlinien professionell angelegt wird. Solche Anlagefonds investieren in Obligationen, Aktien, bestimmte Regionen oder Branchen. Damit haben auch Kunden mit kleinen Vermögen die Möglichkeit, gezielt und wirkungsvoll zu investieren.

Beispiel *Ein Fonds mit Schweizer Blue Chips hält zu 3 Prozent UBS-Aktien. Anna Rupp kauft für 3000 Franken Anteile dieses Fonds und besitzt damit für 90 Franken UBS-Aktien, also wenig mehr als eine einzige solche Aktie. Würde sie diese Aktie kaufen, müsste sie eine Minimalgebühr von beispielsweise 35 Franken bezahlen – beim Kauf der Fondsanteile dagegen werden ihr nur 1 bis 2 Prozent als Ausgabekommission belastet, für den UBS-Teil also höchstens ein Zwanzigstel dessen, was beim Kauf von Einzelaktien anfallen würde.*

Bereits investiert jeder dritte Schweizer sein Erspartes in Anlagefonds; pro Kopf sind das 12 000 Franken. Gehören Sie auch schon dazu? Wenn nicht, sollten auch Sie sich über mittel- bis langfristiges Fondssparen in allen Formen wie Säule 3a (gebundene Vorsorge) und 3b (freie Vorsorge) sowie über Fondssparpläne informieren. Allerdings gehört zu diesem Ratschlag auch eine Warnung: Anlagefonds werden mit Vorliebe von nicht immer seriösen Vermittlern, Allfinanzgesellschaften und Strukturvertrieben verkauft, die mit hohen, aber unrealistischen Gewinn- und Renditeversprechen unerfahrene Anleger ködern. Wenn Sie dagegen bei Ihrer Hausbank, einer renommierten Versicherungsgesellschaft oder bei der Post einen Fonds zeichnen, können Sie davon ausgehen, dass Sie – verglichen mit Anlagen in Einzelwerte – das Investitionsrisiko reduzieren. Eines jedoch haben alle Fondsanbieter gemeinsam: Renditegarantien gibt es keine.

Beispiel *Aus der Beratungspost des Beobachters: «Ich möchte mein Alterskapital möglichst gut anlegen. Die Firma XY verspricht für ihre Partizipationsscheine 20 Prozent Rendite im Monat. Anlagefonds, so* sagt sie, würden nie so hoch rentieren. *Handelt es sich um eine seriöse Gesellschaft oder kann da etwas nicht stimmen?» Die Antwort ist klar: «Hier stimmt überhaupt nichts! Wenn eine Gesellschaft oder ihre Vermittler 20 Prozent Rendite im Monat versprechen – seien das nun Fondsanteile oder Aktien –, ist dies meilenweit von seriöser Anlage entfernt; ein Totalverlust ist quasi vorprogrammiert. Bei allen Anlageformen gilt: Hohe Renditen ohne Risiko gibt es nicht.* Was die Firma XY angeht, so hat diese mit der Herausgabe von Partizipationsscheinen einen neuen Trick gefunden, um die Bestimmungen der Eidgenössischen Bankenkommission, der Vermögensverwalter, Broker und Fondsgesellschaften unterstellt sind, zu umgehen. Das ihr anvertraute Geld wird die XY in Hochrisikoanlagen wie Devisen, Warentermingeschäfte etc. investieren. In ihren Bestimmungen weist sie zudem ausdrücklich darauf hin, dass ein Totalverlust des eingesetzten Kapitals möglich ist. Hände weg, mit dem Kauf solcher Partizipationsscheine gefährden Sie Ihre Altersvorsorge.»

Wer bietet Anlagefonds an?

Alle in der Schweiz zugelassenen Anlagefonds unterstehen dem Bundesgesetz über die Anlagefonds (AFG). Die zuständige Aufsichtsbehörde ist die Eidgenössische Bankenkommission (EBK) in Bern. Wer gewerbsmässig Fondsanteile verkauft, vermittelt oder vertreibt, braucht dazu eine Bewilligung dieser Aufsichtsbehörde. Auch für Vertriebsträger wie Allfinanzgesellschaften, Strukturvertriebe und Treuhänder besteht diese Bewilligungspflicht.

Ob ein Vertreter der Branche jedoch die Anteile mit aggressiven Verkaufsmethoden und unter voller Ausschöpfung der von den Fondsgesellschaften angesetzten Ausgabekommissionen – Höchstansätze bis 6 Prozent – vertreibt, kümmert den Gesetzgeber nicht. Ein Vermittler der Ihnen beim Fondskauf eine Ausgabekommission von beispielsweise 5 Prozent berechnet, kassiert jedenfalls kräftig mit.

Tipp • *Auch wenn ein nach eigenen Angaben neutraler Berater Sie mit einleuchtenden Argumenten von den Renditemöglichkeiten der vermittelten Fondsprodukte überzeugt, sollten Sie vor dem Kauf bei*

Ihrer Hausbank rückfragen und die Ausgabekommissionen und Depotgebühren vergleichen.

Zur besseren Sicherheit der Anleger verlangt das Anlagefondsgesetz, dass die Fondsgesellschaft, die Fondsleitung (Management) und die Depotbank (dort sind die gekauften Wertschriften deponiert) juristisch von einander getrennte Einheiten sind. Auch müssten die geschäftsführenden Fachleute der Fondsleitung und der Depotbank von der jeweils anderen Gesellschaft unabhängig sein. Verflechtungen sind jedoch nicht auszuschliessen. Oft wird der Fonds zwar von einer Fondsleitung geführt, aber trotzdem von einem Spezialisten des Anbieters gemanagt. Fonds müssen zudem von einer unabhängigen Revisionsstelle geprüft werden, welche die Anerkennung der EBK geniesst.

Die Anbieter von Anlagefonds

• Banken	– Fonds von «eigenen» Fondsgesellschaften; diese tragen oft den Namen der Bank in der Bezeichnung, beispielsweise «ZKB Ausgewogen», oft kombiniert mit dem Investitionsgebiet des Fonds, etwa «UBS 100 Index-Fund Switzerland».
	– Fonds anderer Anbieter
• Versicherungsgesellschaften	– Fonds von eigenen Fondsgesellschaften
	– Fonds anderer Anbieter
• Fondsgesellschaften	– Eigene Fonds
• Vertriebsträger	– Produkte von Banken, Fonds- und Versicherungsgesellschaften

Eine Liste der von der Eidgenössischen Bankenkommission anerkannten Fondsleitungen, Vertreter und Vertriebsträger finden Sie im Anhang (Seite 243) oder unter www.ebk.admin.ch.

So funktionieren Anlagefonds

Die verschiedenen Charakteristiken von Anlagefonds werden am Beispiel des UBS 100 Index-Fund Switzerland gezeigt. Dieser Fonds investiert in die 100 grössten Aktiengesellschaften der Schweiz, gemäss dem von der UBS geführten Index. Die einzelnen Gesell-

Anlagefonds und Fondssparpläne **115**

Fondsinformationen UBS 100 Index-Fund Switzerland

Anbieter	UBS AG
Fondsleitung	UBS Fund Management (Switzerland) AG
Valor	278 880
Domizil	Schweiz
Rechnungsjahr endet per	31. Oktober
Ausschüttung	Januar
Rechnungswährung	Schweizer Franken
Aktuelle Daten	
• Inventarwert 29. 12. 2000	Fr. 5192.83
• Ausschüttung 4. 1. 2000	Fr. 34.50
• Direkte Rendite	0,7%
• Rendite 1. 1. 2001 – 20. 4. 2001	– 11,5%
• Anzahl Anteile im Umlauf	586 000
• Fondsvermögen am 29. 12. 2000	3 042 998 380 Franken
• Emissionskommission	0,50% (6,00%)
• Rücknahmekommission	0% (2,00%)
• All-in-Fee	0,60% (0,96%)
Struktur nach Branchen	
• Chemie/Pharmazeutik	33,0%
• Banken	18,9%
• Versicherungen	13,0%
• Nahrungsmittel/Getränke/Tabak	12,5%
• Finanzgesellschaften	8,4%
• Elektronik	5,8%
• Diverse (inkl. flüssige Mittel)	8,4%
Die zehn grössten Positionen per 31. 12. 2000	
• Novartis N	17,0%
• Roche Holding	12,2%
• Nestlé N	12,2%
• UBS N	9,4%
• Credit Suisse Group N	7,6%
• Zurich FS N	6,7%
• Swiss Re N	4,6%
• ABB N	4,23%
• Richemont –A– I	1,9%
• Adecco N	1,5%

Quelle: Fondsführer Schweiz 2001

schaften sind entsprechend ihrer Marktkapitalisierung gewichtet; je grösser eine Unternehmung, desto mehr Gewicht kommt ihr im Fonds zu (siehe Kasten mit der Zusammenstellung der Fondsinformationen).

Zeichnen an einem Tag 25 Kunden insgesamt 40 Anteile des Fonds zu je 5000 Franken, investiert das Fondsmanagement am nächsten Tag diese 200 000 Franken zu 17 Prozent in Aktien der Novartis, zu je 12,2 Prozent in Papiere von Roche und Nestlé, zu 9,4 Prozent in UBS-Aktien... – gemäss der Zusammensetzung des Fonds. Es werden also beispielsweise für 34 000 Franken zusätzliche Novartis-Aktien erworben und dem Fondsvermögen zugefügt. Am nächsten Tag verkaufen 15 Kunden insgesamt 20 Anteile zu 5000 Franken. Nun muss die Fondsverwaltung Aktien für 100 000 Franken verkaufen; sie stösst also für 17 000 Franken Novartis-Aktien ab, für 12 200 Franken Roche-Aktien usw. Verändert sich die Gewichtung der Unternehmen im UBS 100 Index, ändern sich auch diese Zahlen. Der Fondspreis wird täglich aufgrund des Inventarwerts festgelegt: Steigt der UBS 100 Index, steigt auch der Preis pro Fondsanteil, und umgekehrt.

Erläuterungen zu den Fondsinformationen

Die negative Entwicklung der Rendite vom 1. Januar 2001 bis Ende April 2001 zeigt, dass es auch Fondsmanagern selten gelingt, in schlechten Börsenzeiten entgegen dem allgemeinen Trend ein Plus zu erzielen. Doch können Fonds der gleichen Kategorie unterschiedliche Kursentwicklungen aufweisen. Deshalb gilt auch bei Anlagefonds: Diversifizieren, nicht alles Geld auf den gleichen Fonds setzen.

Emissions- oder Ausgabekommission: Dass für denselben Fonds verschiedene Kommissionen (angegeben ist der minimale und der maximale Satz) verrechnet werden, wird durch die unterschiedlichen Absatzkanäle begründet. Kaufen Sie Fondsanteile direkt bei der jeweiligen Depotbank, kommt meist ein tieferer Satz zur Anwendung, als wenn der Fonds über eine Drittorganisation (andere Bank, Allfinanzgesellschaft) gehandelt wird. Wird eine höhere Kommission berechnet, profitiert die angeblich neutrale Drittorganisation davon. Es lohnt sich deshalb, die von einem Vermittler geforderten Ausgabekommissionen zu prüfen. Beim UBS

100 Index-Fund beträgt die Ausgabekommission 0,5 Prozent, wenn der Fonds direkt bei der UBS gekauft wird; beim Kauf über Drittorganisationen können es bis zu 6 Prozent sein.

Rücknahmekommission: Je nach Fonds und Gesellschaft wird bei der Rückgabe zusätzlich eine Rücknahmekommission verrechnet – auch deren Höhe hängt vom Absatzkanal ab. Kostenbewusste Anleger meiden solche Fonds, denn jede Kommission schmälert die Rendite. Die Renditeentwicklung (Performance) eines Fonds ist deshalb nicht nur von der Leistung der Fondsmanager abhängig, sondern oft auch die Folge unterschiedlich hoher Kommissionen. Beim UBS 100 Index-Fund entfällt die Rücknahmekommission, wenn die Anteile direkt bei der UBS gekauft werden.

All-in-Fee: Diese Kommission deckt sämtliche im Zusammenhang mit der Verwaltung von Anlagefonds anfallenden Kosten, mit Ausnahme der Umsatzabgabe von 0,75 Prozent. Bei ausländischen Titeln können die ausländische Courtage und weitere Gebühren dazu kommen. Für den UBS 100 Index-Fund beträgt die All-in-Fee zwischen 0,6 und 0,96 Prozent, je nach Absatzkanal.

Der Fondskauf

Anteile von Anlagefonds kaufen Sie via Bank, Versicherungsgesellschaft oder Vertriebsträger (siehe Abbildung auf der nächsten Seite). Ihren Auftrag erteilen Sie am Schalter, telefonisch, via Internet/E-Mail, schriftlich oder per Fax. Kaufen Sie Anteile von einem Vertriebsträger, müssen Sie in der Regel bei einer Bank, die mit diesem zusammenarbeitet, ein Konto und Depot eröffnen.

Direkt an der Börse werden nur rund 20 Fonds gehandelt. Für die übrigen Fonds richten sich die Kurse nach dem jeweiligen Inventarwert, der von den Fondsgesellschaften täglich berechnet wird. Für diese Fonds – über 2000 an der Zahl – unterhalten die Banken einen Handel, der via SWX Swiss Exchange abgewickelt wird. Die Fondsanteile werden von den Fondsgesellschaften zuzüglich einer Ausgabekommission veräussert und auch wieder zurückgekauft. Die Belastung und Gutschrift erfolgt mit Valuta drei Tage, für luxemburgische Fonds zwei Tage. Das bedeutet, dass die für die Zinsberechnung auf dem Konto massgebliche Verrechnung von Last- und Gutschriften mit drei bzw. zwei Tagen Verzögerung erfolgt.

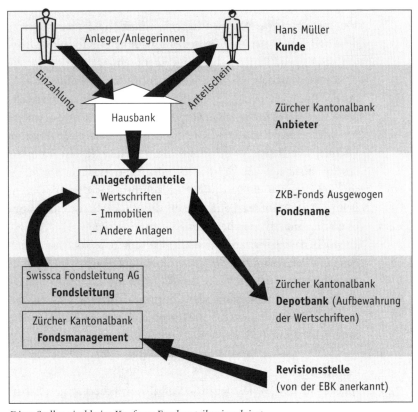

Diese Stellen sind beim Kauf von Fondsanteilen involviert.

So kommt der Kurs zustande: das Forward Pricing

Fondskäufer reklamieren oft in Unkenntnis der Sachlage über die von den Banken festgelegten Kurse. Fondsanteile werden in der Regel nach dem Forward Pricing abgerechnet, dem gebräuchlichsten System in der Schweizer Fondsindustrie: Sie als Kunde geben heute den Auftrag zum Kauf oder Verkauf von Fondsanteilen. Am nächsten Tag werden diese zum Tageskurs abgerechnet; die Abrechnung erhalten Sie am Tag darauf. Den Kurs, zu dem Ihr Kauf oder Verkauf abgewickelt wurde, können Sie am Tag der Transaktion in den elektronischen Medien einsehen; in den Tageszeitungen finden Sie ihn erst am Tag darauf.

Der Nachteil dieses Systems besteht darin, dass die Kunden den exakten Fondskurs im Zeitpunkt der Auftragserteilung gar nicht kennen können. Beim Kauf von Wertschriften direkt an der Börse wird dagegen zum aktuell gültigen und bekannten Kurs abgerechnet. Dies ist beim Forward Pricing nicht der Fall – ein Hauptgrund dafür, dass der Fondsindustrie Intransparenz vorgeworfen wird.

Zeitlicher Ablauf beim Forward Pricing

Was?	Der Kunde erteilt den Auftrag zum Kauf oder Verkauf.	Der Fondskurs zum Abrechnen der gestrigen Aufträge wird bestimmt. Der Kurs ist in den elektronischen Medien abrufbar.	Der gestrige Kurs wird in den Tageszeitungen publiziert. Der Kunde erhält die Abrechnung.
Wann?	Heute	Heute + 1 Tag	Heute + 2 Tage

Eine Ausnahme bildet die Zürcher Kantonalbank, welche Fonds im so genannten Backward Pricing handelt. Dabei werden die Aufträge nach den Kursen abgewickelt, die am Auftragstag gelten – und in den elektronischen Medien abgerufen werden können –, und die Kunden erhalten die Kaufabrechnung bereits am Folgetag zu den Kursen, die dann auch in den Tageszeitungen publiziert sind

Die Angebotspalette

Die Vielfalt des Angebots an Fonds kann anhand der von der Finanzzeitung Cash aufgearbeiteten Anlagefondspalette sehr gut demonstriert werden. Die zurzeit in der Schweiz zugelassenen Fonds, gut 2600 an der Zahl, sind in verschiedenen Referenzwährungen erhältlich:

- Australische Dollar AUD
- Kanadische Dollar CAD
- Euro EUR
- Englische Pfund GBP
- Japanische Yen JPY
- Amerikanische Dollar USD
- Schweizer Franken CHF

Unter diesen 2600 Fonds finden sich sämtliche Varianten von sehr konservativ bis höchst spekulativ. Vollends unüberblickbar aber wird das weltweite Angebot von über 60 000 Anlagefonds. Erst dank Internet-Informationen wird nun das Fondsgeschäft transparenter.

Die nachstehende Beschreibung der wichtigsten Fondstypen orientiert sich an der Zusammenstellung in der Finanzzeitung Cash, die in jeder Ausgabe über die Entwicklung, Tops und Flops der Kategorien etc. informiert (in Klammern die Anzahl der in Cash berücksichtigten Fonds).

Geldmarkt und Obligationen – die festverzinslichen

- **Money Market Fund/Geldmarktfonds** (50) sind Fonds für Anlagen in Geldmarktpapiere mit kurzfristigen Laufzeiten, in der Regel bis 12 Monate.

- **Obligationen Schweizer Franken** (31): Referenzwährung ist der Schweizer Franken; die Anlagen erfolgen in schweizerische und internationale Gesellschaften, die Obligationen emittieren. Zu beachten ist, dass auch die auf Schweizer Franken ausgestellten Fondsanteile im Rahmen des Fremdwährungsanteils der ausländischen Gesellschaften indirekt Fremdwährungs-Kursriken unterliegen.

- **Obligationen Europa/weltweit/diverse Währungen** (52): Solche Fonds sind in CHF, EUR oder USD erhältlich. Besonders die Kursentwicklung des Euro und des US-Dollars wirken sich direkt auf die Rendite dieser Fonds aus.

- **Obligationen in einer Fremdwährung** (108): Diese Fonds enthalten Obligationen von Gesellschaften der entsprechenden Länder und sind daher auch hauptsächlich in die jeweilige Landeswährung investiert. Das Fremdwährungsrisiko liegt schwergewichtig auf einer einzigen Währung.

- **Obligationen High Yield / Emerging Markets** (35): Die Renditeerwartungen für solche Fonds sind hoch, weil diese Art von Fondsgesellschaften das Fondsvermögen unter anderem in hochverzinsliche Obligationen an Finanzmärkten von aufstrebenden Schwellenländern (Asien, Lateinamerika, Osteuropa) mit mutmasslich überdurchschnittlichem Wachstumspotenzial investieren. Entsprechend gross ist auch das Risiko.

- **Wandel- und Optionsanleihen** (17): Die Fondsgesellschaft investiert das Fondsvermögen ausschliesslich in Wandelanleihen und berücksichtigt dabei wichtige Auswahlkriterien und Anlagefaktoren. Wandelanleihenfonds sind breiter diversifizierte Anlagen als bloss eine einzige Wandelanleihe; dasselbe gilt für Optionsanleihen anstelle von direkten Optionsspekulationen. Als Beimischung zu einem Obligationendepot eignen sich gerade Wandelanleihenfonds bestens. Eine umfassende und jeweils aktualisierte Übersicht ist auf der Website www.finanzdaten.ch zu finden.

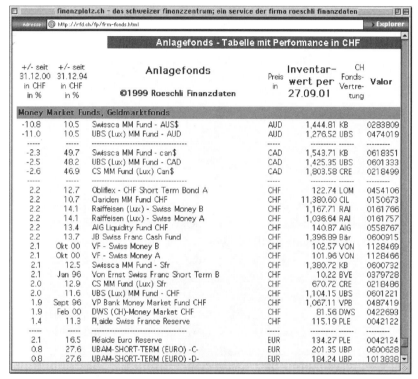

Die Zusammenstellung von Wandel- und Optionsanleihefonds zeigt die Vielzahl der Investitionsmöglichkeiten, aber auch die unterschiedliche Performance der einzelnen Fonds.

Achtung *Eine gute Performance in der Vergangenheit sagt nichts aus über die Performance in der Zukunft und ist höchstens rückwirkend eine brauchbare Information.*

Die Vielfalt der Aktienfonds

- **Aktien Schweiz** (32): Diese Fonds investieren mit einem Anteil von mindestens 90 Prozent in Aktien von börsenkotierten schweizerischen Gesellschaften und berücksichtigen dabei strenge Auswahlkriterien wie zukünftige Wettbewerbsvorteile, ausgewiesenes Management etc.

- **Aktien Schweiz – Small- und Mid-Caps** (11): Solche Anlagefonds investieren in Aktien von börsenkotierten kleineren und mittleren Unternehmen.
- **Aktien Europa** (70): Die Domäne dieser Fonds sind Investitionen in die ganze Palette von kleinen bis grossen börsenkotierten Unternehmen im europäischen Raum mit allen möglichen Varianten wie Indexfonds auf den Euro Stoxx 50, Spezialisierung auf Branchen etc. Verschiedene Anlagefonds bevorzugen einzelne Staaten und die dort domizilierten Gesellschaften:
  – Deutschland (12)
  – Spanien (2)
  – Frankreich (5)
  – Italien (6)
  – Niederlande (6)
  – UK/Grossbritannien (8)
- **Aktien weltweit** (57): Diese Anlagefonds investieren weltweit in Aktien. Auch hier weisen die einzelnen Fonds grosse Renditeunterschiede auf. Der beste Fonds dieser Kategorie erzielte in der Zeit vom 5. April bis 4. Mai 2001 eine Rendite von 19,5 Prozent, der schlechteste ein Minus von 29,5 Prozent. Dies zeigt deutlich, dass auch beim Kauf von Aktienfonds nicht der ganze Betrag in einen einzelnen Fonds angelegt werden sollte. Mit mindestens zwei Fonds wird das Risiko wesentlich reduziert. Auch die weltweiten Aktienfonds sind zum Teil nach Ländern spezialisiert:
  – Aktien USA und Kanada (47)
  – Aktien Lateinamerika (9)
  – Aktien Asien – nur Japan (36)
  – Aktien Asien – inklusive Japan (9)
  – Aktien Asien – exklusive Japan (25)
  – Aktien Asien – China/Hongkong/Taiwan (9)
  – Aktien Asien – ASEAN Staaten (3)
- **Emerging Markets Funds** (33): Diese Anlagen in Aktiengesellschaften aufstrebender Schwellenländer (Asien, Lateinamerika, Osteuropa, Russland, Indien etc.) mit überdurchschnittlichem Wachstumspotenzial enthalten grosse Gewinnchancen und entsprechende Risiken. Wie sehr es sich um Risikomärkte handelt, zeigt die Kursentwicklung im April 2001: Der beste der 33 Emerging Markets Funds,

die Cash aufführt, hat in vier Wochen eine Zunahme von 33,5 Prozent erzielt, der schlechteste dagegen ein Minus von 12 Prozent eingefahren. In diesem Bereich sind Einzelaktien reine Lotterie, doch auch der Kauf von Fondsanteilen setzt eine ausgeprägte Risikobereitschaft voraus.

- **Goldminen-, Edelmetall- und Rohstoffaktien** (6): Solche Fonds weisen einen deutlich spekulativen Charakter auf und können grossen Kursschwankungen unterliegen. Immerhin ist das Risiko breiter gestreut als bei direkten Aktienanlagen in einzelne solche Gesellschaften dieser Branche.
- **Energie-, Rohstoff- und Ökofonds** (14) bevorzugen Anlagen in Unternehmen, die im Einklang mit der Umwelt wirtschaften. Wenn Sie sich für eine solche Investition interessieren, sollten Sie sich jedoch vor dem Kauf näher über die wesentlichen im Portefeuille genannten Gesellschaften informieren. Der Beschrieb «im Einklang mit der Umwelt» lässt nämlich sehr viel Spielraum offen (siehe auch Seite 126).
- **Branchenfonds** (72): Diese Fonds investieren in einen bestimmen Wirtschaftszweig bzw. in eine bestimmte Branche, beispielsweise Pharma, Chemie, High-Tech, Biotechnologie, Internet, Telekommunikation, Freizeit etc.
- **Protected Funds / strukturierte Produkte** (27): Bei solchen spekulativ investierenden Fonds, die teilweise eine Kurs-Untergrenze garantieren, winken höhere Gewinne, aber auch höhere Risiken. Besonders in Zeiten negativer Börsenentwicklungen unterliegen auch deren Fondsmanager trotz anders lautenden Werbeversprechen offensichtlich den gleichen Gesetzen wie alle anderen Investoren auch. Von den 27 Fonds lagen in der Zeit von Anfang April bis Anfang Mai 2001 immerhin 13 im Minus. Eine spezielle Form dieser strukturierten Produkte sind Angebote unter Titeln wie Blocs, Toro oder Goal: Schliesst der Basiswert – in der Regel eine Aktie – am Verfalltag über dem Cap (vereinbarte Obergrenze), erhält der Investor eine Barzahlung. Andernfalls muss er den Basiswert beziehen – und hofft dann auf wieder anziehende Kurse.
- **Hedge Funds** (5): Solche Fonds beinhalten ein hohes Risiko und sind deshalb vermögenden Privatkunden und institutionellen Investoren wie Pensionskassen vorbehalten. Sie unterstehen keiner öffentlichen

Aufsicht; das Domizil an internationalen Offshore-Finanzplätzen (Bahamas, Cayman Islands, Panama etc.) belässt den Fondsmanagern in Bezug auf Anlagetechniken und Anlagemöglichkeiten grossen Spielraum. So sind auch Optionen und Futures im Portefeuille zugelassen. Als Anlagealternativen werden solche Fonds zunehmend auch dem breiten Publikum angeboten, teilweise in Form von Fonds, die ihrerseits in Hedge Funds investieren. Den Fondsmanagern sollte es gelingen, bei fallenden Börsenkursen mit komplexen Strategien Verluste zu minimieren oder im vorteilhaften Fall entgegen dem Trend Gewinne zu erzielen. In der Regel werden für Anlagen in solche Fonds Mindestbeträge von 20 000 Franken oder 20 000 bis 30 000 US-Dollar verlangt.

Kursentwicklung des Hedge Funds Castle Alternative Inv (Valor 509 275) vom 5. Januar 1998 bis 3. September 2001; ein Angebot der liechtensteinischen LGT-Gruppe in Allianz mit der Rentenanstalt/Swiss Life

- **Immobilienfonds Schweiz und Ausland** (21): Das Anlageziel von Immobilienfonds ist auf eine Periode von mindestens zehn Jahren ausgerichtet. Diese Fonds eignen sich nicht als kurzfristige Investition mit dem Ziel eines möglichst raschen Kursgewinns. Wer sich hingegen keine eigenen Immobilien in Form von Renditeliegenschaften leisten kann, findet mit solchen Fonds eine gute Anlagealternative mit Wertsteigerungspotenzial in Inflationszeiten. Die Gesamtrendite setzt sich dabei aus zwei Komponenten zusammen: Ausschüttung und möglicher steuerfreier Kursgewinn. In den letzten zehn Jahren lag die Rendite zwischen derjenigen von Aktien und von Obligationen. Bei steigenden Zinsen müssen Kurseinbussen in Kauf genommen werden.

Kursentwicklung des Immobilienfonds UBS Swissreal (Valor 278 467) vom 5. Januar 1998 bis 11. Mai 2001; Rendite 1. Januar 2000 bis 3. Mai 2001: 5,4%

Portfoliofonds: Diversifikationsmöglichkeit für Kleinanleger

Asset Allocation Funds, Anlagestrategie-, Anlageziel- und Portfoliofonds sind verschiedene Bezeichnungen für Fonds, die in unterschiedliche Anlagearten wie Obligationen, Aktien und Festgelder investieren. Die Fondsmanager legen für jeden Portfoliofonds eine bestimmte Strategie mit definiertem Anlageziel und entsprechendem Risikoprofil fest. Ein guter Portfoliofonds ist gleich strukturiert wie ein sehr grosses Vermögen und verfügt über denselben Risikoausgleich.

Portfoliofonds ermöglichen auch Anlegerinnen und Anlegern mit wenig Mitteln, ihr Geld optimal diversifiziert anzulegen. Je nach Anlagedauer und Risikobereitschaft eignen sich unterschiedlich zusammengesetzte Portfoliofonds. Die verschiedenen Anbieter haben Produkte zusammengestellt, welche die Risikoprofile verschiedener Anlegertypen nachzeichnen.

Risikoprofile von Portfoliofonds

Investitionsart des Portfoliofonds	Anlegerprofil	Anlageziel	Anlagehorizont
Nur Obligationen und Geldmarkt	Konservativ, risikoscheu, akzeptiert nur geringe Kursschwankungen	Regelmässiger Kapitalertrag	2–4 Jahre
Obligationen, Geldmarkt und kleiner Anteil Aktien (10 bis 20%)	Konservativ, kleine Risikoneigung, kleine Kursschwankungen akzeptierbar	Leichter Vermögenszuwachs erwartet, Schwergewicht auf Zins- und Dividendenertrag	3–6 Jahre
Obligationen, Geldmarkt und Aktien ausgewogen (Aktien ca. 50%)	Risikobewusst, kurzfristige Kursschwankungen werden akzeptiert	Renditeorientierte Anlagestrategie mit dem Ziel eines langfristigen Vermögenszuwachses	über 5 Jahre
Obligationen, Geldmarkt und grosser Aktienanteil (60 bis 80%)	Erhöhte bis hohe Risikoneigung, grössere Kursschwankungen werden akzeptiert	Bedeutender Vermögenszuwachs mit entsprechenden steuerfreien Kapitalgewinnen angestrebt	ab 10 Jahren

Öko-Anlagefonds: speziell für Umweltbewusste

Dank der zunehmenden Nachfrage der Anleger nach Investitionsmöglichkeiten, die hohen ökologischen und ethischen Prinzipien standhalten, sind in den letzten Jahren diverse Ökofonds entstanden; in Schweizer Ökofonds wurden bereits zwei Milliarden Franken angelegt. Unter dem Begriff Öko laufen allerdings ganz verschiedene Produkte. Die einen investieren in Unternehmen mit einem besonderen ökologischen Engagement oder in bestimmte Branchen (zum Beispiel Stromgewinnung durch Solarenergie, Wärme-Kraft-Koppelung oder Wind), andere berücksichtigen Unternehmen, die aus ökologischer Sicht in ihrem Bereich «best of class» sind. Bei einem Teil dieser Fonds nehmen die Anlegerinnen und Anleger bewusst in Kauf, dass ihre

Investitionen eine tiefere Rendite aufweisen, andere Ökofonds sind bezüglich Performance mit konventionellen Anlagefonds durchaus vergleichbar. Die entwicklungspolitisch engagierte Organisation «Erklärung von Bern» (EvB) hat die in der Schweiz erhältlichen Umweltfonds unter die Lupe genommen und dabei in einzelnen Produkten auch Gesellschaften gefunden, die nicht in eine «grüne» Anlage passen. Die besten Noten für umweltgerechte Auswahlkriterien werden der unabhängigen Bewertungsfirma SAM (Sustainable Asset Management), der Bank Sarasin und der ZKB erteilt.

Auswahl von grünen Fonds und ihre Performance

Name, Valor	Fondsart	Anbieter	Performance 1. 1. bis 16. 5. 2001
OekoSar Portfolio (Valor 174 851)	je 50% Aktien und Obligationen	Bank Sarasin	– 2,5%
UBS (Lux) Equity Fund-Eco Perform. (Valor 638 135)	100% Aktien	UBS	– 0,9%
Prime Value (Valor 433 023)	bis 25% Aktien, Rest Obligationen	Dr. Höller Vermögensverwaltung	+ 1,88%
Mi-Fonds Eco (Valor 746 405 / 746 431)	40% Aktien, 60% Obligationen	Migrosbank	– 1,7% / + 1,4%
CS Equity Fund (Lux) Global Sustainability (Valor 349 511)	100% Aktien	CS	– 3,2%
Swissca Green Invest (Valor 907 430)	100% Aktien	Kantonalbanken	0%
Futura-Fonds			
– Swiss Franc Bond (Valor 1 198 099)	100% Obligationen	Raiffeisenbanken	seit Juni 2001
– Global Bond (Valor 1 198 103	100% Obligationen		
– Swiss Stock (Valor 1 198 098)	100% Aktien		
– Global Stock (Valor 1 198 100)	100% Aktien		

Indexfonds und Indexprodukte

Trotz ihres Heers von Fachleuten und Spezialisten gelingt es bekanntlich nur ganz wenigen Fondsmanagern, die Performance eines Börsenindexes langfristig zu überbieten. Dieser Erkenntnis verdanken die Indexfonds ihre Existenz. Die Manager solcher Fonds bilden mit dem Fondsvermögen einen Referenzindex (Benchmark) möglichst genau nach, wie das am Beispiel des UBS 100 Index-Fund Switzerland gezeigt wurde: Da Novartis 17 Prozent des Indexes ausmacht, werden 17 Prozent des Fondsvermögens in Novartis-Aktien investiert (siehe Seite 115). So folgt logischerweise die Kursentwicklung des Fonds dem jeweiligen Index auf Schritt und Tritt – nach oben wie nach unten. Sinken die Börsenkurse, bleibt Ihnen als Anleger immerhin der Trost, dass auch ein aktiv verwaltetes Portefeuille meist nicht in der Gewinnzone liegt und dass Sie damit sogar wesentlich mehr verlieren können als mit einem Indexfonds. Auch Top-Fonds vom letzten Jahr können dieses Jahr weit abgeschlagen bei den Flop-Fonds landen.

Beispiel *Die nebenstehende Abbildung zeigt es deutlich: Indexfonds laufen parallel zum nachgebildeten Index. So machte der CS IndexMatch on SMI von Oktober 1999 bis September 2001 alle Ausschläge des Swiss Market Index getreulich mit. Der Höchstkurs (25. August 2000) lag bei Fr. 83.32, der tiefste (23. März 2001) bei Fr. 67.55.*

Ein wesentlicher Vorteil der Indexfonds liegt darin, dass beim Kauf deutlich tiefere Gebühren anfallen als für Anlagefonds der übrigen Kategorien. Auch die Verwaltungskosten, die dem Fondsvermögen belastet werden und so indirekt auf die Rendite drücken, sind tiefer. In den USA sind Indexfonds denn auch bereits heute populär. Dass hierzulande noch nicht einmal fünf Prozent der Privatanleger in Indexfonds investieren, dürfte damit zu erklären sein, dass sie nach wie vor den Fondsmanagern – und der effizienten Werbung – glauben, sie könnten eine gegenüber dem Index überdurchschnittliche Performance erzielen.

Tipp • *Besonders nach Börsenkorrekturen bieten Indexfonds gute Einstiegsmöglichkeiten. Lassen Sie sich von Ihrem Berater aus der Palette ein geeignetes Produkt empfehlen. Eine gute Diversifikation*

dürfte die Verteilung der vorgesehenen Geldmittel auf den SMI, Europa/Euro Stocks und die USA sein; eine mögliche Auswahl:
- UBS 100 Index-Fund Switzerland (Valor 278 880)
- Synchrony Euro Stocks (Valor 517 707)
- Pictet TF USA-Index (Valor 1 009 151)
- CS IndexMatch on S&P 500 (Valor 890 389)

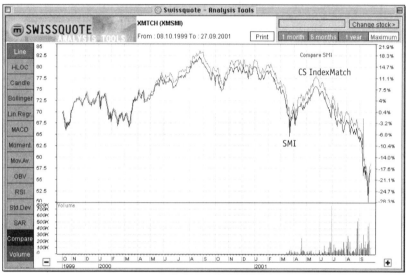

Kursentwicklung CS IndexMatch on SMI (Valor 889 976) vom 8. Oktober 1999 bis 27. September 2001

Die Leaders zum Anlegen und Spekulieren

Spezielle Indexfonds, die unter dem Namen Exchange Traded Funds (ETF) laufen, sind in den USA längst ein Renner. Solche Index-ETF kombinieren die Vorzüge eines Indexzertifikats mit den Vorteilen eines Fonds, besitzen jedoch formal den Charakter einer Aktie. Anders als die Anteile an herkömmlichen Indexfonds können diese auch als Indexaktien bezeichneten Papiere jederzeit an der Börse gehandelt werden. Die SWX verpflichtet einen Market Maker (ein Börsenmitglied), der in diese Titel investiert, dafür permanent attraktive Geld- und Briefkurse zu stellen, das heisst, den täglichen Handel zu garantieren (bis 50 000 Euro pro Position).

Der Vertrieb von an der Börse gehandelten Indexfonds muss in der Schweiz von der Eidgenössischen Bankenkommission (EBK) bewilligt werden. Die SWX hat diese Bewilligung für ETFs erhalten, an der Schweizer Börse werden zurzeit drei solche Indexaktien gehandelt. Im Gegensatz zu Anlagefonds können diese LEADERS (LDRS) auch innerhalb eines Tages gehandelt werden; sie bilden die Entwicklung und die Performance eines bestimmten Börsenindexes genau nach.

Neben den banküblichen Courtagen wird für diese Indexaktien eine Verwaltungsgebühr von maximal 0,5 Prozent erhoben, die direkt dem Fondsvermögen belastet wird. Damit sind die Kosten für LDRS tiefer als für die meisten der in der Schweiz erhältlichen Indexfonds. Von den 51 000 Franken, die beispielsweise zehn Anteile des UBS 100 Index-Fund Switzerland total kosten, sind rund 4 Prozent Titelankaufsspesen.

LEADERS sind eine direkte Konkurrenz für herkömmliche Anlagefonds; die bisherigen Fondsanbieter fürchten denn auch um ihr kommissionsträchtiges Geschäft. Bisher allerdings kaufen Schweizer Anleger offenbar lieber gerade in Mode gekommene Fonds von Branchen wie Telecom, Biotech, Internet etc. mit hohen Ausgabekommissionen – weil ETFs noch wenig bekannt und das

An der SWX kotierte Indexaktien

Stoxx 50 LDRS (Valor 1 065 255)	Diese Aktie bildet den Dow Jones Stoxx 50 nach, der eine Auswahl der grössten und dynamischsten Unternehmen in ganz Europa beinhaltet.
Euro Stoxx (Valor 1 065 278)	Diese Aktie richtet sich nach der Entwicklung des Dow Jones Euro Stoxx 50, welcher eine Auswahl der grössten und dynamischsten Unternehmen der Euroländer enthält.
XMTCH SMI (Valor 889 976)	Der XMTCH on SMI (sprich «x-match», was für Exchange Match steht) ist ein börsenkotierter Indexfonds, der in Aktien des Swiss Market Index investiert. Der SMI umfasst zurzeit 29 liquide Titel hochkapitalisierter Unternehmen des Schweizer Aktienmarkts, so genannte Blue Chips, welche ca. 80 Prozent der Gesamtkapitalisierung repräsentieren (siehe Seite 23). Mit seinen Anlagen bildet der Fonds den SMI möglichst 1:1 nach.

Für alle drei kotierten Indexaktienfonds findet sich eine detaillierte Auflistung der im Index enthaltenen Titel unter: www.swx.ch – Klick: Exchange Traded Funds/ETF.

Angebot gering ist –, doch dank der günstigen Kommissionen dürften Indexaktien über kurz oder lang auch hierzulande zum festen Bestandteil der Fondsportefeuilles werden.

Achtung *Die an der Börse kotierten LDRS machen bei einer Baisse die negative Entwicklung ungebremst mit. Dies ist für die Aktionäre und Aktionärinnen unerfreulich – wenn Sie allerdings neu einsteigen wollen, können Sie dies nach einem Kurssturz zu günstigen Bedingungen tun.*

Kursentwicklung Euro Stoxx 50 LDRS (Valor 1 065 278) vom 18. September 2000 bis 27. September 2001

Die Besteuerung von Anlagefonds

Die Fondsrendite nach Steuern wird oft zu wenig in die Renditeüberlegungen einbezogen. Grundsätzlich gilt, dass Kapitalgewinne (Kursgewinne) weder bei Obligationen noch bei Aktien und entsprechend auch nicht bei Fondsanteilen zu versteuern sind. Zinsen und Dividenden dagegen sind steuerpflichtig. Dies führt zu steuerlichen Unterschieden je nach Art des Fonds. Zudem hat auch das Domizil des Fonds einen Einfluss auf die Besteuerung. Wer sich nicht rechtzeitig mit Steuerfragen auseinander setzt, bezahlt unter Umständen viel zu viel! Es existieren viele legale Wege, um Steuern zu sparen. Auch hier gilt: Gut informiert fahren Sie am besten.

Übersicht Fondsbesteuerung in der Schweiz

	Ausschüttungen	Reinvestition Erträge	Ausschüttung Kapitalgewinne	Rückgabe des Titels	Verkauf an der Börse oder an Dritte	Verrechnungssteuer
Ausschüttungsfonds*						
• Domizil CH	steuerbar	–	steuerfrei	steuerfrei	steuerfrei	ja
• Domizil Ausland	steuerbar	–	steuerfrei	steuerfrei	steuerfrei	nein
Thesaurierungsfonds*						
• Domizil CH	–	steuerbar	steuerfrei	steuerfrei	steuerfrei	nein
• Domizil Ausland	–	steuerbar	steuerfrei	steuerfrei	steuerfrei	nein
SICAV Luxemburg						
• Bund und die meisten Kantone	steuerbar	steuerbar	steuerfrei	steuerfrei	steuerfrei	nein
• Ausnahme: Kantone BE, GR, ZH, SG	steuerbar	steuerfrei	steuerbar	steuerbar	steuerfrei	nein

* Ausschüttungsfonds zahlen jedes Jahr den grössten Anteil des Gewinns aus; Thesaurierungsfonds reinvestieren den Ertrag in dieselben Papiere.

Tipps
- Lesen Sie die Fondsprospekte mit Hinweisen über die Besteuerung.
- Ausgeschüttete Erträge von schweizerischen Fonds unterliegen der Verrechnungssteuer – Rückforderung nicht vergessen!
- Bestellen Sie für Ihr Wertschriftendepot bei der Bank per Ende Jahr ein Steuerverzeichnis (Dauerauftrag). So sparen Sie viel Zeit und Nerven beim Ausfüllen der Steuererklärung, können die bezahlten Verrechnungssteuern einfacher zurückfordern und sind sicher, dass kein Posten vergessen geht.
- Verkaufen Sie SICAV-Fonds (siehe unten) immer über die Börse!

Ein Spezialfall: SICAV-Fonds luxemburgischen Rechts

Zahlreiche in der Schweiz angebotene Fonds haben ihren rechtlichen Sitz in Luxemburg. Es handelt sich dabei um die so genannten SICAV-Fonds. Das sind Anlagefonds von Investmentgesell-

schaften luxemburgischen Rechts mit der Rechtsform der Société d'investissement à capital variable. Nach luxemburgischem Recht benötigen diese Fondsgesellschaften keine zusätzliche Managementgesellschaft, wie dies bei Schweizer Fonds der Fall ist. Die erzielten Zinserträge sind verrechnungssteuerfrei – für viele Anleger ein Kaufargument. Für die Zulassung zum Vertrieb in der Schweiz braucht es eine Bewilligung der eidgenössischen Bankenkommission.
Bei diesen Fonds gelangen kantonal unterschiedliche Steuerbestimmungen zur Anwendung. In einigen Kantonen werden sie wie Aktiengesellschaften behandelt. Entsprechend sind die erzielten Kursgewinne steuerfrei; auch die Dividendenerträge sowie die Obligationenzinserträge bei Obligationenfonds oder gemischten Fonds werden nicht besteuert.

Achtung *Mit der nächsten Steuerrechnung kommt oft eine unliebsame Überraschung ins Haus geflattert, wie schon viele Anleger schmerzlich erfahren mussten. Wenn Sie Anteile von SICAV-Fonds verkaufen und die Bank diese direkt der Fondsgesellschaft zurückgibt, wird dies von den Steuerbehörden als Teilliquidation betrachtet. Das heisst, die Differenz zwischen Rücknahmepreis und Nennwert gilt als Einkommen und wird entsprechend besteuert. Darum sollten Sie bei SICAV-Fonds immer darauf bestehen, dass Ihre Anteile über die Börse verkauft werden, und so die Einkommensbesteuerung legal umgehen.*

Steuerliche Überlegungen zu Aktien- und Obligationenfonds

Die unterschiedliche Besteuerung von Kursgewinnen und Erträgen ist vor allem von Bedeutung, wenn es um die Rendite von Aktien- und Obligationenfonds geht. Die Unterschiede können ganz schön ins Geld gehen, wie folgende Berechnung der Iff Consulting, Zürich, zeigt.

Beispiel *Ein katholisches Ehepaar, wohnhaft in Schaffhausen, verfügt über ein steuerbares Einkommen von 90 000 Franken. 200 000 Franken sind in Anlagefonds investiert. Handelt es sich dabei um Obligationenfonds, zahlt das Ehepaar im Jahr 2000 Steuern in der Höhe*

Steuerersparnis durch den Besitz von Aktien- statt Obligationenfonds

	Variante 1 Anlage in Obligationenfonds		Variante 2 Anlage in Aktienfonds	
Anlagevolumen	Fr. 200 000.–		Fr. 200 000.–	
Zinsertrag 4%	Fr. 8000.–			
Dividendenertrag 1,5%			Fr. 3000.–	
Steuerbares Einkommen				
• Kanton	Fr. 98 000.–		Fr. 93 000.–	
• Bund	Fr. 98 000.–		Fr. 93 000.–	
Vermögen Kanton	–.–		–.–	
Verrechnungssteuer Guthaben	–.–		–.–	
Steuersätze				
• Kanton	120,0%		120,0%	
• Gemeinde	112,0%		112,0%	
• Kirche	7,0%		7,0%	
• Gesamt		239,0%		239,0%
Steuerbeträge				
• Einfache Staatssteuer	Fr. 7275.–		Fr. 6775.–	
• Kantonssteuer	Fr. 8730.–		Fr. 8130.–	
• Gemeindesteuer	Fr. 8148.–		Fr. 7588.–	
• Kirchensteuer	Fr. 509.–		Fr. 474.–	
• Total Kanton (Einkommen)		Fr. 17 387.–		Fr. 16 192.–
• Kanton, Gemeinde, Kirche (Vermögen)		–.–		–.–
• Direkte Bundessteuer		Fr. 2697.–		Fr. 2347.–
• Weitere Steuern (Kopfsteuer)		Fr. 60.–		Fr. 60.–
Total Steuern		**Fr. 20 144.–**		**Fr. 18 599.–**
Differenz				**– Fr. 1545.–**
Grenzsteuersatz*		31,7%		30,9%
Renditeberechnung				
• 4% Obligationenzinsen abzüglich Steuern (Grenzsteuersatz)	Fr. 5464.–			
• 1,5% Dividende abzüglich Steuern (Grenzsteuersatz)			Fr. 2073.–	
• 8% steuerfreier Kapitalgewinn			Fr. 16 000.–	
Rendite nach Steuern		Fr. 5464.–		Fr. 18 073.–
Rendite nach Steuern in %		2,73%		9,04%

* Mit steigendem Einkommen steigen auch die Steuersätze (Progression). Der Grenzsteuersatz entspricht derjenigen Steuerbelastung, die bei einem bestimmten Einkommen in Prozent auf den nächsten Franken Einkommen entfällt. Beispiel: Der Grenzsteuersatz beträgt 30%, also werden vom nächsten Franken Einkommen 30% oder 33,3 Rappen Steuern abgeliefert. Der Grenzsteuersatz ändert in der Regel jeweils ab 1000 Franken zusätzlichem Einkommen (Berechnung gemäss den Steuertarifen 2001, ohne Gewähr für Tarif- und Berechnungsänderungen)

von 20 144 Franken; mit Aktienfonds dagegen sind es nur 18 599 Franken. Diese Differenz hat einen direkten Einfluss auf den Renditevergleich der beiden Anlagevarianten (die Berechnung geht von einem steuerfreien Kursgewinn des Aktienfonds von 8 Prozent aus). Die nebenstehende Berechnung zeigt: Bezieht man diese Differenz in die Renditeberechnung ein, schneidet der Aktienfonds – bei einem angenommenen steuerfreien Kapitalgewinn von 8 Prozent – noch besser ab.

Die Zusammensetzung eines Fondsportefeuilles

Wie schnell wird man mit Anlagefonds reich? Machen Sie sich keine Illusionen, die Zeit der schnellen und fetten Gewinne mit Fonds scheint vorerst vorüber zu sein. Wappnen Sie sich mit Geduld und lassen Sie sich nicht durch viel zu hohe Renditeversprechen in die Irre führen. Die unberechenbaren Auswirkungen der rasanten technologischen Entwicklung machen auch vor der Börse nicht Halt. So sind die Aktien von Infrastrukturanbietern in der Telekommunikation in den letzten Monaten entgegen allen Voraussagen massiv eingebrochen; die Aktien von Ericsson beispielsweise, dem weltweit wichtigsten Produzenten von Mobilfunksystemen, haben seit Sommer 2000 über 80 Prozent ihres Wertes verloren. Wie sie sich weiter entwickeln, ist ungewiss. Auch mit Internetaktien lässt sich zurzeit fast nur Geld verlieren – vielleicht bleibt das so, vielleicht folgt eine neue Spekulationsblase. Jedenfalls ist es nicht ratsam, in der Hoffnung auf eine neue Technologiehausse zu viel Geld in Titel mit hohem Risiko zu investieren.

Um bei der Zusammenstellung Ihres persönlichen Fondsportefeuilles die Risiken minimieren zu können, sollten Sie einigermassen Bescheid wissen in der Welt der Anlagefonds. Die folgenden Tipps helfen Ihnen dabei.

Tipps für den Umgang mit Fonds

Im Grunde genommen wissen die meisten Anlegerinnen und Anleger, dass sie beim Kauf von Fonds einige Regeln einhalten sollten. Wenn es jedoch um die konkrete Zusammenstellung der einzelnen Fonds und um die Diversifikation – die Aufteilung nach Ländern, Branchen, Strategien und Währungen – geht, fehlt oft die nötige Sorgfalt oder die Sicherheit, trotz aller verfügbaren Informationen. Die nebenstehende Tabelle gibt Auskunft zu den häufigsten Fragen.

Tipps
- *Zahlen Sie nie Geld direkt auf das Konto eines Vermittlers im In- oder Ausland ein!*
- *Die von der EBK bewilligten Gesellschaften bieten zwar keine absolute Gewähr für einwandfreie Fachberatung, hohe Rendite oder Seriosität, müssen aber immerhin gewisse Bedingungen erfüllen wie zum Beispiel die Mitgliedschaft in einem Fachverband.*
- *Denken Sie daran: Bisherige Renditeentwicklungen sind nie eine Garantie für Gegenwart und Zukunft eines Fonds.*

Informationen zu Fonds

Neben den Informationen in der Finanzpresse – den spezialisierten Finanzzeitungen wie Bilanz, Cash, Stocks, Finanz & Wirtschaft sowie den ausführlichen Finanzseiten in NZZ, Basler Zeitung, Tages-Anzeiger (Akonto) und Sonntagszeitung – finden sich immer mehr und vor allem aktuellere Daten, Vergleiche und News im Internet.

Um die Gunst der Anleger im Internet buhlen verschiedene Fondsanbieter und Internet-Finanzservices. Das ganze Schweizer Angebot mit 2600 Fonds, aber auch die weltweite Palette von über 60 000 Fonds kann abgerufen werden. Geboten werden Performance- und Kursangaben, Gebühren, Fondszusammenstellungen, Ratings etc. Auch der Online-Fondshandel zu günstigeren Konditionen nimmt bei den Anlegerinnen und Anlegern eine immer wichtigere Stellung ein. Allerdings brauchen Sie einiges an Fachwissen, um sich im Fondsdschungel zurechtzufinden. Zuverlässige Finanzinformationen sind gefragt, keine Gerüchte! Die Tabelle auf Seite 138 nennt eine Auswahl von interessanten Homepages.

Das müssen Sie beim Fondskauf wissen

Wo kann ich Fondsanteile kaufen?	Banken, Post, Versicherungsgesellschaften, Fondsgesellschaften Fondsvertriebsträger
Wer bietet Fonds an?	Alle von der EBK bewilligten Fondsleitungen, Fondsvertreter und Fondsvertriebsträger finden Sie im Anhang (Seite 243) oder im Internet unter www.ebk.admin.ch. Keine Bewilligung der EBK benötigen Beratungs- und Allfinanzgesellschaften, die Anlagefonds nur empfehlen, aber weder als Fondsleitung noch als Vertreter oder Vertriebsträger in Erscheinung treten. Neben gut ausgebildeten Finanzberatern tummeln sich im Vermittlungsgeschäft mit hohen Kommissionen allerdings auch viele Geschäftemacher, die sich mehr für die eigenen Einkünfte als für eine zielgerichtete Beratung und die Interessen ihrer Kunden engagieren.
Wer bietet Beratung an?	Banken, Post und Versicherungen bieten Gratisberatung; Vermögens- und Vorsorgeberater kennen unterschiedliche Honoraransätze. Wenn Sie allein für die Auswahl von Fonds 5 Prozent Kommissionen bezahlen, ist das in jedem Fall zu viel. Banken und Post empfehlen mit Vorliebe die eigenen Produkte. Dagegen ist nichts einzuwenden, wenn diese in der Rangliste der Drei- bis Fünf-Jahres-Renditen im ersten Drittel figurieren. Fragen Sie Ihren Berater! Weiss er die Antwort nicht oder weicht er aus, sollten Sie sich andernorts Zusatzinformationen holen.
Wie hoch dürfen die Gebühren sein?	In der Regel sollten Sie maximal 2 Prozent Ausgabekommissionen und keine Rücknahmekommissionen bezahlen. Kaufen Sie Fonds Ihrer Bank oder Versicherung, bezahlen Sie tiefere Ausgabekommissionen und reduzierte Depotgebühren. Langfristig fallen solche Einsparungen renditemässig stark ins Gewicht.
Wie kann ich die Gebühren minimieren?	Durch die Auftragserteilung via Internet (Online-Banking) lassen sich die Kaufkosten deutlich senken.
Bleibe ich mit Fonds liquid?	Anlagefonds sind zwar grundsätzlich langfristige Anlagen, die Anteile können aber täglich zum Tageskurs verkauft werden. Brauchen Sie allerdings kurzfristig Bargeld, müssen Sie unter Umständen Verluste in Kauf nehmen.
Wie hoch darf der Aktienanteil bei Anlagefonds sein?	Für Anlagevermögen bis 100 000 Franken gelten andere Überlegungen als für höhere Beträge. Beim Entscheid sind unter anderem das Alter, die persönliche Risikobereitschaft, das Einkommen und Lebensziele wie Eigenheim, frühzeitige Pensionierung, Auswanderung, Aufnahme einer selbständigen Erwerbstätigkeit entscheidende Faktoren. Als Faustregel gilt folgende Berechnung: 100 minus Alter = maximaler Aktienanteil in Prozent. Eine risikofähige 40-jährige Anlegerin dürfte also maximal 60 Prozent Aktienanteil in ihrem Fondsportefeuille halten.
Wer fällt den Entscheid für die richtige Anlagestrategie?	Die Strategie können nur Sie selbst bestimmen! Aus Ihrer Risikobereitschaft leitet sich ab, welchen Aktienanteil Sie anstreben (mehr zu Rendite, Risiko und Investitionsstrategien im ersten Kapitel, ab Seite 46).

Fondsanbieter, Fondsservices und Finanzinformationen im Internet

www-adresse	Angebot und Infos	Online-Fondshandel
www.balfolio.ch	Fondsberatung und Fondskauf online, Fondsanalysen, Wirtschaftsnews	Finanzportal der Baloise/Bilanz
www.bilanz.ch	Der Aktienführer der Zeitschrift Bilanz liefert aktuelle Informationen.	
www.borsalino.ch	Das Finanzportal der Finanzzeitung Cash bietet Infos zu über 2000 Fonds, Anlagevorschläge, News, Analysen, interaktive Charts etc.	via Partner
www.cspb.com/ fundlab	Die Credit Suisse bietet Fondsinfos, Anlageprofile, Investmentvorschläge online, interaktiver Vergleich zwischen Fonds, Direktanlagen und Fondspolicen/Einmaleinlagen, individuelle Offertberechnungen, Berechnungen von Steuervorteilen und Steuergrenzwerten, Erklärungen zu Fachbegriffen.	CS Online
www.fundstreet.com	Anlagevorschläge mit Profilanalyse, Fondsdatenbank Lipper Schweiz Ltd.	via diverse Partner
www.funds.sp.com	Umfassendste, nach Ländern gruppierte Datenbank mit über 50 000 Fonds, Liste der Besten und der Flops über diverse Zeitperioden, Gewinner von Awards, Auswahl nach Anlageschwerpunkten	
www.profitline.ch	Produktelinie der Rentenanstalt/ Swiss Life, Fonds von diversen Anbietern, günstigste Kommissionen für Fonds und Fondspolicen	via Tele-Banking
www.swissquote.ch	Sehr aussagekräftige Kursinfos, Fondskurse und historische Entwicklungen, Chatforum, Research	Swissquote Bank mit Fondshandel
http://bank.swissquote.ch	300 handelbare Fonds ohne Ausgabekommission	Swissquote Bank
www.ubs.ch	Angebot der UBS mit Fundgate mit Suchhilfe, Kursen, Fondsinfos, Quotes für Kurssuche weltweit	UBS Online
www.zkb.ch	Online-Bank der ZKB, Berechnungsmöglichkeiten, Risikoprofil, Anlagevorschläge	ZKB Online

www.tages-anzeiger.ch/geld	Infos rund ums Sparen und Vorsorgen
www.finanzinfo.ch	Homepage von Finanz & Wirtschaft mit Fondsinfos, Fondssuchmaschine, Valorenverzeichnis, Fonds-ABC
www.moneycab.com	Finanz- und Businessinfos sowie Aktualitäten für Anleger
www.redsafe.com	Finanzportal der Rentenanstalt/ Swiss Life mit Newsletter, Performance-Calculator etc.
www.fondscheck.de	Wertschriftenlexikon
www.marktpirat.com	Ausgezeichnete Finanzseite des ehemaligen UBS-Börsensprechers Armando Guglielmetti mit hunderten von Gratis-Finanzlinks aus aller Welt, kostenpflichtigen Informationen, Tipps, Gerüchten, aktuellsten Tagesinfos zur Börsenentwicklung, Warrants-Telefon etc. Dies täglich bereits ab 06.00 Uhr in der Frühe! Eine gute Investition für Anleger, Börseler und Spekulanten.

Strategien nach Börsenkorrekturen

Auch Anlagefonds machen das Auf und Ab an der Börse mit – je höher der Aktienanteil und je grösser das Gewicht von riskanten Unternehmen, umso stärker. Gerade in der gegenwärtig unsicheren Börsenlage stehen viele Anlegerinnen und Anleger vor dem Entscheid, ob sie ihre Anteile verkaufen oder halten sollen.

Beispiel *Am Beispiel des DWS-(CH)-Aktienfonds weltweit der Deutschen Bank lassen sich die Risiken von aktienlastigen Fonds gut aufzeigen: Wer anfangs November 1999 zum Kurs von 250 Franken Anteile dieses Fonds kaufte, konnte sich am 2. Mai 2001 bei einem Kurs von Fr. 321.66 über einen Kursgewinn von Fr. 71.60 bzw. eine 19-Monats-Rendite von 29 Prozent (1,52 Prozent pro Monat) freuen. Anleger dagegen, die ihre Anteile im September 2000 zum Höchstkurs von 364 Franken gekauft haben, werden sich an die Aussage ihres Beraters erinnern, Aktienfonds seien langfristige Anlagen, mit Kursschwankungen müsse gerechnet werden. Mit einem Kursverlust von*

11,8 Prozent (siehe unten stehende Grafik) allerdings haben auch zuverlässige Finanzberater wohl kaum gerechnet.

Nach dem Kurssturz: Kaufen oder verkaufen?
Je nach Temperament, Vermögenssituation und Risikobereitschaft reagieren Anleger auf einen Kurssturz ihrer aktienlastigen Anlagefonds ganz unterschiedlich. Einige Beispiele von Strategien:
- Alles verkaufen und auf tiefere Kurse hoffen: Dieser Entscheid entspricht meist nicht der ursprünglichen Absicht. Ein Engagement in Aktienfonds ist eine langfristige Anlage von mindestens zehn Jahren Dauer. Mit Kursschwankungen muss gerechnet werden.
- Eine Hälfte verkaufen, die andere behalten: Dieser Entscheid kann trotz der langfristigen Überlegungen eher in Betracht gezogen wer-

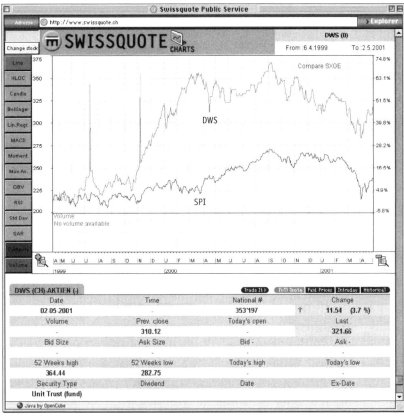

Kursentwicklung des DWS-(CH)-Aktienfonds weltweit im Vergleich zum SPI

DWS-(CH)-Aktienfonds weltweit (Valor 353 197): Kennzahlen per Ende 2000

Anbieter und Fondsleitung	Deutsche Asset Management Schweiz (Deutsche Bank Group)
Management	DWS Finanz-Service GmbH, Frankfurt
Domizil	Schweiz
Fondsvermögen per Ende 2000	503,2 Mio. Franken
Ausgabekommission	4% max.
Rücknahmekommission	–
Verwaltungskosten	1%
Länderaufteilung in %	
• USA	27,4
• Deutschland	14,0
• Grossbritannien	9,8
• Niederlande	6,7
• Japan	5,0
• Frankreich	4,3
• Schweiz	2,7
• Finnland	1,4
• Italien	1,1
• Diverse (inkl. flüssige Mittel)	27,6
Die zehn grössten Positionen in %	
• Metive	2,0
• Atlanta	1,9
• Providian Financial	1,9
• Münchner Rückversicherung	1,8
• Axa	1,5
• MBNA	1,5
• ING Groep	1,4
• Philip Morris	1,4
• Sony	1,4
• ASM Lithography Holding	1,3

Anlagegrundsätze
- $2/3$ in Aktien sowie max. 15% in Warrants von überwiegend ausländischen Gesellschaften
- $1/3$ in Obligationen, Wandel- und Optionsanleihen sowie Geldmarkt
- 10% max. in nicht kotierte oder regelmässig gehandelte Titel
- 10% max. in Titel desselben Emittenten

Performance per 29. Dezember 2000

	1 Jahr	3 Jahre	5 Jahre
DWS	2,4%	112,1%	291,5%
Benchmark (Vergleichsindex)	– 10,2%	51,1%	177,8%
Sektordurchschnitt des Angebots	– 7,8%	49,6%	139,4%

Performance vom 3. September 2000 bis 3. September 2001: – 23,38%

den, wenn die Prognosen mit grosser Wahrscheinlichkeit weitere Kursentwicklungen nach unten voraussagen.
- Jetzt erst recht zukaufen: Diese Strategie setzt erneut eine langfristige Optik voraus! Vielleicht sinken die Kurse ja weiter. Wenn Sie diesen Schritt wagen, empfiehlt sich, in Abständen von jeweils etwa einem halben Jahr je einen Drittel des vorgesehenen Betrags für den Kauf weiterer Fondsanteile einzusetzen.

Aktiv verwaltete Fondsvermögen

Bei den üblichen Fondskonten (wie auch bei den Fondssparplänen, siehe Seite 150) werden die ausgewählten Fonds vom Anbieter nicht aktiv verwaltet; ohne ausdrücklichen Wunsch des Kunden (Switch, siehe Seite 153) bleibt die Auswahl unverändert. Verschiedene Anbieter führen aber auch so genannt aktiv verwaltete Fondsportfolios, eine eigentliche Fondsvermögensverwaltung. Mit dem Kunden wird ein Anlageziel abgesprochen, seine Mittel werden diesem Ziel entsprechend in Anlagefonds investiert und anschliessend wird die Zusammensetzung des Fondsportfolios periodisch den Börsen-, Branchen- und Länderentwicklungen angepasst. Eine solche fondsgestützte Vermögensverwaltung ist vor allem für Anleger geeignet, die mangels Fachwissen oder Zeit die Vermögensverwaltung Fachleuten überlassen wollen und sich

Anbieter von aktiv verwalteten Fondsportfolios (Auswahl)

Neben den hier genannten Instituten bieten auch verschiedene Anbieter von Fondssparplänen eine aktive Verwaltung der ausgewählten Fonds an (siehe Seite 154).

- AIG Privat Bank
  www.aigprivatebank.com
  Tel. 01 227 55 55

- Bank Leu
  www.leu.com
  Tel. 01 219 11 11

- Bank Vontobel
  www.vontobel.ch
  Tel. 01 283 71 11

- BEVAG Better Value AG
  www.bevag.ch
  Tel. 01 241 30 60

- Rentenanstalt/Swiss Life
  www.rentenanstalt.ch
  Tel. 01 284 33 11

- VZ Vermögenszentrum
  Tel. 01 207 27 27
  www.vermoegenszentrum.ch

aus Risikogründen für Anlagen in Fonds statt in Einzeltitel entschieden haben. Auch mit kleineren Beträgen wird so eine optimale Anlage und Verwaltung möglich. Fondsgestützte Vermögensverwaltung bieten verschiedene Banken, Versicherungsgesellschaften und Vermögensverwalter an. Die Möglichkeiten werden im Folgenden anhand von zwei Beispielen dargestellt.

Beispiel 1: Musterportefeuilles der BEVAG AG

Aus einer Auswahl von über 40 000 Fonds haben die Fachleute der Vermögensverwaltung BEVAG in Zürich Musterportefeuilles erarbeitet, die sich für Anleger mit unterschiedlicher Risikobereitschaft eignen (die Zusammenstellungen auf den nächsten Seiten zeigen die Zusammensetzung dieser vier Portefeuilles):

- Die defensive Strategie eignet sich vor allem für kleinere Vermögen, wenn der Anleger oder die Anlegerin keine grossen Risiken eingehen kann.
- Die ausgewogene Strategie setzt eine etwas höhere Risikobereitschaft voraus.
- Die dynamische Strategie ist erst für grössere Vermögen geeignet.
- Die Strategie Aktien setzt einen langen Anlagehorizont von mindestens zehn Jahren voraus.

Generell gilt: Jüngere Anlegerinnen und Anleger können wegen des längeren Anlagehorizonts höhere Risiken eingehen als ältere, grössere Vermögen können riskanter angelegt werden als kleinere, ein hohes Einkommen lässt mehr Risiken zu als ein tiefes.

Anhand ihrer Musterportefeuilles bietet die BEVAG auch eine aktive Fondsvermögensverwaltung an; die Zusammensetzung wird also entsprechend der vereinbarten Strategie regelmässig an die Marktentwicklungen angepasst. Ebenfalls aktiv verwaltet wird Megatrends, eine spezielle Fondsstrategie, die sich nach aktuellen Branchentrends richtet. Die Grafik auf Seite 146 zeigt die Performance dieser fünf aktiv verwalteten Portefeuilles in den letzten fünf Jahren. Im Vergleich zu anderen Anbietern liegt die BEVAG eher im günstigen Preissegment; ihre Konditionen können daher gut als Vergleichsbasis dienen:

Strategie: Defensiv

Anlagekategorie	Fondsname	Valor	Aufteilung
Aktien Global mit Fokus Schweiz	Swissca Portfolio Fund Equity	1092986	15.00%
Total Aktien			**15.00%**
Obli CHF	Bank Hofmann Swissrent	201176	20.00%
Obli CHF	UBS (CH) Bond Fund - CHF Domestic	279184	15.00%
Obli CHF	CS Bond Fund Dynamic SFr.	277020	10.00%
Obli Euro	DIT Europazins	995898	15.00%
Obli Übrige FW	Win GF Intl Bond Pf	600798	10.00%
Total Obli			**70.00%**
Liquidität	CS Money Market Fund (Lux) Sfr. / oder Anlagesparkonto	218486	15.00%
Total Liquidität			**15.00%**
Gesamttotal			**100.00%**
Währungsaufteilung			
CHF			64%
EUR			24%
USD			9%
Übrige			3%

Strategie: Ausgewogen

Anlagekategorie	Fondsname	Valor	Aufteilung
Aktien Schweiz	UBS 100 Index-Fund Switzerland	278880	15.00%
Aktien Europa	HSBC Pan-European Equity	239035	10.00%
Aktien Global	DWS (CH) - Aktien	353197	15.00%
Total Aktien			**40.00%**
Obli CHF	Bank Hofmann Swissrent	201176	10.00%
Obli CHF	UBS (CH) Bond Fund - CHF Domestic	279184	10.00%
Obli CHF	CS Bond Fund Dynamic SFr.	277020	10.00%
Obli Euro	DIT Europazins	995898	10.00%
Obli Übrige FW	Win GF Intl Bond Pf	600798	10.00%
Total Obli			**50.00%**
Liquidität	CS Money Market Fund (Lux) Sfr. / oder Anlagesparkonto	218486	10.00%
Total Liquidität			**10.00%**
Gesamttotal			**100.00%**
Währungsaufteilung			
CHF			56%
EUR			29%
USD			8%
Übrige			7%

Strategie: Dynamisch

Anlagekategorie	Fondsname	Valor	Aufteilung
Aktien Schweiz	UBS 100 Index-Fund Switzerland	278880	20.00%
	Schroder Swiss Equity	1034644	10.00%
Aktien Europa	HSBC Pan-European Equity	239035	15.00%
Aktien USA	CS Equity Fund (Lux) USA	349533	10.00%
Aktien Global	DWS (CH) - Aktien	353197	10.00%
Total Aktien			**65.00%**
Obli CHF	Bank Hofmann Swissrent	201176	15.00%
Obli Übrige FW	Win GF Intl Bond Pf	600798	15.00%
Total Obli			**30.00%**
Liquidität	CS Money Market Fund (Lux) Sfr. / oder Anlagesparkonto	218486	5.00%
Total Liquidität			**5.00%**
Gesamttotal			**100.00%**
Währungsaufteilung			
CHF			52%
EUR			25%
USD			17%
Übrige			6%

Strategie: Aktien

Anlagekategorie	Fondsname	Valor	Aufteilung
Aktien Schweiz	UBS 100 Index-Fund Switzerland	278880	30.00%
	Schroder Swiss Equity	1034644	15.00%
Aktien Europa	HSBC Pan-European Equity	239035	15.00%
	ETF - Euro STOXX 50 LDRS	1065278	10.00%
Aktien USA	CS Equity Fund (Lux) USA	349533	15.00%
Aktien Global	DWS (CH) - Aktien	353197	10.00%
Total Aktien			**95.00%**
Liquidität	CS Money Market Fund (Lux) Sfr. / oder Anlagesparkonto	218486	5.00%
Total Liquidität			**5.00%**
Gesamttotal			**100.00%**
Währungsaufteilung			
CHF			50%
EUR			29%
USD			18%
Übrige			3%

Zusammensetzung der Musterportefeuilles der BEVAG AG (Stand: Ende April 2001)

- **Anlagestrategien:** Sie als Anleger haben die Wahl zwischen den oben beschriebenen fünf Strategien; deren Fünf-Jahres-Rendite (1. September 1996 bis 1. September 2001, siehe Grafik) betrug:
  - Defensiv: 41,9%
  - Ausgewogen: 57,3%
  - Dynamisch: 75,9%
  - Nur Aktien: 89,1%
  - Megatrends: 109,4%
- **Gebühren:** Courtagen, Depot- und Administrationsgebühren etc. werden einzeln verrechnet und detailliert ausgewiesen.
  - Managementgebühr: 0,376% pro Jahr
  - Depotgebühr: 0,125 bis 0,25% pro Jahr
  - Ausgabekommissionen: für Kauf und Verkauf zusammen: Aktien 2%, Obligationen 1%, Geldmarkt 0,5%
- **All-in-Fee:** Sämtliche Verwaltungskosten, Depotgebühren etc. werden als Pauschale erhoben:
  - Fondsportfolios defensiv und ausgewogen: 1,15% pro Jahr
  - Fondsportfolios dynamisch, Aktien und Megatrends: 1,25% pro Jahr

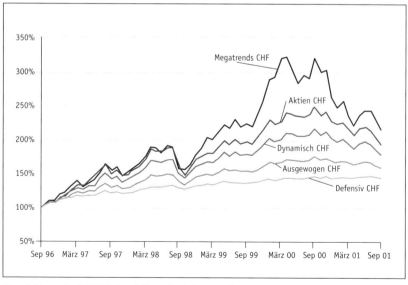

Entwicklung der BEVAG-Portfolios mit aktiver Fondsverwaltung vom 1. September 1996 bis 1. September 2001

Beispiel 2: Swiss Life Managed Portfolio für kleine und grosse Budgets

Die strukturierte und standardisierte Vermögensverwaltung auf Fondsbasis, welche die Rentenanstalt/Swiss Life anbietet, lässt viel Spielraum für individuelle Anlagestrategien offen. Schon ab einer Anfangsinvestition von 10 000 Franken oder mit monatlichen Zahlungen von 200 Franken in einen Investitionsplan (Starteinlage 2400 Franken) sind Sie als Anleger mit dabei. Über Ihr so investiertes Kapital können Sie jederzeit verfügen, indem Sie Ihr Managed Portfolio oder Teile davon zu den aktuellen Tageskursen veräussern.

Die Kosten für Swiss Life Managed Portfolio bestehen einerseits in einer einmaligen volumenabhängigen Ausgabekommission von maximal 5 Prozent auf den Einzahlungen, anderseits fällt jährlich eine Depotgebühr von 0,4 und eine Vermögensverwaltungsgebühr von 0,5 Prozent an. Damit sind alle Transaktionskosten, die beim Kauf und Verkauf von Fondsanteilen und bei Umschichtungen im Rahmen der Vermögensverwaltung entstehen, abgegolten. Die Kunden werden in Quartalsberichten über die Anlagepolitik und die aktuelle Marktsituation informiert; per Ende Jahr erhalten sie einen Kontoauszug mit einer detaillierten Übersicht über alle Kontobewegungen.

Die Verwaltung Ihres Vermögens mit Swiss Life Managed Portfolio geht folgendermassen vor sich: Aufgrund einer persönlichen Beratung wird gemeinsam mit Ihnen ein Risikoprofil (Risikobereitschaft und Risikofähigkeit) und eine darauf zugeschnittene Anlagestrategie erarbeitet. Anhand dieser Strategie investiert die Swiss Life Selection AG – in Zusammenarbeit mit den Anlagespezialisten der Swiss Life Fund Master AG, einer auf die weltweite, anbieterunabhängige Selektion von Fonds spezialisierten Gesellschaft – die zur Verfügung gestellten Mittel in verschiedene ausgewählte Fonds mit besonders positiven Entwicklungschancen. Im Produkt Swiss Life Managed Portfolio erfolgt diese Auswahl innerhalb von so genannten Funds of Funds oder Dachfonds, die ausschliesslich in andere Fonds und nicht in Einzeltitel investieren. Jeder dieser insgesamt fünf Funds of Funds steht für eine vordefinierte Anlagekategorie mit einem bestimmten Risiko-/Renditeverhältnis:

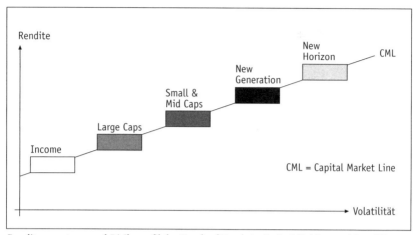

Renditeerwartung und Risikoprofil der Funds of Funds im Swiss Life Managed Portfolio

- **Anlagekategorie 1, Income:** Die Mittel werden vorwiegend in Anlagefonds investiert, die ihr Vermögen weltweit hauptsächlich in festverzinsliche Anlagen (Obligationen) angelegt haben. Entsprechend ist mit relativ geringen Kursschwankungen (Volatilität) zu rechnen.

- **Anlagekategorie 2, Large Caps:** Die Mittel werden in Anlagefonds investiert, die ihr Vermögen weltweit vorwiegend in Aktien von Unternehmen mit grosser Kapitalisierung (so genannte Large Caps oder Blue Chips) angelegt haben. Entsprechend ist eine etwas höhere Volatilität zu erwarten.

- **Anlagekategorie 3, Small & Mid Caps:** Die Mittel werden vorwiegend in Anlagefonds investiert, die ihr Vermögen weltweit in regelmässig gehandelte Aktien von kleineren und mittleren Unternehmen angelegt haben. Entsprechend höher ist die zu erwartende Volatilität.

- **Anlagekategorie 4, New Generation:** Die Anlagefonds, in die diese Kategorie investiert, haben ihr Vermögen weltweit in Aktien von Unternehmen angelegt, die vornehmlich in den so genannten Zukunftsbranchen wie Informationstechnologie, Telekommunikation, Medien, Biotechnologie, Gesundheit und Freizeit tätig sind. Entsprechend ist eine höhere Volatilität zu erwarten.

- **Anlagekategorie 5, New Horizon:** Die Mittel werden in Anlagefonds investiert, die ihr Vermögen weltweit in Aktien von Unternehmen aus so genannten Schwellenländern anlegen (Emerging Markets Funds). Die zu erwartende Volatilität ist entsprechend hoch.

Die Dachfonds werden im Sinn von Anlagebausteinen zu risikooptimierten Anlagestrategien zusammengesetzt; Referenzwährung ist

Beispiel eines persönlichen Anlagestrategievorschlags

Name, Vorname	Gruber, Fritz
Wohnort	8000 Zürich
Anlageart	Stammeinlage Fr. 20 000.–
Angaben zum Anlegerprofil	
• Anlagehorizont	5 bis 8 Jahre
• Altersklasse	unter 40 Jahre
• Einkommen	bis Fr. 50 000.–
• Sparquote	5 Prozent
• Erwerbsstatus	angestellt
• Risikobereitschaft	mittel
• Verlustbereitschaft	mittel bis ca. 15 Prozent
• Anlagedisziplin	ausgeprägt

Vorschlag Anlagestrategie: Active 55

Active 55 ist eine ausgewogene Anlagestrategie, die kurzfristig hohe Wert- und Vermögensschwankungen in Kauf nimmt und ein reales Kapitalwachstum ermöglicht.

Verteilung auf Anlagekategorien

Neben Geldmarkt-, Obligationen-, Immobilien- und Floorfonds (mit Kapitalschutz) liegt das Schwergewicht auf Aktienfonds, die vor allem in Unternehmen industrialisierter Länder und in relativ geringem Ausmass auch in Unternehmen der so genannten Zukunftsbranchen (New Generation) sowie aus Schwellenländern (New Horizon) investieren.

☐ Income	45%
▨ Large Caps	32%
■ Small & Mid Caps	11%
■ New Generation	8%
☐ New Horizon	4%

Der Aktienfondsanteil bewegt sich in einer Bandbreite von 40 bis maximal 70 Prozent und beträgt durchschnittlich 55 Prozent. Der empfohlene Anlagehorizont beträgt mindestens sieben Jahre. Referenzwährung ist der Schweizer Franken.

bei allen der Schweizer Franken. Als Anleger haben Sie die Wahl zwischen neun solchen Strategien, die entsprechend ihrem durchschnittlichen Aktienanteil mit Active 10 bis Active 100 bezeichnet werden. Jede Anlagestrategie gewichtet entsprechend ihren Risiko/Renditecharakteristiken die fünf Dachfonds unterschiedlich. Da jeder dieser Funds of Funds in rund 20 bis 25 Einzelfonds investiert ist, enthält ein durchschnittliches Kundenportefeuille über 100 Einzelfonds.

Die Globalisierung der Geld- und Kapitalmärkte und die sich schnell ändernden Voraussetzungen für erfolgreiche Investitionen bedingen auch eine aktive Verwaltung eines Fondsportfolios. Bei Swiss Life Managed Portfolio werden die Einzelfonds laufend überprüft und wenn nötig ausgetauscht. Zudem wird die Gewichtung der einzelnen Anlagekategorien den aktuellen Verhältnissen von Branchen-, Länder- und Währungsrisiken sowie der Konjunkturlage angepasst. So ermöglicht der Einsatz von Funds of Funds dem Investor, die schwierige Suche nach den rentabelsten Fonds und den besten Fondsmanagern an Profis zu delegieren und seine Anlagemittel breit zu diversifizieren.

Fürs clevere Budget: Fondssparpläne

Wenn Sie in einen Anlagefonds investieren, kaufen Sie eine bestimmte Anzahl von Fondsanteilen. Ein solcher Anteil kann einige hundert bis einige tausend Franken kosten. Wer regelmässig sparen will, kann vielleicht im Monat 100 Franken zur Seite legen, möchte diese aber trotzdem in einen Fonds investieren, dessen Anteil 1000 Franken kostet. Für solche Bedürfnisse offerieren Banken und Versicherungen so genannte Fondssparpläne: Dabei zahlen Sie jeden Monat – allenfalls auch in unregelmässigen Abständen – einen Betrag ein. Ihr Sparplan besteht aus einem oder mehreren Fonds, die Sie aus dem Angebot der Bank ausgewählt haben. Mit jeder Einzahlung erhalten Sie die aufgrund des Tageskurses ausgerechneten exakten Bruchteile von Anteilen der ausgewählten Fonds.

Beispiel Ihr Fondssparplan setzt sich zu einem Teil aus dem UBS 100 Index-Fund Switzerland (siehe Seite 115) und zu 16 Teilen aus dem DWS-(CH)-Aktienfonds weltweit (siehe Seite 141) zusammen. Da ein einzelner UBS-Fondsanteil rund das 16fache des Fonds der Deutschen Bank kostet, investieren Sie so in beide Fonds etwa gleich viel. Sie zahlen monatlich 100 Franken ein. Damit erhalten Sie in einem Monat vielleicht 0,009 Anteile des UBS-Fonds und 0,158 Anteile des DWS-Fonds, im nächsten dann 0,011 bzw. 0,162 Anteile. Steigt der Kurs der Fonds, erhalten Sie weniger Anteile pro Monat, sinkt der Kurs, sind es etwas mehr.

Mit einem Fondssparplan können Sie ein grosses Problem des direkten Aktien- oder Anlagefondskaufs elegant umgehen: Sie müssen nicht auf den richtigen Zeitpunkt – der vielleicht nie kommt – spekulieren. Denn dank den periodischen Einzahlungen (optimal über eine Mindestdauer von zehn Jahren) werden Schwankungen der Börsenkurse abgefedert. Bei tieferen Kursen erhalten Sie für den eingezahlten Betrag mehr Anteile der ausgewählten Fonds, bei höheren Kursen wieder entsprechend weniger. Auf längere Frist erwerben Fondssparplansparer im Lauf der Monate und Jahre das gesamte Fondsvermögen zu günstigeren Durchschnittskursen, als dies mit gefühlsmässig terminierten Käufen möglich wäre. Deshalb ist bei Fondssparplänen ein etwas höherer Aktienanteil vertretbar. Ein konservativer Sparer, der sich bei direkten Fondsanlagen auf 20 Prozent Aktienanteil beschränken würde, kann diesen mit gleichem Anlageziel und gleicher Risikobereitschaft auf bis zu 50 Prozent ausdehnen. Die Aktienquote in einem Fondssparplan sollte generell mindestens 20 Prozent betragen, weil bei Obligationenfonds die ohnehin tiefere Rendite durch die Kommissionen und Ausgabegebühren nochmals reduziert wird.

Einzahlungen in Fondssparpläne sind in der Regel ab 50 Franken möglich. Verschiedene Anbieter lassen auch unregelmässige und unterschiedlich hohe Einzahlungen zu. Grundgedanke des Sparens mit einem Fondssparplan sind jedoch monatliche und immer gleich hohe Einzahlungen; dies führt zu den vorteilhaftesten Durchschnittskursen. Bei Einzahlungsbeginn kann auch mit einer Stammeinlage (Einmaleinlage) gestartet werden, was einem «normalen» Kauf der ausgewählten Fonds mit Langfristcharakter entspricht. Auf diesem Anteil geht der vorteilhafte Effekt der Durchschnittskurse verloren.

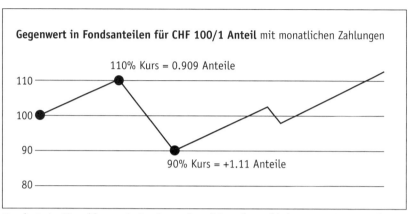

Regelmässige Einzahlungen in Fondssparpläne führen längerfristig zu günstigen Durchschnittskursen.

Kriterien für die Auswahl von Fondssparplänen

Bei der Auswahl des für Sie geeigneten Fondssparplans sollten Sie vor allem auf folgende Punkte achten:

- **Fondspalette:** Das Angebot umfasst verschiedene Obligationen-, Aktien- und Portfoliofonds; je nach Anbieter haben Sie die Wahl zwischen zwei oder bis zu 200 Fonds. Ab fünf Fonds genügt die Palette für die meisten Anlegerbedürfnisse, vor allem wenn es sich um Strategiefonds handelt. Mit einem grösseren Angebot wird die Wahl schnell einmal zur Qual.
- **Ausgabe- und Rücknahmekommissionen:** Hohe Ausgabe- und Rücknahmekommissionen schmälern die Rendite empfindlich. Die Unterschiede sind markant. Zwischen dem günstigsten Angebot (Stand: Sommer 2001) der Profitline und dem teuersten des Fondsriesen Fidelity mit 5,25 Prozent pro Kauf liegen Welten. Müssen Sie mehr als 2 Prozent bezahlen, sollten Sie ein anderes Angebot prüfen. Werden im Spesenreglement gar Rücknahmekommissionen aufgeführt: Hände weg, es ist schade um Ihr Erspartes!
- **Der Trick mit den Plansummenkosten:** Dabei zieht der Anbieter zu Beginn gleich die gesamte Ausgabekommission ab, und zwar berech-

net auf der geplanten Endsumme (zum Beispiel in zehn Jahren). Steigen Sie früher als abgemacht aus, wird dieser zu viel verrechnete Betrag nicht zurückerstattet. Meiden Sie dieses System; Sie wollen ja dem Anbieter nicht mehr abliefern als unbedingt nötig.

- **Weitere Gebühren:** Jährliche Fondsverwaltungsgebühren sowie Administrations- und Depotgebühren fallen je nach Anbieter unterschiedlich ins Gewicht.
- **Umschichtungsmöglichkeiten/Switch:** Sind Sie aus verschiedenen Gründen mit der Renditeentwicklung der von Ihnen ausgewählten Fonds nicht zufrieden oder zeichnen sich am Konjunktur-, Börsen- und Währungshimmel dunkle Wolken ab, sollten Sie – unter Beizug des Beraters – eine Umschichtung vornehmen, das heisst andere Fonds aus der Palette des Anbieters wählen können. Je nach Anbieter ist dies entweder einmal oder mehrmals kostenlos möglich, andere verlangen immer eine Gebühr. Switchen kann ausnahmsweise auch eine gute Lösung sein, wenn Sie Gewinne ins Trockene bringen und von Aktienfonds in Portfoliofonds mit weniger Aktienanteil umsteigen möchten.
- **Flexible Einzahlungsbeträge und -rhythmen:** Die Möglichkeit, zwischen monatlicher Einzahlung oder freier Wahl des Einzahlungsrhythmus sowie zwischen immer gleicher oder auch mal unterschiedlicher Höhe zu wählen, ist eine Voraussetzung für jeden erfolgreichen Fondssparplan. Lassen Sie sich in diesem wichtigen Punkt keine Vorschriften machen!
- **Mindestanlagebetrag:** Mindesteinlagen bei Sparbeginn werden von einigen Anbietern verlangt. Solche Stamm- oder Einmaleinlagen, die mehr als tausend Franken betragen, sollten Sie sich nicht gefallen lassen!
- **Minimale und maximale Laufzeiten:** Einige Anbieter kennen Mindestlaufzeiten von fünf Jahren. Das kann bei unvorhergesehenen Ereignissen wie Krankheit, Stellenverlust etc. rasch einmal zur Anlegerfalle werden. Sind Sie schon bei Sparbeginn unsicher, ob Sie diese Anforderung erfüllen können, prüfen Sie andere Anbieter! Die meisten verlangen keine Mindestlaufzeiten.
- **Rückzugsmöglichkeiten:** Können Sie bei Bedarf den ganzen Betrag zurückziehen, indem die bisher angesparten Fondsanteile verkauft werden? Sind nur Teilrückzüge oder gar kein Rückzug möglich? Auch hier sollte der Fondssparplan möglichst flexibel gestaltet sein, sonst wird er rasch einmal zum Zwangssparplan. Ein weiterer wich-

Anbieter von Fondssparplänen

Anbieter	Fondsauswahl/Stück	Ausgabekommissionen
Banken		
• Bank von Ernst* www.Bank-von-Ernst.ch Tel. 031 329 11 11	20	3 – 5%
• Coop-Bank www.coopbank.ch Tel. 061 286 22 27	8	1,25 – 2%
• Credit Suisse* www.credit-suisse.ch Tel. 01 333 47 87	12 spezielle Fonds sowie das ganze CS-Fondsangebot	2%
• Deutsche Bank/DWS www.dws.ch Tel. 01 224 50 00	14	max. 4%
• Luzerner Kantonalbank www.lukb.ch Tel. 041 206 22 22	4	1%
• Liechtensteinische Landesbank www.llb.li Tel. 01 269 91 11	13	1%
• Migrosbank www.migrosbank.ch Tel. 01 229 86 81	9	1%
• Banque Pictet www.pictet.ch Tel. 022 318 15 46	43	5% auf Total der Plansumme bei Ersteinlage
• Postfinance www.postfinance.ch Tel. 0800 888 666	5	1 – 1,5%
• Raiffeisen www.raiffeisen.ch Tel. 071 225 88 88	3	1,5%
• RBA-Holding 92 Regionalbanken www.rba.ch Tel. 031 660 33 33	6	1%
• Sarasin* www.sarasin.ch Tel. 061 277 77 77	20	max. 5%

Anlagefonds und Fondssparpläne **155**

• Swissca alle Kantonalbanken www.swissca.ch Tel. 031 666 19 11	57	max. 2% je nach Kanton
• UBS* www.ubs.ch Tel. 01 234 11 11	140	0,2 – 2%
• Zurich Invest Bank www.zurich.invest.ch Tel. 0800 881 122	2	keine
• Zürcher Kantonalbank www.zkb.ch Tel. 01 220 11 11	7	1% einmalig p.a.
Versicherungen		
• Rentenanstalt/Swiss Life www.swisslife.ch 01 284 33 11	5	3 – 5%
• Profitline www.profitline.ch Tel. 0800 824 800 ab Fr. 5000.– 1%	17	bis Fr. 5000.– 0%
• SKANDIA* www.skandia.ch Tel. 01 388 28 40	70	keine
• Zurich financial services* www.zurich.ch Tel. 01 628 02 00	250	1 – 4%
Fondsgesellschaften		
• Fidelity www.fidelity-ch.com Tel. 0800 552 766	59	max. 5,25%
• Fleming www.jpmorganfleming.ch Tel. 01 289 35 76	36	5% der Plansumme
Andere Anbieter		
• JML Jürg Lattmann* www.jml.ch Tel. 041 726 55 00	alle CH-Fonds	Einmalig 3 – 5%

Diese Anbieter offerieren auch aktiv verwaltete Portfolios gegen unterschiedliche Verwaltungsgebühren (siehe Seite 142).

tiger Punkt ist, ob bei frühzeitigem Ausstieg die Fondsanteile verkauft und Ihnen nur in bar ausbezahlt werden oder ob auch ein Transfer ins Wertschriftendepot möglich ist.
- **Auszahlung bei Ablauf:** Ist nach Erreichen des Sparziels nur eine einmalige Auszahlung vorgesehen oder ist auch ein Rentenplan möglich? Bei Rentenplanauszahlungen wird die Bank ab einem bestimmten Datum monatlich oder vierteljährlich Fondsanteile im gewünschten Betrag für Sie verkaufen und Ihnen das Geld auszahlen. Dies könnte sich fatal auswirken, wenn Sie gerade in Zeiten tiefer Börsenkurse auf das Geld angewiesen wären, weil dann in kurzen Abständen mehr Anteile für den von Ihnen gewünschten Gegenwert verkauft werden müssten. Der Fondssparplan könnte damit schneller, als Ihnen lieb ist, ausgehöhlt werden.
- **Kontoauszüge:** Mindestens halbjährlich sollten Sie mit einem übersichtlichen Auszug über den Stand Ihres aktuellen Vermögens orientiert werden. Noch besser sind vierteljährliche oder monatliche Kontoauszüge.
- **Anlagetermin der Anbieter:** Wann wird Ihre Einzahlung investiert? Richten Sie Ihre Überweisungen oder den monatlichen Belastungsauftrag nach diesem Termin, sonst liegt Ihr Geld während Tagen oder Wochen zu einem tiefen Zins auf einem Konto herum. Am besten erteilen Sie Ihrer Bank einen ständigen Auftrag zur termingerechten Investition, in der Regel per Ende Monat.
- **Fremdwährungsanteil:** Fonds mit Referenzwährung in Euro, Dollar, Yen etc. müssen auch in der entsprechenden Währung bezahlt werden. Die Bank rechnet sonst die Frankeneinzahlung in die ausländische Währung um – mit den üblichen Umrechnungsmargen. Das Risiko bei einem Fremdwährungsfonds ist erhöht, da es sich jeweils um eine einzige Fremdwährung handelt. Dieses Risiko lässt sich durch internationale Portfoliofonds mit diversen Länderanteilen stark reduzieren.
- **Versicherungsdeckung:** Bei Fondssparplänen von Versicherungsgesellschaften ist in der Regel eine Versicherung des Todesfall- und/oder Invaliditätsrisikos enthalten. Klären Sie die Deckungskosten und ihre Bedürfnisse vor Abschluss des Fondssparplans ab.
- **Steuern:** Die Einzahlungen sind steuerlich nicht absetzbar: Die Erträge (Dividenden und Zinserträge) müssen Sie normal versteuern;

Kurs- und Fremdwährungsgewinne auf Aktien und Obligationen sind steuerfrei.

Wer bietet Fondssparpläne an?

Die Anlagefonds für Ihren Fondssparplan wählen Sie aus der Angebotspalette Ihrer Bank, Versicherung oder einer Fondsgesellschaft aus. Dadurch kann der Fondssparplan auf Ihre individuellen Renditeansprüche und Ihre persönliche Risikobereitschaft zugeschnitten werden. Einige Banken, Versicherungsgesellschaften und die Post bieten auch spezielle Fondssparpläne für Kinder und Jugendliche an.

Die Angebotspalette wird stetig erweitert, die Bedingungen ändern und neue Anbieter kommen dazu, sodass ein umfassender Vergleich mit hoher Aktualität kaum möglich ist. In der Tabelle auf Seite 154 sind die im Sommer 2001 tätigen Anbieter mit Fondsauswahl und Ausgabekommissionen aufgeführt. Neben diesen Ausgabekommissionen verlangen einzelne auch Investitionssummen- und Plansummenkommissionen sowie Rücknahmekommissionen, jährliche Fondsverwaltungs-, Administrations- und Depotgebühren. Wegen der häufige Neuerungen sollten Sie sich in jedem Fall selber nach all diesen Kosten erkundigen, bevor Sie einen Fondssparplan eingehen.

Fondssparpläne für Kinder und Jugendliche

Längst haben die Banken und Versicherungen die Kinder und Jugendlichen als attraktives Kundensegment entdeckt; sie hoffen dabei auf langfristige Kundenbeziehungen. Für dieses Zielpublikum eignet sich das Sparen per Fondssparplan mit langfristigem Sparziel besonders gut. Vermehrt werden beispielsweise Göttibatzen nicht mehr auf dem Sparkonto mit bescheidenem Zinsertrag platziert, sondern in Portfoliofonds mit Aktienanteilen von 25 bis 75 Prozent investiert. Da das Guthaben infolge periodischer Einzahlungen steigt und in der Regel während zehn bis zwanzig Jahren nicht beansprucht wird, kann mit grosser Wahrscheinlichkeit von einer interessanten Rendite ausgegangen werden. Zusätzlich erhalten die

Jugendlichen Einblick in Fonds- und Geldanlagen und können sich mit diesen neuen Sparformen frühzeitig vertraut machen. Fondssparpläne für Kinder und Jugendliche sind bereits ab Einzahlungen von 25 Franken in einem monatlichen, viertel- oder halbjährlichen Turnus zu haben. Mit günstigen Konditionen, flexibler Verfügbarkeit im Bedarfsfall, Wegfall der Depotgebühren und anderen Sonderaktionen werden die Jugendlichen – und ihre Eltern – umworben.

Tipps
- *Gotte und Götti, Onkel und Tante, Grosseltern etc. können auf den Namen des Kindes einen Fondssparplan eröffnen. Dazu verlangen die Banken in der Regel die Unterschrift der Eltern. Da es sich in diesem Fall um freies Kindsvermögen handelt, sind Rückzüge weder durch den Eröffner noch durch die Eltern möglich.*
- *Wird ein Fondssparplan für Kinder eröffnet, kann das Fondsvermögen auch auf den Namen des Eröffners angelegt werden. Eine spezielle Rubrik weist dann auf den späteren Auszahlungszweck hin. In diesem Fall bleibt das Vermögen bis zur Übergabe an das Kind im Eigentum des Einzahlers. Allerdings sollte eine solche Regelung auch im Testament erwähnt werden, sonst geht das Kind beim Tod des Fondssparplaneröffners leer aus.*

Anbieter von Fondssparplänen für Kinder und Jugendliche (Auswahl)

Anbieter	Bezeichnung	Fondsauswahl	Ausgabekommissionen
Banken			
• Credit Suisse	CS Fondssparplan	6	2%
• UBS	UBS Fondskonto	max. 10 Fonds aus dem gesamten Angebot	50% Rabatt auf alle Kommissionen
• ZKB	Anlagezielkonto	7	bis Alter 22 keine
• Postfinance	Die Gelben Fonds	5	0,5%
Versicherungen			
• PAX	Pax First Step mit Risikoschutz bei Tod/Invalidität	Fonds der Bank Sarasin	keine
• Profitline	Profitline Junior	1 Aktienfonds	keine bis Alter 25 und Fr. 25 000.–
• Zürich Invest Bank	Anlageplan	max. 5 Fonds aus 260 der Palette	1 – 4%

- *Mindesteinlagen für Kinder-Fondssparpläne bewegen sich zwischen 25 Franken (Profitline) und 2000 Franken (Postfinance), die periodischen Einzahlungen zwischen 25 (Profitline) und 500 Franken (Zürich). Bei Versicherungsvarianten sind die Rückzugsmöglichkeiten teilweise weniger flexibel als bei Bankprodukten.*
- *Fremdwährungs-Kursrisiken können reduziert werden, indem der Fondssparplan ausschliesslich in Schweizer Franken als Referenzwährung geführt wird.*

5. Alles für die optimale Altersvorsorge

Während Ihre AHV-Rente weitgehend vorgegeben ist, besteht bei der Pensionskasse und vor allem bei den Säulen 3a und 3b mehr Spielraum. Dabei geht es nicht nur um den Vermögensaufbau bis zum Tag X der Pensionierung, sondern auch um die Planung für die rund zwanzig Jahre danach.

Grundlage der Altersvorsorge: die AHV

Umfragen haben ergeben, dass Sicherheit im Alter bei Geldanlagen im Vordergrund steht; Rendite und andere Kriterien folgen auf den nächsten Plätzen. Wer sich aber erst mit 60 oder kurz vor der Pensionierung mit der Altersvorsorge befasst, kann die Weichen für einen sorglosen Lebensabend nicht mehr richtig stellen. Spätestens ab Alter 40 sollte die Altersvorsorge zielgerecht eingespurt und eine effektive Vorsorgeplanung in die Wege geleitet werden. Dies auch deshalb, weil die Lebensjahre von 50 bis 65 viel schneller vorüberzuziehen scheinen als die Zeit von 20 bis 30. Die medizinischen Fortschritte schrauben die Lebenserwartung immer höher; das Lebenserwartungsalter – 81 für Männer und 85 für Frauen – wird immer häufiger erreicht und übertroffen. Wer seine Vorsorgeplanung nicht mit 40 optimal an die Hand nimmt, zahlt ab diesem Alter für viele Jahre zu hohe Steuern, muss mit tieferen Renditen vorlieb nehmen und hat ein entsprechend tieferes Vorsorgekapital zu erwarten.

Mittlere Lebenserwartung im Alter X, in Jahren und Zehnteljahren

Alter	Männer	Frauen
40–44	38,6	44,6
45–49	33,9	38,8
50–54	29,3	34,1
55–59	24,9	29,5
60–64	20,7	25,0
65–69	16,8	20,7
70–74	13,2	16,5
75–79	10,1	12,6
80–84	7,4	9,1
85–89	5,4	6,4
90–94	3,9	4,3
95+	2,3	2,4

Quelle: Bundesamt für Statistik

Zur Sicherung des Lebensabends dient eine kombinierte Anlagestrategie von AHV-, Pensionskassenleistungen und zusätzlicher

individueller Vorsorge. Für die meisten Arbeitnehmerinnen und Arbeitnehmer ist folgender Vermögensaufbau sinnvoll:
- Sparkonto
- Privatkonto für Zahlungen
- Säule 3a (ab ca. Alter 30)
- Lebensversicherung (bei Bedarf) fondsverwaltet
- Fondsanlagen individuell
- Fondssparplan
- Säule 3 b (Einmaleinlagen mit Kapital- oder Rentenlösungen)
- Wertschriftenanlagen
- Eigenheim/Immobilien

Dieser logische Vermögensaufbau wird von Beratern oder Vermittlern oft als kompliziertes Konstrukt dargestellt und verkauft, obwohl es grundsätzlich jedem Sparer, jeder Anlegerin selber möglich wäre, ihr Vermögen – allenfalls mit Hilfe einer Beratung – aufzubauen und zu verwalten. Die Suche nach dem besten Fonds für die Ewigkeit und nach den absolut günstigsten Gebühren von Banken und Versicherungen lähmt in vielen Fällen die Entscheidungsfreudigkeit der Vorsorgesparer, sodass das Kapital für viele Jahre auf dem Sparkonto oder in Obligationen liegen bleibt, deren Ertrag zu 100 Prozent versteuert werden muss.

Eine Kombination von AHV, Pensionskasse und privater Vorsorge gemäss den oben aufgeführten Prioritäten führt zu einem finanziell unbeschwerten Lebensabend. Die AHV-Rente allein reicht schon heute für die wenigsten – unabhängig von der Tatsache, dass die Zunahme der Pensionierten gegenüber den Erwerbstätigen möglicherweise dazu führen wird, dass die AHV langfristig nicht auf dem heutigen Niveau gehalten werden kann. Eine ergänzende persönliche Vorsorge bedeutet die beste finanzielle Absicherung.

Die wichtigsten Angaben zur AHV/IV

Die erste Säule der Sozialvorsorge in der Schweiz besteht aus zwei Teilen, der Alters- und Hinterlassenenversicherung (AHV) sowie der Invalidenversicherung (IV). Die so genannten Ergänzungsleistungen (EL) stocken die Leistungen der erste Säule für Rentnerinnen und Rentner in schlechten finanziellen Verhältnissen auf. Im Rahmen dieses Ratgebers steht die AHV im Zentrum der Überlegungen; diese treffen aber weitgehend auch auf die IV zu.

Aufgabe der AHV wäre es, für die ganze Bevölkerung eine angemessene Deckung des Existenzbedarfs zu gewährleisten. Doch dieses Ziel ist auch mit der Höchstrente von zurzeit 2060 Franken für Alleinstehende und 3090 Franken für Ehepaare nicht zu erreichen, geschweige denn mit der Minimalrente von 1030 bzw. 1545 Franken (Stand 2001). Dass die Höchstrente das Doppelte der Mindestrente nicht übersteigen darf – unabhängig davon, wie hoch die AHV-Beiträge während der Erwerbszeit waren –, ist im Gesetz vorgeschrieben. Die Renten müssen zumindest der Teuerung angepasst werden.

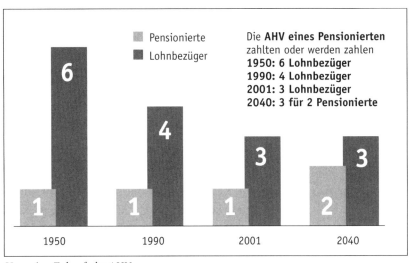

Ungewisse Zukunft der AHV

Die AHV funktioniert nach dem so genannten Umlageverfahren; die laufenden Renten werden also von der wirtschaftlich aktiven Generation finanziert. Dabei stellt sich das Problem, dass der Anteil der Rentnerinnen und Rentner an der Gesamtbevölkerung seit 1950 dramatisch zunimmt. Damals mussten sechs Lohnbezüger für eine ganze Rente aufkommen, heute sind es nur noch deren drei – pro Lohnbezüger hat sich die erforderliche Leistung also verdoppelt (siehe Grafik). Eine Finanzierung allein nach dem Umlageverfahren wird je länger je weniger möglich sein. Die Bundesbehörden müssen in den nächsten Jahren die knifflige Aufgabe lösen, die AHV-Renten auf dem heutigen Stand zu erhalten.

Jede Person, die in der Schweiz wohnt und/oder arbeitet, ist AHV- und IV-versichert und zahlt daher AHV-Beiträge. Selbständigerwerbende, Nichterwerbstätige und Schwarzarbeiter schlüpfen oft teilweise oder ganz durch die Maschen des Gesetzes, ohne dass sie sich der negativen Konsequenzen bewusst sind. Wer nämlich zu wenig Beiträge zahlt, erhält im Alter und vor allem bei Invalidität eine tiefere Rente.

Die Beitragspflicht beginnt für Erwerbstätige – inklusive Lehrlinge – am 1. Januar nach dem vollendeten 17. Altersjahr. Für seine Angestellten muss der Arbeitgeber den vollen AHV-Beitrag von 8,4 Prozent des Bruttolohns mit der AHV-Ausgleichskasse abrechnen; die Hälfte dieses Beitrags zieht er den Arbeitnehmenden vom Lohn ab. Zusammen mit dem AHV-Beitrag werden die Beiträge für die Invalidenversicherung (1,2 Prozent) und für die Erwerbsersatzordnung (EO, 0,5 Prozent) abgerechnet. Auch davon belastet der Arbeitgeber die Hälfte den Arbeitnehmenden. Selbständigerwerbende zahlen je nach Finanzkraft gemäss der so genannten sinkenden Beitragsskala 4,2 bis 7,8 Prozent ihres steuerbaren Reineinkommens als AHV-Beitrag ein; dazu kommen die Beiträge an IV und EO.

Nichterwerbstätige sind ebenfalls beitragspflichtig; für sie ist der Stichtag der 1. Januar nach Vollendung des 20. Altersjahrs. Die Beiträge der Nichterwerbstätigen sind abgestuft nach ihrem Vermögen; der Mindestbeitrag beträgt 390 Franken pro Jahr (Stand 2001). Zu dieser Gruppe gehören zum Beispiel IV-Rentner, Studentinnen und Studenten, Privatiers, nicht erwerbstätige Witwen. Auch verheiratete Hausfrauen gehören zu den Nichterwerbstätigen – ihr prozentualer Anteil an der Gesamtgruppe ist nach wie vor der grösste. Für eine nicht erwerbstätige verheiratete Person gilt der AHV-Beitrag jedoch als entrichtet, wenn ihr Ehepartner aus AHV-pflichtigem Erwerb mindestens das Doppelte des minimalen Beitrags, zurzeit 780 Franken, einzahlt.

Auch Erwerbstätige im AHV-Alter sind zu AHV-Beitragszahlungen verpflichtet, allerdings nur für jenen Teil des Einkommens, der 1400 Franken im Monat bzw. 16 800 Franken im Jahr übersteigt. Diese Beitragszahlungen haben jedoch keinen Einfluss mehr auf die Höhe der Rente.

Wer kommt für mittellose Eltern auf?
Im Beobachter-Beratungszentrum treffen immer wieder Anfragen zum Thema Verwandtenunterstützungspflicht ein. Aufgrund des Schweizerischen Zivilgesetzbuchs (Art. 328 und 329) und der Richtlinien der Schweizerischen Konferenz für Sozialhilfe (SKOS) sind nahe Verwandte gegenseitig zur Unterstützung in Notlagen verpflichtet. Die Unterstützungspflicht richtet sich nach dem Verwandtschaftsverhältnis in gerader Linie. Das heisst, dass einerseits Eltern für ihre erwachsenen Kinder unterstützungspflichtig sind, andererseits die Kinder für ihre Eltern und allenfalls auch für die Grosseltern. Vor allem die jüngere Generation ist gut beraten, wenn sie sich darum kümmert, dass die Eltern keine Lücken in der Altersvorsorge aufweisen.

Tipp • *Fragen der Verwandtenunterstützungspflicht können die Familienharmonie empfindlich stören. Das muss nicht sein. Wenn alle Beteiligten die Regeln und Ansprüche kennen, lassen sich auch heikle Punkte einvernehmlich lösen. Mehr Informationen zu Rechten und Pflichten sowie Richtlinien und Berechnungsbeispiele finden Sie in der Beobachter-Broschüre «Habe ich Anspruch auf Sozialhilfe?».*

Wer erhält AHV-Renten?

Mit der 10. AHV-Revision von 1997 wurde der Wechsel vom System der Ehepaarrenten zum Individualrentensystem mit Einkommenssplitting vollzogen. Neu haben alle Personen einen vom Zivilstand unabhängigen Anspruch auf eine **AHV/IV-Rente**. Gesplittet wird das Einkommen erst, wenn auch für den zweiten Ehepartner eine AHV- oder IV-Rente fällig wird. Dabei werden beide mit der AHV abgerechneten Einkommen aus der Zeit der Ehe – inklusive Erziehungs- und Betreuungsgutschriften (siehe Seite 169) – addiert und je hälftig auf die Konten der Ehepartner verteilt. Beitragszeit und Durchschnitt des AHV-pflichtigen Einkommens gemäss individuellem AHV-Konto (IK) sind die Grundlage für die Rentenberechnung. Es ist also für die künftigen Rentenansprüche von Verheirateten unwichtig, ob der Mann oder die Frau während der Ehe den grösseren Teil zum AHV-pflichtigen Erwerbseinkommen beiträgt.

Beim Tod ihres Ehemanns erhalten Frauen, die Kinder haben, eine **Witwenrente**. Kinderlose Witwen dagegen haben nur dann einen Anspruch, wenn sie mindestens fünf Jahre verheiratet waren und das 45. Altersjahr zurückgelegt haben. Auch eine geschiedene Frau, deren Ex-Ehemann stirbt, hat eine Witwenrente zugut, sofern sie eine der folgenden drei Bedingungen erfüllt:

- Sie hat eines oder mehrere Kinder und war über zehn Jahre lang verheiratet.
- Ihre Ehe dauerte mindestens zehn Jahre und die Frau war bei der Scheidung über 45 Jahre alt.
- Im Zeitpunkt, da ihr jüngstes Kind das 18. Altersjahr vollendet, ist sie mindestens 45 Jahre alt.

Männer haben beim Tod ihrer Frau (bzw. ihrer Ex-Frau) einen Anspruch auf eine **Witwerrente**, allerdings nur wenn sie im Zeitpunkt der Verwitwung Kinder haben. Ihr Anspruch erlischt, wenn das jüngste Kind das 18. Altersjahr vollendet hat.

Waisenrenten erhalten alle Kinder, deren Vater oder Mutter gestorben ist (sofern diese der AHV unterstellt waren). Waisenrenten werden bis zum vollendeten 18. Altersjahr ausbezahlt. Ist das Kind dann noch in der Ausbildung, erhält es die Rente bis zum Abschluss der Ausbildung, höchstens aber bis zum vollendeten 25. Altersjahr.

Leistungen der AHV (alle Angaben Stand 2001)

- Frauen haben ab dem 63., Männer ab dem 65. Altersjahr eine individuelle Rente von 1030 bis 2060 Franken pro Monat zugut. Ab 2005 beträgt das ordentliche Rentenalter der Frauen 64.
- Die Renten für Ehepaare sind auf insgesamt 150 Prozent der maximalen individuellen Rente, also auf 3090 Franken, begrenzt.
- Witwen- und Witwerrenten machen 80 Prozent der Rente aus, welche die verstorbene Person bekommen hätte, betragen also zwischen 824 und 1648 Franken pro Monat.
- Die Halbwaisenrenten machen 40 Prozent oder 412 bis 824 Franken aus, Vollwaisenrenten (beide Eltern gestorben) 60 Prozent oder 618 bis 1236 Franken.

Tipps
- *Nach einer Scheidung wird ebenfalls ein Einkommenssplitting vorgenommen. Es ist empfehlenswert, diese Aufteilung möglichst bald nach der Scheidung zu verlangen, denn dies vereinfacht später die Rentenberechnung.*
- *Geschiedene Frauen, denen in der Vergangenheit keine AHV-Witwenrente zustand, weil sie keinen persönlichen Unterhaltsanspruch hatten, können sich seit dem 1. Januar 1997 bei der zuständigen Ausgleichskasse melden und – falls sie die Voraussetzungen erfüllen – rückwirkend ab Januar 1997 eine Witwenrente beantragen.*

Die Berechnung der Renten

Wie erwähnt, beruht die Berechnung der AHV-Rente auf zwei Faktoren: der Beitragszeit und der Höhe des durchschnittlichen AHV-Einkommens.

Die Beitragsjahre

Männer erreichen ihre Maximalrente nach 44, Frauen nach 42 (ab 2005 nach 43) Beitragsjahren, das heisst, sie müssen seit dem 20. Altersjahr bis zum AHV-Alter ununterbrochen eingezahlt haben. Ein Beitragsjahr ist vollständig, wenn die Versicherungsunterstellung mehr als elf Monate im Kalenderjahr gedauert hat und wenigstens der Mindestbeitrag abgerechnet wurde. Wer Beitragslücken aufweist – beispielsweise wegen eines Auslandaufenthalts oder weil während der Ausbildung der Beitrag als Nichterwerbstätige vergessen wurde –, erhält lediglich eine Teilrente. Für jedes fehlende Beitragsjahr sinkt die AHV-Rente um rund 2,27 Prozent. Gravierender sind die Kürzungen bei den IV-Renten, da sich bei kürzeren Beitragszeiten die Lücken prozentual stärker auswirken.

Beispiel *Ein Mann kommt nach langen Auslandjahren in die Schweiz zurück. Er hat sich während seines Auslandaufenthalts nie um die AHV gekümmert und zahlt auch bei seiner Rückkehr keine Beiträge nach. Mit 65 weist er deshalb nur 31 statt 44 Beitragsjahre auf. Pro fehlendes Beitragsjahr reduziert sich die AHV-Rente um 2,27 Prozent; für 13 Jahre macht das rund 30 Prozent aus. Die Rest-*

rente beträgt also noch 70 Prozent einer vollen Rente, das sind zurzeit zwischen 725 und 1450 Franken pro Monat.

Beitragslücken aus den letzten fünf Jahren lassen sich durch nachträgliche Zahlungen schliessen. Stellen die Ausgleichskassen bei Erreichen des AHV-Alters Beitragslücken für die letzten fünf Jahre fest, werden sie die geschuldeten Beiträge einfordern. Beitragslücken können auch mit Beiträgen gefüllt werden, die vor dem Beginn der AHV-Beitragspflicht, also vor dem 20. Altersjahr, geleistet wurden – beispielsweise während einem Ferienjob oder sporadisch neben der Ausbildung. Zudem können Beitragsmonate aus dem Jahr der Pensionierung berücksichtigt werden, die vor Erreichen des Rentenalters entstanden, beispielsweise wenn jemand im Juli 65 wird.

Das Durchschnittseinkommen

Um die Höhe des massgebenden Durchschnittseinkommens zu errechnen, werden zunächst die AHV-pflichtigen Einkommen aus allen Beitragsjahren addiert. Die so ermittelte Summe wird durch die Zahl der Beitragsjahre geteilt. Dieses durchschnittliche Einkommen wird sodann der Lohn- und Preisentwicklung seit dem ersten Beitragseintrag angepasst (so genannte Aufwertung). Das aufgewertete AHV-pflichtige Einkommen ist das für die Rentenhöhe massgebende Durchschnittseinkommen.

Die Maximalrente wird ab einem massgebenden Durchschnittseinkommen von 74 160 Franken ausbezahlt; Minimalrenten erhalten Personen mit einem massgebenden Durchschnittseinkommen von 12 360 Franken oder weniger (Stand 2001).

Erziehungs- und Betreuungsgutschriften

Die so genannten Erziehungsgutschriften werden seit der 10. AHV-Revision Müttern und Vätern angerechnet, die ihre Kinder betreuen. Zusätzlich zum effektiv mit der AHV abgerechneten Durchschnittseinkommen erhalten sie Einkommen gutgeschrieben, das sie gar nicht erzielt haben, und zwar den Betrag der dreifachen minimalen Altersrente oder 37 080 Franken (Stand 2001) für jedes Jahr, in dem sie Kinder unter 16 betreuen. Bei Ehepaaren werden auch diese Gutschriften für die Ehejahre gesplittet (je zur Hälfte auf die Konten von Mann und Frau verteilt), sobald der zweite Partner die AHV erhält. Allein erziehende Elternteile haben Anrecht auf die volle Gutschrift. Nach einer Scheidung hat derjenige Elternteil Anspruch auf die Gutschrift, dem die Kinder zugesprochen worden sind. Solche Erziehungsgutschriften werden auch für Kinder angerechnet, die vor 1997 geboren sind; sie verbessern vor allem die Rentenansprüche von allein erziehenden und geschiedenen Frauen.

Betreuungsgutschriften sollen die oft arbeitsintensive Betreuung von pflegebedürftigen nahen Verwandten abgelten. Sie können beantragt werden für die Jahre, in denen Eltern, (Ur-)Grosseltern, Geschwister – aber auch behinderte Kinder über 16 – im gemeinsamen Haushalt betreut werden. Betreuungsgutschriften werden aber nicht automatisch angerechnet, man muss den Anspruch jedes Jahr neu anmelden und kann auch nicht bis zum Rentenalter damit warten.

Kontenzusammenruf

Sind Sie nicht sicher, ob Ihr Arbeitgeber die AHV-Beiträge tatsächlich einzahlt? Ein Kontenzusammenruf dient Ihnen zur Prüfung, ob alle AHV-Beiträge lückenlos abgerechnet worden sind. Einen solchen Kontenzusammenruf können Sie bei der AHV-Ausgleichskasse verlangen, bei der zuletzt Beiträge für Sie eingezahlt wurden. Sind alle Konten beisammen, kann die Ausgleichskasse aufgrund des erreichten Durchschnittseinkommens auch abschätzen, wie hoch Ihre Rente ungefähr sein wird. Je näher das AHV-Alter liegt, desto genauer ist diese Auskunft. Dieses Vorgehen lohnt sich auf jeden Fall, denn für Laien ist es praktisch unmöglich, die eigene Rente zu berechnen.

Vorzeitiger und aufgeschobener Rentenbezug

Männer, die frühzeitig in den Ruhestand treten wollen, können die AHV-Rente ab dem vollendeten 63. Altersjahr beziehen. Pro Vorbezugsjahr wird die Rente aber um 6,8 Prozent gekürzt – dies entspricht monatlich 71 bis 142 Franken –, zudem müssen die AHV-Beiträge bis zum ordentlichen Rentenalter weiter bezahlt werden. Frauen können auch künftig ihre AHV-Rente ab dem 62. Altersjahr beziehen, was einem Vorbezug um ein Jahr bzw. ab 2005 um zwei Jahre entspricht. Die Rentenkürzung für Frauen der Jahrgänge 1939 bis 1947 beträgt nur 3,4 Prozent pro Vorbezugsjahr, also die Hälfte. Mit dieser Übergangsregelung wollte das Parlament den Frauen die Erhöhung des Rentenalters versüssen.

Wer sich vorzeitig pensionieren lässt, muss besonders sorgfältig berechnen, was die gewonnene Freiheit finanziell bedeutet, da die Renten empfindlich gekürzt werden. Zudem müssen Frühpensionierte bis zum Erreichen des ordentlichen AHV-Alters weiterhin AHV-Beiträge bezahlen. Die Höhe dieses Beitrags hängt vom Vermögen und vom übrigen Einkommen (Pensionskassenrente, Mieterträge etc.) ab.

Beitragstabelle

Vermögen + 20faches Einkommen	AHV/IV/EO-Beiträge pro Jahr
bis Fr. 250 000.–	Fr. 390.–
Fr. 250 000.– bis Fr. 299 999.–	Fr. 404.–
Fr. 300 000.– bis Fr. 349 999.–	Fr. 505.–
Fr. 350 000.– bis Fr. 399 999.–	Fr. 606.–
Fr. 400 000.– bis Fr. 449 999.–	Fr. 707.–
Fr. 450 000.– bis Fr. 499 999.–	Fr. 808.–
Fr. 500 000.– bis Fr. 549 999.–	Fr. 909.–
Fr. 750 000.– bis Fr. 799 999.–	Fr. 1414.–
Fr. 1 000 000.– bis Fr. 1 049 999.–	Fr. 1919.–
Fr. 1 250 000.– bis Fr. 1 299 999.–	Fr. 2424.–
Fr. 1 500 000.– bis Fr. 1 549 999.–	Fr. 2929.–
Fr. 1 750 000.– bis Fr. 1 799 999.–	Fr. 3434.–
pro weitere Fr. 50 000.–	Fr. 151.50

Beispiel *Ein mit 63 Jahren pensionierter Mann, der eine Pensionskassenrente von 3000 Franken pro Monat erhält und ein Vermögen von 300 000 Franken versteuert, muss bis zum ordentlichen AHV-Alter folgende AHV-Beiträge pro Jahr zahlen:*

Vermögen	*Fr. 300 000.–*
20faches Renteneinkommen	
(3000 x 12 x 20)	*Fr. 720 000.–*
Total	**Fr. 1 020 000.–**
AHV-Beitrag gemäss Tabelle	**Fr. 1919.–**

Rentenaufschub

Ein Aufschub der Rente ist für mindestens ein Jahr und höchstens fünf Jahre möglich (auch verwitwete Personen haben die Möglichkeit eines solchen Aufschubs). Durch den Aufschub steigt die monatliche Rente, und zwar um 5,2 Prozent für einen Aufschub von einem Jahr und um 31,5 Prozent für einen solchen von fünf Jahren. Es ist jederzeit möglich, den Aufschub wieder aufzuheben und die Rente sofort zu beziehen. Die gesamte Rente, einschliesslich des Zuschlags, wird an die Teuerungs- und Lohnentwicklung angepasst. Wenn Sie die Rentenleistung aufschieben, erhalten Sie also lebenslang eine höhere Rente.

Erhöhung der Rente durch Aufschub

Aufschub um 1 Jahr	+ 5,2%
Aufschub um 2 Jahre	+ 10,8%
Aufschub um 3 Jahre	+ 17,1%
Aufschub um 4 Jahre	+ 24,0%
Aufschub um 5 Jahre	+ 31,5%

Tipp • *Ob vorzeitiger Bezug, reguläres AHV-Alter oder Aufschub: Reichen Sie die Anmeldung für die AHV-Rente mindestens drei Monate vor dem Stichtag ein.*

Wahrung des Lebensstandards: die Pensionskasse

Die zweite Säule der Altersvorsorge, die Pensionskasse, soll den Versicherten den Lebensstandard nach der Pensionierung sichern. Geregelt wird sie mit dem Bundesgesetz über die berufliche Alters-, Hinterlassenen- und Invalidenvorsorge (BVG), das allerdings nur ein Minimum vorschreibt. Viele Pensionskassen kennen darüber hinausgehende, so genannt überobligatorische Leistungen. Im Folgenden wird hauptsächlich das Obligatorium beschrieben, da die überobligatorischen Leistungen und die Beiträge dafür je nach Vorsorgeeinrichtung ganz unterschiedlich sind.

Arbeitnehmerinnen und Arbeitnehmer sind obligatorisch in einer Pensionskasse versichert, sofern ihr Jahreseinkommen den Betrag von 24 720 Franken übersteigt (Stand 2001). Die Versicherungspflicht gilt ab dem 17. Altersjahr, vorerst jedoch nur für die Risiken Tod und Invalidität; mit dem Ansparen des Altersguthabens wird ab dem 25. Altersjahr begonnen. Obligatorisch versichert sind Jahreslöhne bis zur dreifachen Höhe des Minimums, also bis 74 160 Franken. Was darüber hinausgeht, kann bei verschiedenen Pensionskassen im Überobligatorium versichert werden. Was er hier anbieten will, ist Sache des jeweiligen Arbeitgebers.

Zur Festlegung des versicherten Lohnes ziehen die Pensionskassen den so genannten Koordinationsbetrag von 24 720 Franken (= maximale AHV-Jahresrente, Stand 2001) vom Jahreseinkommen ab. Liegt das Erwerbseinkommen bei 74 160 Franken, wird also ein Lohn von 49 440 Franken versichert.

Beispiel *Wenn Sie monatlich brutto 4500 Franken verdienen – das heisst bei 13 Monatslöhnen 58 500 Franken pro Jahr –, haben Sie einen versicherten Lohn von 33 780 Franken, da vom Bruttoeinkommen der Koordinationsbetrag von 24 720 Franken subtrahiert wird. Verdienen Sie 7500 Franken im Monat oder 97 500 pro Jahr, gilt im BVG-Minimum trotzdem nur der maximale Ansatz für den versicherten Lohn von 49 440 Franken.*

Jeder versicherten Person wird jährlich ein bestimmter Prozentsatz des versicherten Lohns gutgeschrieben, die so genannten Altersgutschriften. Diese sind nach Alter gestaffelt. Die Höhe der Beiträge, die dafür der eingezahlt werden müssen, ist im Pensionskassenreg-

Gesetzlich vorgeschriebene Altersgutschriften (Minimum)

Alter Männer	Alter Frauen	Altersgutschrift in % des versicherten Lohns
25 – 34	25 – 31	7%
35 – 44	32 – 41	10%
45 – 54	42 – 51	15%
55 – 65	52 – 63	18%

lement festgelegt. Der Arbeitnehmeranteil an diesen Beiträgen beträgt in der Regel die Hälfte.

Altersleistungen

Die Pensionskassen arbeiten entweder nach dem Beitrags- oder nach dem Leistungsprimat. Beim Beitragsprimat wird die Rente (bzw. die Kapitalauszahlung) aufgrund des angesparten Kapitals berechnet; je mehr jemand eingezahlt hat, desto höher ist die Rente. Beim Leistungsprimat verpflichtet sich die Vorsorgeeinrichtung im Voraus zu einer Rentenleistung, die vom letzten versicherten Lohn abhängig ist; das macht bei jeder Lohnerhöhung einen Einkauf erforderlich. Immer mehr Pensionskassen wechseln vom Leistungs- zum Beitragsprimat, da das Leistungsprimat erhebliche Risiken für die Vorsorgeeinrichtung beinhaltet.

Das Altersguthaben jedes Versicherten ergibt sich aus der Summe der monatlichen Beiträge der versicherten Person und des Arbeitgebers sowie den Austrittsleistungen von früheren Pensionskassen. Dieses Guthaben muss laut Gesetz zu mindestens 4 Prozent verzinst werden. Die Altersrente wird fällig, wenn das ordentliche AHV-Alter erreicht ist. Die jährliche BVG-Rente beträgt 7,2 Prozent des angesparten Altersguthabens.

Pensionskassenrente bei frühzeitiger bzw. aufgeschobener Pensionierung

Pensionierungsalter Männer	Pensionierungsalter Frauen	Rentenhöhe in % der vollen Rente
62		76
63	60	84
64	61	92
65	62	100
66	63	108
67	64	116
68	65	124
69	66	132
70	67	140

Früh- oder Spätpensionierung?

Auch bei der Pensionskasse ist in der Regel eine vorzeitige oder eine aufgeschobene Pensionierung möglich. Sofern das Reglement der Vorsorgeeinrichtung dies vorsieht, können Männer ihre Pensionierung auf ein Alter von maximal 70, Frauen auf ein Alter von maximal 67 Jahren hinausschieben. Die nebenstehende Tabelle zeigt die ungefähren Auswirkungen einer vorzeitigen bzw. einer späteren Pensionierung auf die Rentenhöhe.

Besteuerung der Pensionskassenleistungen

Pensionskassenrenten sind zusammen mit der AHV-Rente und dem übrigen Einkommen als Einkommen zu versteuern. Renten, die vor dem Jahr 2002 zu laufen beginnen, werden lebenslänglich zu 80 Prozent besteuert, sofern das Vorsorgeverhältnis am 31. Dezember 1986 bereits bestanden hat (in den Kantonen AR, SG und TG gilt der 31. Dezember 1984 als Stichtag, in ZH und BS der 31. Dezember 1985). Renten, deren Auszahlung nach dem 1. Januar 2002 beginnt, sind in allen Kantonen zu 100 Prozent einkommensteuerpflichtig.

Tipp
- *Falls Ihr Vorsorgeverhältnis seit dem Stichtag läuft, könnte sich wegen der 80-prozentigen Besteuerung eine vorzeitige Pensionierung im Jahr 2001 noch lohnen.*

Auch der einmalige Kapitalbezug anstelle der Rente unterliegt der Besteuerung. In vielen Kantonen kommt bei der Kapitalauszahlung der günstigere Rentensatz zur Anwendung (siehe Tabelle im Anhang, Seite 261). Die Steuerämter erteilen auf Anfrage Auskunft zum genauen Steuerbetrag.

Steuerregelung bei Wohnsitz im Ausland

Wenn Sie vorhaben, nach der Pensionierung Ihren Wohnsitz ins Ausland zu verlegen und Ihr Pensionskassenguthaben als Kapital zu beziehen, können Sie mit dem korrekten Vorgehen Steuern sparen. Zuerst melden Sie Ihren Wohnsitz offiziell im Ausland an und melden sich anschliessend in der Schweiz ab. Erst wenn dies geschehen ist, beantragen Sie in der Schweiz die Auszahlung des Kapitals aus der zweiten Säule. Diese Auszahlung erfolgt unter Abzug der meist rückforderbaren Quellensteuer (im Zweifelsfall gibt das Steueramt Auskunft über den aktuellen Stand). Bei den steuerlichen Überlegungen ist der Auszahlungstag massgebend, nicht das Datum des Auszahlungsantrags. Für Freizügigkeitsguthaben gelten die gleichen Überlegungen.

Wenn Sie die Auszahlung Ihres Pensionskassenguthabens beantragen, bevor Sie Wohnsitz im Ausland haben, wird das Kapital in der Regel zum Rentensatz besteuert.

Lohnt sich der Pensionskassen-Einkauf?

Die Steuerersparnis steht beim Entscheid für einen Einkauf in die Pensionskasse oft eher im Vordergrund als die höhere Rentenleistung und die verbesserte Altersvorsorge. Verschiedene neue gesetzliche Bestimmungen erschweren aber den definitiven Entscheid. Einfacher sind solche Überlegungen anzustellen, wenn das Einkaufspotenzial vorher bei der Pensionskasse abgeklärt wird. Generell gilt: Ein Einkauf ist nur bis zur vollen reglementarischen Leistung möglich, also bis zu dem Guthaben, das Ihnen zustünde, wenn Sie seit dem 25. Altersjahr regelmässig Beiträge in die Pensionskasse eingezahlt hätten.

Besonders Erwerbstätige mit hohen Einkommen erzielen mit zusätzlichen Einkäufen bedeutende Steuerersparnisse. Denn Einkäufe in die Pensionskasse können vom steuerbaren Einkommen abgezogen werden. Mit der Verteilung auf mehrere Jahre – statt einer grossen Einkaufssumme in einem Jahr – kann die Steuerprogression besser aufgefangen werden. Ab einem Grenzsteuersatz von ca. 20 Prozent lohnt sich ein solcher Einkauf besonders, resultiert doch mit dem Steuervorteil daraus eine Nettorendite von ca. 6 Prozent im Jahr. Topverdiener mit einem hohen Einkaufsbedarf können auf diese Weise beispielsweise Bonusausschüttungen steuergünstig unterbringen.

Auch für Erwerbstätige, die nicht während des ganzen Erwerbslebens Einzahlungen in die Pensionskasse geleistet haben, können sich solche Einkäufe lohnen. Mit den freiwilligen Einzahlungen werden die Altersleistungen verbessert und die gesetzlich vorgeschriebene Minimalverzinsung von 4 Prozent (ohne Steuerbelastung) steigert das Alterskapital in einem erfreulichen Ausmass bis zur Pensionierung.

Tipps
- *Alleinstehende ohne Nachkommen sollten bei Einkäufen besonders in Betracht ziehen, dass das Alterskapital im Todesfall in der Regel an die Vorsorgeeinrichtung fällt. Als Anlagealternative empfehlen sich Stammeinlagen in Fondssparpläne.*
- *Um der Steuerumgehung einen Riegel zu schieben, haben einige Kantone verschiedene Regelungen erlassen. Ein Einkauf kann beispielsweise nicht geltend gemacht werden, wenn er dazu dient, wenige Jahre vor der Pensionierung eine höhere Kapitalauszahlung zu finanzieren. Um sich den Vorwurf der Steuerumgehung zu ersparen, sollten Sie deshalb einen Einkauf innerhalb der letzten fünf Jahre vor dem Bezug des Pensionskassenguthabens in Kapitalform vermeiden.*
- *Bei allen Steuervorteilen sollten Sie eines beachten: Das Kapital, das in die zweite Säule investiert wird, bleibt in der Regel bis zur Pensionierung gebunden.*

Austrittsleistungen

Treten Arbeitnehmer beim Wechsel oder Verlust des Arbeitsplatzes aus der Pensionskasse aus, haben sie Anspruch auf die Austrittsleistung, oft auch Freizügigkeitsleistung genannt.

Einfach ist die seit 1995 geltende Freizügigkeitsregelung, die beim Austritt aus einem Arbeits- und Vorsorgeverhältnis zum Zug kommt, leider nicht. Der Grund liegt darin, dass die Vorsorgeeinrichtungen unterschiedlich finanziert sein können und unterschiedliche Leistungen vorsehen. Verhältnismässig einfach ist die Berechnung der Austrittsleistung bei Kassen, die nach dem Beitragsprimat rechnen: Hier kann das gesamte zwischen Eintritt und Austritt angesparte Altersguthaben samt Zinsen mitgenommen werden. Dazu kommen die aus früheren Vorsorgeeinrichtungen eingebrachten und verzinsten Austrittsleistungen sowie Einkäufe. Komplizierter und weniger transparent sind die Berechnungsregeln für Vorsorgeeinrichtungen mit Leistungsprimat; es würde denn auch zu weit führen, sie an dieser Stelle näher darzulegen. Nicht zutreffend ist die noch immer weit verbreitete Meinung, die Freizügigkeitsleistung müsse in jedem Fall der Summe aller Arbeitnehmer- und Arbeitgeberbeiträge entsprechen.

Wichtig ist: Die Austrittsleistung der bisherigen Vorsorgeeinrichtung muss nach Gesetz zwingend an die neue Vorsorgeeinrichtung überwiesen werden. Bleibt ein Überschuss, weil die neue Kasse schlechtere Leistungen kennt oder weil der neue versicherte Verdienst tiefer ist, haben Sie als Versicherte die Wahl: Sie können den überschüssigen Betrag auf ein Freizügigkeitskonto bei einer Bank oder in eine Freizügigkeitspolice einer Versicherungsgesellschaft überweisen. Wenn es das Reglement der neuen Vorsorgeeinrichtung zulässt, können Sie den Überschuss aber auch in dieser belassen (sie muss das Geld verzinsen) und für spätere Einkäufe, beispielsweise bei Erhöhung des versicherten Verdienstes, verwenden.

Ist beim Austritt aus einer Vorsorgeeinrichtung noch nicht bekannt, welcher Pensionskasse Sie künftig angehören werden, muss ebenfalls ein Freizügigkeitskonto oder eine Freizügigkeitspolice errichtet werden. Die Guthaben sind bis zu Ihrer Pensionierung gesperrt; ein früherer Zugriff ist nur unter bestimmten Bedingungen möglich (siehe unten).

Tipps
- *Freizügigkeitsguthaben können bis spätestens fünf Jahre nach Erreichen des BVG-Rücktrittsalters stehen gelassen werden, für Männer also bis maximal Alter 70. Das Kapital und die auflaufenden Erträge bleiben während dieser Zeit weiterhin von der Einkommens- und Vermögenssteuer befreit.*
- *Es lohnt sich, die Freizügigkeitsleistung auf zwei verschiedene Bankkonten (oder Policen) zu überweisen. Dann können Sie das Geld im Alter in den meisten Kantonen gestaffelt beziehen und so die Steuerprogression bei der Auszahlung reduzieren. Teilauszahlungen von einem Freizügigkeitskonto sind nicht möglich.*
- *Das Freizügigkeitskonto bei einer Bank ist bei der Auflösung einfacher zu handhaben als die Freizügigkeitspolice einer Versicherungsgesellschaft.*

Bezugsmöglichkeiten

Freizügigkeitsleistungen können frühestens fünf Jahre vor Erreichen des ordentlichen Pensionsalters bezogen werden (dasselbe gilt für Guthaben aus der Säule 3a). Ein frühzeitiger Bezug ist nur in folgenden, im Gesetz genannten Ausnahmefällen möglich:

- bei definitiver Auswanderung
- bei Aufnahme einer selbständigen Erwerbstätigkeit (keine Bezugspflicht)
- bei Bezug einer vollen Invalidenrente (keine Bezugspflicht)
- beim Kauf von Wohneigentum für den Eigenbedarf (keine Ferienwohnungen)
- für die Amortisation der Hypothek auf dem Eigenheim

Die Summe, die für den Erwerb von selbst genutztem Wohneigentum bezogen werden kann, ist nach oben begrenzt: Sie erhalten höchstens jene Freizügigkeitsleistung ausbezahlt, die mit Alter 50 bestanden hat, oder maximal die Hälfte der effektiven Freizügigkeitsleistung. Der Vorbezug muss mindestens 20 000 Franken betragen und ist nur alle fünf Jahre möglich. Bei der Auszahlung werden die Guthaben zum Vorzugssteuersatz besteuert, analog zu Kapital aus der Säule 3a (siehe Tabelle im Anhang, Seite 261). Zahlen Sie die für Wohneigentum bezogene Summe zu einem späteren Zeitpunkt wieder ein, können Sie diese Steuern – allerdings ohne Zinsausgleich – zurückfordern. Sind Sie verheiratet, benötigen Sie für den Vorbezug immer die schriftliche Zustimmung Ihres Ehepartners oder Ihrer Ehepartnerin (siehe auch Seite 226).

Was bieten Banken und Versicherungen?

Das Freizügigkeitskonto bei einer Bank bietet einen Vorzugszins gegenüber den üblichen Sparkontokonditionen, in der Regel jedoch keinen zusätzlichen Versicherungsschutz. Weder die Zinserträge noch das Guthaben sind steuerpflichtig. Anders als das BVG kennt das Freizügigkeitsgesetz jedoch keine gesetzliche Mindestverzinsung von 4 Prozent, wie irrtümlich oft angenommen wird. Ein Bankwechsel ist jederzeit möglich, allerdings nicht mit einem Teilbetrag, sondern nur mit dem gesamten Guthaben. Die Vergütung von einer Bank auf eine andere kann nur anlagekonform erfolgen, wenn die neue Kontonummer der bisherigen Bank anlässlich der Aufhebungs- und Vergütungsinstruktionen gleichzeitig mitgeteilt wird. Freizügigkeitsguthaben bleiben oft während Jahren auf dem konservativ verzinslichen Freizügigkeitskonto liegen. Obwohl die Verzinsung höher ist als bei den Sparkonten, lohnt es sich, ein wertschriftenverwaltetes Konto mit besseren Renditechancen näher zu prüfen. Die Banken bieten dafür Fondslösungen an, welche die gesetzlichen Bestimmungen für BVG-Anlagen erfüllen müssen. Renditegarantien gibt es aber auch hier keine.

Konditionen für Freizügigkeitskonten (Auswahl)

Credit Suisse	UBS	Coop-Bank	Migrosbank	ZKB	Raiffeisen	Valiant Bank
3%	3%	3%	3,25%	3%	3%	3%

Stand: Mai 2001

Tipp • *Wertschriftenverwaltete Freizügigkeitskonten sind nur für eine Anlagedauer von über fünf Jahren zu empfehlen. Winkt in absehbarer Zeit eine neue Stelle, ist das konservative Freizügigkeitskonto die bessere Lösung mit geringerem Risiko. Denn beim Antritt der neuen Stelle müssen Sie die Freizügigkeitsleistung in die neue Pensionskasse einbringen – egal, wie die Kurse Ihrer Fondsanlagen stehen.*

Rente oder Kapital?

Im Jahr 2001, 16 Jahre nach der Inkraftsetzung des BVG, ist die zweite Säule der tragende Pfeiler im schweizerischen Vorsorgekonzept. Dank der vollen Freizügigkeit beim Stellenwechsel und der häufig genutzten Möglichkeit, fehlende Beitragsjahre in die Pensionskasse einzukaufen, ermöglicht die zweite Säule vielen Arbeitnehmerinnen und Arbeitnehmern nach der Pensionierung ein Leben mit dem gewohnten Standard. Die meisten Pensionskassen ermöglichen ihren Vorsorgenehmern die Wahl zwischen einer lebenslänglichen Altersrente und einem teilweisen oder vollständigen Kapitalbezug der Altersguthaben. Was ist vorteilhafter? Die erstaunliche Antwort: Wer im Alter vom Kapital lebt, hat in der Regel mehr Geld für den Lebensbedarf zur Verfügung, als wenn er eine Rente bezöge.

Zwar besteht mit der Wahl der Rente ein lebenslänglicher Anspruch, der sich bei steigender Lebenserwartung (bessere medizinische Versorgung etc.) vordergründig zu lohnen scheint. Wären da nicht die Nachteile für die Ehepartnerin oder den Ehepartner, die beim Tod der versicherten Person nur noch 60 Prozent der Altersrente erhalten. Oder für die Nachkommen, für die kein weiterer Anspruch auf noch vorhandenes Pensionskassenguthaben besteht, wenn beide Eltern verstorben sind. Das Restguthaben fällt ins Vermögen der Pensionskasse.

Ab dem 1. Januar 2002 fällige Altersrenten der Pensionskasse unterliegen zudem zu hundert Prozent der Einkommenssteuer. Damit fällt ausser Betracht, dass Renten aus einem Kapitalverzehr und einer Zinsquote mathematisch berechnet werden. Das bedeutet, dass der Vermögensverzehr aus der Personalvorsorge zu hundert Prozent als Einkommen versteuert wird! Wer dagegen das Vorsorgekapital bezieht, versteuert den Betrag in der Regel lediglich zu einem reduzierten Steuersatz. Dies ist einer der Gründe, weshalb sich Versicherte ihr Pensionskassenkapital auszahlen lassen.

Tipps
- *Informieren Sie sich rechtzeitig! Beginnen Sie spätestens im Alter 55, sich mit der Bezugsfrage – Rente oder Pensionskassenkapital – auseinander zu setzen. Damit ist sichergestellt, dass Sie keine Weichenstellung verpassen und steuerplanerische Massnahmen rechtzeitig einleiten können.*
- *Ihren Entscheid für den Bezug des Kapitals müssen Sie der Vorsorgeeinrichtung spätestens drei Jahre vor dem ordentlichen Pensionierungsdatum bekannt geben. Die Kapitalauszahlung ist allerdings nur möglich, wenn dies im Pensionskassenreglement so vorgesehen ist. In der Regel können Sie Ihre Entscheidung bis kurz vor der Pensionierung rückgängig machen. Wenn Sie schon vor der Pensionierung Leistungen der Pensionskasse bezogen haben (beispielsweise eine Invaliden- oder Witwenrente), entfällt die Kapitaloption im Alter.*
- *Wenn Sie sich einmal für die Altersrente aus der Personalvorsorge entschieden haben, gibt es keine Möglichkeit auf diesen Entscheid zurückzukommen.*
- *Wie die nachstehende Auflistung der Vor- und Nachteile zeigt, existiert kein Patentrezept. Gut beraten sind Sie, wenn Sie zuerst ein*

Budget erstellen und den genauen Finanzbedarf nach der Pensionierung ermitteln. Zudem sollten Sie sich über Ihre persönlichen Bedürfnisse und Prioritäten klar werden und besondere Szenarien (zum Beispiel Tod des Lebenspartners) durchspielen. So wird die ordentliche oder auch eine vorzeitige Pensionierung konkreter.

Vor- und Nachteile von Renten- und Kapitalbezug
Der zurzeit gültige Rentensatz von 7,2 Prozent – auch Umwandlungssatz genannt, mit diesem Prozentsatz wird das Alterskapital verzinst – kann als attraktiv bezeichnet werden. Er wird, so wie es aussieht, auch nach der ersten BVG-Revision für die laufenden Renten erhalten bleiben (Besitzstandwahrung). Allerdings ist vorgesehen, den Umwandlungssatz während einer Übergangsfrist bis zum Jahr 2016 von 7,2 schrittweise auf 6,65 Prozent zu reduzieren (andere Vorschläge liegen bei 6,8 Prozent). Wer heute 50 ist, kann also nicht mit dem jetzigen Satz rechnen, sondern sollte von einer Altersrente mit einem Umwandlungssatz von 6,65 Prozent ausgehen.

Für den Bezug der Rente spricht auch, dass alles automatisch weiter läuft wie vor der Pensionierung: Sie müssen keine Anlageentscheide fällen und auch nicht mit Verlusten rechnen. Das Risiko, plötzlich nur noch mit der AHV dazustehen, entfällt.

Erbrechtlich ist der Rentenbezug ebenfalls einfacher: Im Gegensatz zum bezogenen Kapital fällt der Rentenanspruch des überlebenden Ehegatten nicht in den Nachlass; es sind dafür keine weiteren ehe- und erbrechtlichen Absicherungen nötig.

Im gegenwärtigen Zeitpunkt ist die Inflationsrate nicht sehr hoch. Trotzdem darf nicht übersehen werden, dass es keine gesetzlichen Vorschriften über die Anpassung der Pensionskassenrenten an die Teuerung gibt. Einige Pensionskassen überprüfen jährlich den Teuerungsausgleich auf Altersrenten und gleichen wenigstens teilweise aus. Ein verbindlicher Anspruch besteht aber nicht.

Für den Kapitalbezug spricht die Möglichkeit, dass Sie für die Anlage Ihres Pensionskassenkapitals zusammen mit den übrigen Vermögenswerten und den Vorsorgegeldern aus den Säulen 3a und 3b steuergünstige Anlageformen wählen können. Entsprechend der Verfügbarkeit und angesichts des Anlagehorizonts von sechs bis

Entscheidung: Kapital oder Rente?

Argumente für Rentenbezug	Punkte	Argumente für Kapitalbezug	Punkte
Eine lebenslang garantierte Rente ist mir sympathischer.		Mein Kapital werde ich dank meinen Erfahrungen mit Schwergewicht auf Sicherheit in Anlagefonds investieren.	
Irgendwelche Risiken sind mir ein Horror.		Ich möchte flexibel über mein Kapital verfügen können.	
Ich bin bei guter Gesundheit und habe eine hoher Lebenserwartung, werde also voraussichtlich noch lange Jahre die Rente beziehen.		Ich möchte, dass meine Erben einmal vom Restkapital profitieren können.	
Ich kann mich weder mit Anlagefonds noch mit Versicherungsprodukten anfreunden.		Ich möchte aus steuerlichen Gründen in die Säule 3b investieren.	
In unserer Ehe ist die Frau bedeutend jünger als der Mann.		In unserer Ehe ist die Frau nicht wesentlich jünger als der Mann.	
Ich habe weder Lust noch die Erfahrung, mich mit der Verwaltung eines hohen Betrags näher zu befassen.		Mit meinen Kenntnissen und mit Unterstützung eines guten Bank- oder Versicherungsberaters kann ich das Kapital optimal anlegen.	
Ich brauche kein Zusatzkapital, weil ich sonst über genügend Vermögen verfüge.		Weil ich noch Kinder unterstützen muss, bin ich auf das Kapital angewiesen.	
Ich finde es eine Frechheit, dass ich bei der Auszahlung auf meinem Kapital noch Steuern bezahlen muss.		Ich will den Abbau meines Kapitals nicht als Einkommen versteuern.	
Ich habe mir ein exaktes Budget für die verbleibenden Jahre gemacht und benötige Monat für Monat dieselben Einkünfte.		Ich benötige das Kapital, um die Hypothekarzinsen zu reduzieren, im Hinblick auf eine zukünftige neue Eigenmietwertregelung.	
Ich habe keine Nachkommen, denen ich ein Vermögen hinterlassen muss.		Ich möchte im Fall einer Inflation mein Geld inflationsgeschützt besser anlegen können.	

zehn Jahren eignen sich auch Aktienfonds und, für risikofreudigere Anleger, Einzelaktien. Durch weitere Massnahmen – dazu zählt auch der Vermögensverzehr – kann im Alter die steuerliche Situation optimiert werden. Wird beispielsweise mit einem Teil des Pensionskassenkapitals eine steuerbegünstigte Einmaleinlageversicherung für eine Leibrente abgeschlossen (siehe Seite 210), muss diese später nur zu 40 Prozent versteuert werden. Solche Einmaleinlagen mit Leibrente sind auch nach Alter 66 noch möglich.

Eines darf nicht vergessen gehen: Der Kapitalbezug erfordert eine hohe Selbstverantwortung für die Anlagen. Der Preis für die besseren Renditechancen ist auch beim Pensionskassenkapital das höhere Verlustrisiko. Zudem fällt – anders als bei der Pensionskassenrente – beim Tod des einen Ehegatten das gesamte Anlagevermögen inklusive ausbezahltes Pensionskassenkapital in den Nachlass. Die überlebende Seite muss deshalb schon beim Bezug mit einer gegenseitigen Begünstigung in einem Ehe- und Erbvertrag oder im Testament finanziell abgesichert werden. Ein Kapitalbezug darf nicht nur aus der Optik allfälliger Steuereinsparungen getätigt werden; es müssen alle Komponenten einbezogen werden.

Tipp • *Ein möglicher Kompromiss zwischen Rente und Kapitalauszahlung ist es, die eine Hälfte des Guthabens als Rente, die andere Hälfte als Kapitalauszahlung zu beziehen. Fragen Sie bei Ihrer Vorsorgeeinrichtung nach, ob dies laut Reglement möglich ist.*

Ein Fallbeispiel aus der Beobachter-Praxis

Ob sich der Bezug des Pensionskassenkapitals für Sie empfiehlt, hängt sehr von Ihren individuellen Umständen ab. Zusammen mit der Würth Vorsorge, Uster, bietet der Beobachter den Service einer persönlichen Vorsorgeberechnung an. Anhand eines ausführlichen Fragebogens werden die nötigen Daten erhoben, um die Auswirkungen von Rente und Kapitalbezug ermitteln zu können. Im Folgenden wird nun das Beispiel des in der Stadt Zürich lebenden Ehepaars Muster durchgerechnet. Die Vermögens- und Einkommensverhältnisse sind aus dem ausgefüllten Fragebogen (siehe nebenan) ersichtlich.

Fragebogen für die persönliche Vorsorgeberechnung

Persönliche Angaben

Postleitzahl ..8006.. Ort **Zürich**...... Kanton **ZH**....

Mann Geburtsdatum ...**30.06.1941** ordentl. Pensionierungsdatum **01.07.2006**

Frau Geburtsdatum ...**30.06.1942** ordentl. Pensionierungsdatum **01.07.2006**

Zivilstand ☐ allein stehend ☒ verheiratet ☐ geschieden

Konfession ☐ ref. ☐ kath. ☒ ref. und kath. ☐ andere

Mann Jahressalär CHF ...**120'000**..

Frau Jahressalär CHF ....**50'000**......

Voraussichtliches oder geplantes Pensionierungsdatum (Monat /Jahr) ...**01.07.2004**

Gewünschte Bruttoeinnahmen ab Pensionierungsalter pro Jahr inkl. Steuern CHF **96'000**...

☞ Sämtliche Angaben sind für die Berechnung wichtig

2. Säule

Sind Sie ☒ pensionskassenpflichtig oder ☐ selbständig erwerbend ohne Pensionskasse

Pensionskassenleistungen *(Obligatorium)* gemäss Vorsorgeausweis*

Mann erwartetes Alterskapital CHF ..**850'000**.. evtl. Rente (pro Jahr) CHF...**61'200**...

Frau erwartetes Alterskapital CHF ..**118'000**.. evtl. Rente (pro Jahr) CHF....**8'496**....

Kaderversicherung *(überobligatorische Leistungen)* gemäss Ausweis*

Mann erwartetes Alterskapital CHF .... evtl. Rente (pro Jahr) CHF..............

Frau erwartetes Alterskapital CHF .... evtl. Rente (pro Jahr) CHF..............

Freizügigkeitskonti oder -policen gemäss Ausweis*

Mann aktuelles Guthaben CHF .... oder Leistung im Alter CHF..............

Frau aktuelles Guthaben CHF .... oder Leistung im Alter CHF..............

☞ * unbedingt Kopie des Vorsorgeausweises per 1.1.2001 beilegen

3. Säule

Bankguthaben

Bankanlagen gemäss letztem Verrechnungsantrag in der Steuererklärung* CHF......**500'000**........

Mann, Bank Säule 3a jährliche Einlage CHF......**5'933**........

  Vermögensstand per 31.12.2000 CHF......**102'000**........

Frau, Bank Säule 3a jährliche Einlage CHF......**3'000**........

  Vermögensstand per 31.12.2000 CHF......**25'000**........

☞ *wenn möglich **Kopie Verrechnungsantrag** beilegen; **ohne Angaben verliert die Auswertung an Aussagekraft!**

Lebensversicherungen

Vorsorge	Beginn	Ablauf	Jahresprämie	Einmaleinlage	Offerierte Überschüsse bzw. Fondswachstum	Garantiertes Erlebensfallkapital
☐ 3a ☒ 3b	01.01.95	01.01.05	CHF	CHF 100'000	CHF 29'000	CHF 128'000
☐ 3a ☐ 3b	....	....	CHF	CHF	CHF	CHF ....
☐ 3a ☐ 3b	....	....	CHF	CHF	CHF	CHF ....
☐ 3a ☐ 3b	....	....	CHF	CHF	CHF	CHF ....
☐ 3a ☐ 3b	....	....	CHF	CHF	CHF	CHF ....

☞ wenn möglich **Policenkopie** beilegen

Weitere Vermögenswerte

Weitere Vermögenswerte, z.B. Anwartschaft, Gemälde etc.   CHF........................

Selbst bewohntes Wohneigentum

Eigenmietwert   Bund CHF...24'000............   Kanton CHF...24'000............

Unterhaltsabzug der Eigenmiete (in % des Eigenmietwertes)   ......20........ %

Vermögenswert der Liegenschaft gemäss Steuererklärung   CHF....500'000............

Vermietete Liegenschaften

Vermögenswert gemäss Steuererklärung   CHF........................

Nettoerträge aus Liegenschaften pro Jahr gemäss Steuererklärung   CHF........................

Darlehen/Hypotheken auf Liegenschaften

Darlehen/Hypothek   Zins   ......5........ %   Kreditbetrag CHF.......200'000..............

Darlehen/Hypothek   Zins   .... %   Kreditbetrag CHF...........................

Darlehen/Hypothek   Zins   .... %   Kreditbetrag CHF...........................

Angaben des Ehepaars Muster zu seiner Vermögenssituation

Wie die Situation aussieht, wenn das Ehepaar die Pensionskassenguthaben in Form einer Rente bezieht, zeigt die nebenstehende Zusammenstellung. Darin sind auch die anderen Vermögenswerte, der gewünschte jährliche Bedarf sowie die Steuerbelastung berücksichtigt. Das Jahreseinkommen setzt sich zusammen aus den Renten von AHV und Pensionskasse und den Erträgen auf dem verbleibenden Vermögen (im Jahr der Pensionierung kommt das Erwerbseinkommen aus der ersten Jahreshälfte dazu).

Altersvorsorge mit Pensionskassenrente
Herr Max Muster, 8000 Zürich

Ausgangslage

+ Vermögen Bank / Versicherungen, inkl. Auszahlungen Säule 3a	861'236
+ Aufgelaufene Zinserträge aus vor 2004 fällig gewordenen Gelder der 2. und 3. Säule	-
= Total liquide Vermögenswerte im Jahr 2004	861'236
= Vermögen	861'236

Rentenleistungen aus der 2. Säule (inkl. Freizügigkeitspolicen/-konti)	58'873
Gewünschter jährlicher Bedarf ab 1.7.2004	96'000

Einkommen im Alter

		2004	2006	2011	2016
Jahr					
Alter Mann		63	65	70	75
Alter Frau		62	64	69	74
1. Säule					
AHV-Rente, Mann	gesplittet	-	9'270	18'540	18'540
AHV-Rente, Frau	gesplittet	-	9'270	18'540	18'540
2. Säule					
PK-Rente, Mann		25'818	51'636	51'636	51'636
PK-Rente, Frau		3'619	7'237	7'237	7'237
Überbrückungsrente		-	-	-	-
3. Säule - Aufgeschobene Rente					
Garantierte Rente		-	-	-	-
Nicht garantierte Rente		-	-	-	-
3. Säule - Vermögen					
Kapitalverzehr		-	-	-	-
Sonstiges Einkommen		85'000	-	-	-
Erträge auf verbleibendem Kapital von 2.5%		21'531	21'531	21'531	21'531
Gesamtes Jahreseinkommen vor Steuern		**135'968**	**98'944**	**117'484**	**117'484**
Steuerbares Einkommen Kanton		140'568	103'544	122'084	122'084
Steuerbares Einkommen Bund		142'368	105'344	123'884	123'884
Steuerbares Vermögen		1'161'236	1'161'236	1'161'236	1'161'236
Berechnete Steuerbelastung, Steuertarif 2001		**31'169**	**19'287**	**24'784**	**24'784**
Gesamtes Jahreseinkommen nach Steuern		**104'799**	**79'657**	**92'700**	**92'700**
Vermögen		1'161'236	1'161'236	1'161'236	1'161'236

Finanzielle Situation des Ehepaars Muster mit der Pensionskassenrente

Dem wird nun die Situation beim Kapitalbezug gegenübergestellt (siehe nebenstehende Berechnung). Das Ehepaar Muster bezieht beide Pensionskassenguthaben in einer einmaligen Auszahlung, die getrennt vom übrigen Einkommen zu einem speziellen Satz besteuert und zu den übrigen Vermögenswerten addiert wird. Um den jährlichen Bedarf sicherzustellen, treffen Musters folgende Lösung:

1. Sie kaufen von einem Teil des Kapitals eine Leibrente, allerdings mit aufgeschobenem Rentenbeginn im Alter 75.
2. Für die Jahre zwischen der Pensionierung und dem Beginn der Leibrente planen Musters einen jährlichen Kapitalverzehr ein.

Der Vergleich der beiden Berechnungen zeigt auf den ersten Blick, dass mit dem Kapitalbezug ab Zeitpunkt der Pensionierung bei der zweiten Säule keine Guthaben mehr bestehen, das Vermögen dagegen entsprechend höher ist. Von diesem Vermögen wird bis zum Alter 75 jedes Jahr der nötige Anteil aufgebraucht, um den Bedarf von 96 000 Franken zu decken. Ab Alter 75, also ab 2016, tritt die aufgeschobene lebenslängliche Leibrente auf zwei Leben an die Stelle des Kapitalverzehrs.

Zusammen mit den Erträgen aus dem verbleibenden Kapital kommt so das gesamte Jahreseinkommen vor Steuern zustande. Da der Kapitalverzehr steuerlich nicht als Einkommen erfasst wird, ergibt sich gegenüber der Rentenlösung ein viel niedrigeres steuerbares Einkommen, entsprechend höher sind dafür die steuerbaren Vermögenswerte. Daraus wird die jährliche Steuerbelastung berechnet. Verglichen mit der Rentenlösung fallen bei der Lösung mit Kapitalverzehr und aufgeschobener Leibrente insgesamt deutlich tiefere Steuern an.

Die Steuerbelastung variiert natürlich je nach Wohnort. Im Anhang (Seite 257) finden Sie Tabellen, in denen – ausgehend von derselben Ausgangslage – für die Hauptorte sämtlicher Kantone die einmalige Steuer bei Auszahlung von Kapitalien aus der zweiten Säule und der Säule 3a sowie die jährliche Steuerbelastung aufgeführt sind. Dabei zeigt sich, dass nicht alle Kantone die gleichen Einkommens- und Vermögensarten gleich besteuern, sodass je nach Zusammensetzung des Alterskapitals unterschiedliche Überlegungen angestellt werden müssen.

Alles für die optimale Altersvorsorge 189

Altersvorsorge mit Kapitalverzehr und aufgeschobener Leibrente
Herr Max Muster, 8000 Zürich

Ausgangslage

+	Kapitalbezug 2. Säule	738'966
+	Vermögen Bank / Versicherungen, inkl. Auszahlungen Säule 3a	861'236
+	Aufgelaufene Zinserträge aus vor 2004 fällig gewordenen Gelder der 2. und 3. Säule	-
=	Total liquide Vermögenswerte im Jahr 2004	1'600'202
-	Kauf aufgeschobene Rente Alter Mann: 63 Alter Frau: 62 Rentenbeginn im Alter 75, Mann	542'442
-	Notwendiges Kapital für Verzehr von 63 bis 74, bei einer Anlagerendite von 4%	579'962
=	Verbleibendes Kapital	477'798

Gewünschter jährlicher Bedarf ab 2004: 96'000

Einkommen im Alter

	2004	2006	2011	2016
Jahr	2004	2006	2011	2016
Alter Mann	63	65	70	75
Alter Frau	62	64	69	74
1. Säule				
AHV-Rente, Mann gesplittet	-	9'270	18'540	18'540
AHV-Rente, Frau gesplittet	-	9'270	18'540	18'540
2. Säule				
PK-Rente, Mann	-	-	-	-
PK-Rente, Frau	-	-	-	-
Überbrückungsrente	-	-	-	-
3. Säule - Aufgeschobene Rente				
Garantierte Rente	-	-	-	37'716
Nicht garantierte Rente	-	-	-	21'204
3. Säule - Vermögen				
Kapitalverzehr	11'000	77'460	58'920	-
Sonstiges Einkommen	85'000	-	-	-
Erträge auf verbleibendem Kapital von 2.5%	11'945	11'945	11'945	11'945
Gesamtes Jahreseinkommen vor Steuern	**107'945**	**107'945**	**107'945**	**107'945**
Steuerbares Einkommen Kanton	107'462	39'641	55'849	77'193
Steuerbares Einkommen Bund	109'262	41'441	57'649	78'993
Steuerbares Vermögen	1'872'270	1'761'614	1'597'839	777'798
Berechnete Steuerbelastung, Steuertarif 2001	23'698	8'433	10'386	11'331
Gesamtes Jahreseinkommen nach Steuern	**84'247**	**99'512**	**97'559**	**96'614**
Vermögen, inkl. Rückkaufswert aufgeschobene Rente	1'872'270	1'761'614	1'597'839	1'416'226

Finanzielle Situation des Ehepaars Muster beim Kapitalbezug

- Werden Pensionskassenguthaben als Kapital bezogen, ist punkto Besteuerung die Stadt Zug am attraktivsten, die höchsten Steuern verlangt hier Delémont. Beim Bezug von Säule-3a-Kapital zeigt sich ein etwas anderes Bild: Hier fallen die tiefsten Steuern in Bellinzona an, am teuersten ist erneut Delémont (siehe Seite 260).
- Wählt das Ehepaar Muster die Pensionskassenrente, sind seine Einkommenssteuern in der Stadt Zug am tiefsten, in Neuenburg am höchsten. Wählt das Ehepaar die Kapitalauszahlung, ist während der Kapitalverzehrsphase Stans punkto Einkommenssteuer am günstigsten. Nach Beginn der aufgeschobenen Leibrente, also ab Alter 75, ist wieder die Stadt Zug am attraktivsten (siehe Seite 257).

Vergleicht man jedoch die Steuerbelastung über 20 Jahre, wird eines sehr deutlich: Die steuerlichen Differenzen zwischen den beiden Altersvorsorgekonzepten sind in allen Kantonen beträchtlich (siehe nebenstehende Tabelle).

Tipps
- *Die Gegenüberstellung zeigt, dass die beiden Varianten nach der Pensionierung erhebliche Unterschiede in der Steuerbelastung aufweisen. Um die für Sie persönlich beste Lösung zu finden, lohnt es sich auf jeden Fall, die Vorsorgeplanung rechtzeitig an die Hand zu nehmen. Empfehlenswert ist auch, sich jährlich über die neue Situation im Steuer-, Vorsorge- und Gesetzesbereich zu informieren. Damit ist sichergestellt, dass Sie nicht kurz vor der Pensionierung unliebsame Überraschungen erleben.*
- *Die umfassende Information darüber, wie sich der Kapitalbezug im Vergleich zum Rentenbezug auf den verschiedenen Ebenen auswirkt, ist ein sehr wichtiger Punkt in der Planung Ihrer Altersvorsorge. Eine verlässliche Entscheidungsgrundlage bildet die Vorsorgeberechnung, die der Beobachter zusammen mit der Würth Vorsorge, Uster, anbietet. Ein Bestelltalon für den Fragebogen mit Preisangaben findet sich am Schluss des Ratgebers.*

Alles für die optimale Altersvorsorge 191

Gesamtsteuervergleich für 20 Jahre (Steuertarif 2001)

Kanton/ Hauptort	Steuern Pensionskassenrente 20 Jahre	pro Jahr	Steuern Kapitalverzehr mit Leibrente 20 Jahre	pro Jahr	Einsparung pro Jahr
ZG Zug	Fr. 363 160.–	Fr. 18 158.–	Fr. 167 933.–	Fr. 8397.–	Fr. 9761.–
SZ Schwyz	Fr. 429 480.–	Fr. 21 474.–	Fr. 207 448.–	Fr. 10 372.–	Fr. 11 102.–
NW Stans	Fr. 431 600.–	Fr. 21 580.–	Fr. 175 207.–	Fr. 8760.–	Fr. 12 820.–
AI Appenzell	Fr. 481 480.–	Fr. 24 074.–	Fr. 209 135.–	Fr. 10 457.–	Fr. 13 617.–
ZH Zürich	Fr. 495 680.–	Fr. 24 784.–	Fr. 215 217.–	Fr. 10 761.–	Fr. 14 023.–
GL Glarus	Fr. 544 460.–	Fr. 27 223.–	Fr. 241 911.–	Fr. 12 096.–	Fr. 15 127.–
OW Sarnen	Fr. 565 060.–	Fr. 28 253.–	Fr. 296 961.–	Fr. 14 848.–	Fr. 13 405.–
AG Aarau	Fr. 570 920.–	Fr. 28 546.–	Fr. 266 615.–	Fr. 13 331.–	Fr. 15 215.–
AR Herisau	Fr. 589 340.–	Fr. 29 467.–	Fr. 286 218.–	Fr. 14 311.–	Fr. 15 156.–
GR Chur	Fr. 594 380.–	Fr. 29 719.–	Fr. 268 691.–	Fr. 13 435.–	Fr. 16 284.–
UR Altdorf	Fr. 632 940.–	Fr. 31 647.–	Fr. 318 637.–	Fr. 15 932.–	Fr. 15 715.–
TI Bellinzona	Fr. 645 520.–	Fr. 32 276.–	Fr. 284 618.–	Fr. 14 231.–	Fr. 18 045.–
TG Frauenfeld	Fr. 645 840.–	Fr. 32 292.–	Fr. 310 199.–	Fr. 15 510.–	Fr. 16 782.–
SG St. Gallen	Fr. 659 100.–	Fr. 32 955.–	Fr. 312 592.–	Fr. 15 630.–	Fr. 17 325.–
VS Sion	Fr. 668 920.–	Fr. 33 446.–	Fr. 298 577.–	Fr. 14 929.–	Fr. 18 517.–
LU Luzern	Fr. 673 340.–	Fr. 33 667.–	Fr. 347 354.–	Fr. 17 368.–	Fr. 16 299.–
SH Schaffhausen	Fr. 682 780.–	Fr. 34 139.–	Fr. 353 948.–	Fr. 17 697.–	Fr. 16 422.–
BE Bern	Fr. 685 760.–	Fr. 34 288.–	Fr. 349 075.–	Fr. 17 454.–	Fr. 16 834.–
SO Solothurn	Fr. 696 180.–	Fr. 34 809.–	Fr. 354 827.–	Fr. 17 741.–	Fr. 17 068.–
BL Liestal	Fr. 706 780.–	Fr. 35 339.–	Fr. 364 603.–	Fr. 18 230.–	Fr. 17 109.–
VD Lausanne	Fr. 724 000.–	Fr. 36 200.–	Fr. 391 077.–	Fr. 19 554.–	Fr. 16 646.–
FR Fribourg	Fr. 725 200.–	Fr. 36 260.–	Fr. 375 340.–	Fr. 18 767.–	Fr. 17 493.–
JU Delémont	Fr. 725 440.–	Fr. 36 272.–	Fr. 351 011.–	Fr. 17 551.–	Fr. 18 721.–
BS Basel	Fr. 739 800.–	Fr. 36 990.–	Fr. 381 409.–	Fr. 19 070.–	Fr. 17 920.–
GE Genf	Fr. 765 220.–	Fr. 38 261.–	Fr. 389 849.–	Fr. 19 492.–	Fr. 18 769.–
NE Neuenburg	Fr. 817 720.–	Fr. 40 886.–	Fr. 424 621.–	Fr. 21 231.–	Fr. 19 655.–

Dritte Säule:
die Deckung der Vorsorgelücke

Eigentlich sollten die erste und die zweite Säule zusammen im Alter die Fortsetzung der gewohnten Lebenshaltung ermöglichen. Doch die AHV-Renten und die Leistungen der Pensionskasse – ob Rente oder Kapitalauszahlung – reichen dazu häufig nicht aus. Für viele würde im Alter zwischen dem gewünschten (oder nötigen) Bedarf und den zu erwartenden Zahlungen eine Lücke klaffen. Mit der dritten Säule – der freiwilligen Vorsorge – kann diese Lücke geschlossen werden. Dafür stehen zwei Möglichkeiten zur Wahl:

Vermögensanlagen in der **Säule 3a** bleiben für die Altersvorsorge reserviert, können also – abgesehen von wenigen Ausnahmen – nicht früher bezogen werden. Im Gegenzug dürfen Einzahlungen in die Säule 3a bis zu einem jährlichen Maximalbetrag vom steuerbaren Einkommen abgezogen werden. Und auch während der ganzen Zeit, da das Kapital in der Säule 3a «parkiert» ist, zahlt man weder Vermögens- noch Einkommenssteuer auf den Erträgen. Erst bei der Auszahlung muss das Kapital versteuert werden; dann aber getrennt vom übrigen Einkommen und zu reduzierten Sätzen.

Vermögensanlagen in der **Säule 3b** sind nicht gebunden und können nach eigenem Gutdünken verwendet werden. Dafür lassen sich die Einzahlungen in der Steuererklärung grundsätzlich nur im Rahmen des Versicherungsabzugs absetzen, und dieser wird meist schon mit den Krankenkassenprämien ausgeschöpft. Immerhin sind die Erträge (Zinsen und Überschüsse) aus Lebensversicherungen – wenn die gesetzlichen Erfordernisse eingehalten werden – von der Steuer befreit (siehe Seite 204). Und privat finanzierte Leibrenten werden, im Gegensatz zu Pensionskassenrenten, neu nur noch zu 40 Prozent besteuert.

Wie gross ist die Vorsorgelücke?

In der Regel werden nach der Pensionierung für die Aufrechterhaltung des gewohnten Lebensstandards 60 bis 80 Prozent des zuletzt erzielten Bruttoeinkommens benötigt. Es lohnt sich, schon frühzeitig zu prüfen, ob die Renten von AHV und Pensionskasse diesen Bedarf tatsächlich decken und wie gross eine allfällige Vorsorgelücke ist. Nur wenn Sie Ihren Finanzbedarf kennen, können Sie zielgerichtet sparen. Ungewissheit blockiert Sie in der Anlageplanung.

Als Faustregel gilt: AHV und Pensionskassenrente betragen zusammen rund 60 Prozent des bisherigen Einkommens. Für höhere Einkommen reduziert sich dieser Prozentsatz; entsprechend

Berechnung des Jahresbedarfs ab Pensionierung und der Vorsorgelücke

	Mann, heutiges Alter 55, ordentliches Pensionierungsalter 65	Ihre eigene Berechnung
1. Berechnung des Jahresbedarfs		
Heutiges Nettoeinkommen gemäss Lohnausweis	Fr. 110 000.–	Fr. ....
Bedarfseinkommen ab Pensionierung (80% des heutigen Einkommens)	Fr. 88 000.–	Fr. ....
Abzüglich:		
• AHV-Rente (maximal)	– Fr. 24 720.–	Fr. ....
• Pensionskassenrente	– Fr. 36 000.–	Fr. ....
• Heutige Erträge aus Wertschriften etc. (Fr. 80 000.– à 4%)	– Fr. 3200.–	Fr. ....
Zusätzlicher Jahresbedarf ab Alter 65	Fr. 24 000.–	Fr. ....
2. Berechnung der Lebenserwartung ab Pensionierung		
Lebenserwartung (siehe Tabelle Seite 162)	82 Jahre	.... Jahre
Lebenserwartung ab Pensionierung (82 – 65)	17 Jahre	.... Jahre
3. Berechnung der Vorsorgelücke		
Barwert: 17 Jahre à Fr. 24 000.– (inkl. jährliche Verzinsung 4%)	Fr. 298 000.–	Fr. ....
4. Berechnung des Sparziels		
Differenz zwischen heutigem Alter (55) und Pensionierungsalter (65)	10 Jahre	.... Jahre
Sparbetrag pro Jahr bis 65	Fr. 24 288.–	Fr. ....
Sparbetrag pro Monat	Fr. 2024.–	Fr. ....

höher wird die Vorsorgelücke. Wie viel Ihre Rente ungefähr betragen wird, können Sie für die AHV von Ihrer Ausgleichskasse berechnen lassen, für die Pensionskassenrente finden Sie die Angaben in Ihrem Versicherungsausweis. Es geht dabei nicht um eine frankengenaue Erfassung, sondern um Richtbeträge. Das Berechnungsschema auf Seite 193 hilft Ihnen, anhand dieser Zahlen die Vorsorgelücke zu errechnen.

Erklärungen zur Berechnung

- **Punkt 3, Vorsorgelücke:** Die Vorsorgelücke beträgt nicht einfach 17 x 24 000 Franken, da bei dieser Berechnung Zins und Zinseszins nicht berücksichtigt würden. Um während 17 Jahren 24 000 Franken bzw. 2000 Franken monatlich zur Verfügung zu haben, muss – bei einer angenommenen jährlichen Verzinsung von 4 Prozent – im Alter 65 ein Kapital von 238 000 Franken bereitstehen. Die recht komplizierte Zinseszinsrechnung brauchen Sie nicht selber anzustellen; im Internet finden Sie unter www.zkb.ch (Klick: Anlage- + Vermögensplanung – Klick: Annuitätenrechner) eine einfache Maske, in die Sie Ihre Zahlen eingeben können (siehe Abbildung).

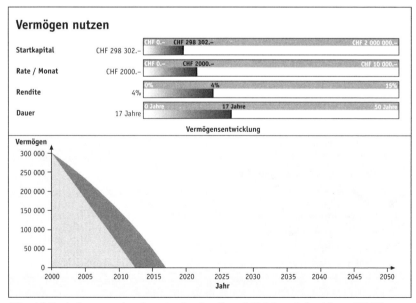

Wie viel Kapital muss vorhanden sein, damit während 17 Jahren jeden Monat 2000 Franken zur Verfügung stehen?

- **Punkt 4, Sparziel:** Um die Vorsorgelücke in zehn Jahren zu füllen, ist pro Jahr weniger als ein Zehntel des Betrags nötig; das ersparte Kapital wird ja während der ganzen Zeit verzinst. Bei einer angenommenen Rendite von jährlich 4 Prozent reichen deshalb 24 288 Franken pro Jahr oder monatlich 2024 Franken, um insgesamt 298 000 Franken anzusparen. Auch diese Berechnung finden Sie im Internet unter www.zkb.ch (Klick: Anlage- + Vermögensplanung – Klick: Spar- und Anlagerechner).

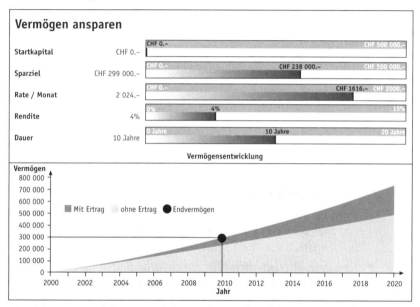

Wie viel muss monatlich gespart werden, um innert zehn Jahren 298 000 Franken zusammenzubringen?

- Das **vorhandene Wertschriftenvermögen** von 80 000 Franken dient bei dieser Berechnung als Reserve. Wird dieser Vermögensteil mit einbezogen, reduziert sich der Sparbedarf entsprechend.

Berechnung bei Frühpensionierung

Wenn Sie sich vorzeitig pensionieren lassen, müssen Sie bei der Berechnung der Vorsorgelücke die Reduktion der Pensionskassen- und AHV-Rente berücksichtigen. Dadurch ändert sich sowohl die Berechnung des Jahresbedarfs als auch des Sparziels, das in kürzerer Zeit erreicht werden muss.

Beispiel *Angenommen der Mann im Berechnungsbeispiel lässt sich mit 62 pensionieren. Von der Pensionskasse erhält er eine Rente von 76 Prozent (siehe Tabelle, Seite 174). Von der AHV kann er noch nichts erwarten, weil ein Rentenvorbezug erst mit 63 möglich ist. Zudem will er keine lebenslängliche Reduktion hinnehmen und wartet deshalb mit dem Rentenbezug bis zum ordentlichen AHV-Rentenalter. Während drei Jahren fehlt ihm also der AHV-Betrag von 24 720 Franken im Budget. Zusammen mit der reduzierten Pensionskassenrente macht das ein Defizit von gut 33 000 Franken pro Jahr oder rund 100 000 Franken bis Alter 65. Diesen Betrag müsste der Mann also zusätzlich zur oben errechneten Vorsorgelücke sparen, und zwar in den verbleibenden Erwerbsjahren bis zum Alter 62.*

Tipps
- *Um Ihre zukünftige AHV-Rente abschätzen zu können, verlangen Sie bei der aktuellen AHV-Ausgleichskasse einen Kontenzusammenruf (siehe Seite 170). Anhand dieser Zahlen kann Ihnen die Ausgleichskasse den ungefähren Betrag nennen.*
- *Die voraussichtliche Pensionskassenrente können Sie dem Versicherungsausweis entnehmen, den Sie jedes Jahr von Ihrer Vorsorgeeinrichtung erhalten (sollten). Sie haben ein Anrecht auf aktuelle Zahlen; falls Sie keinen Versicherungsausweis besitzen, verlangen Sie ihn schriftlich von Ihrer Pensionskasse.*
- *Eine gute Internetadresse für die einfache Berechnung der Vorsorgelücke mit Ihren Zahlen ist www.zkb.ch – Klick Anlage- + Vermögensplanung – Klick Spar- + Anlagerechner bzw. Annuitätenrechner.*

Steuern sparen mit der Säule 3a

Die Säule 3a, die gebundene Vorsorge, soll als Ergänzung zu AHV und Pensionskasse die Einkommenslücke nach der Pensionierung decken helfen – so sieht es auch der Gesetzgeber. Deshalb unterstützt er Einzahlungen in die gebundene Vorsorge durch Steuerbefreiung, was die Rendite solcher Anlagen deutlich erhöht. Lange nicht alle Sparer und Sparerinnen schaffen es jedoch, Jahr für Jahr bis zur Pensionierung die maximal einzahlbaren Beträge zur Seite zu legen. Profitieren von der Säule 3a kann vor allem der Mittelstand.

Steuerfreie Einzahlungen in Säule 3a

- Arbeitnehmer und Selbständigerwerbende, die einer Pensionskasse angehören, können jährlich einen bestimmen Betrag (für 2001 sind es 5933 Franken) auf ein Säule-3a-Konto oder in eine Säule-3a-Police einzahlen und in der Steuererklärung vom Einkommen abziehen – nicht, wie manche glauben, von den Steuern!
- Arbeitnehmer und Selbständigerwerbende, die keiner Vorsorgeeinrichtung angehören, können 20 Prozent des AHV-pflichtigen Erwerbseinkommens (2001 maximal 29 664 Franken) einzahlen und vom steuerbaren Einkommen abziehen.

Wenn beide Ehegatten berufstätig sind, können beide den Abzug separat für sich vornehmen. Steuerlich interessant ist zudem, dass weder die Säule-3a-Guthaben noch die verglichen mit einem Sparkonto höheren Vorzugszinsen zu versteuern sind. Selbstverständlich wird wegen der Steuerfreiheit auch die 35-prozentige Verrechnungssteuer nicht von den Zinsen abgezogen. Die Banken und Versicherungen liefern jeweils Anfang Jahr eine Bestätigung für die Einzahlung in die Säule 3a, welche der Steuererklärung beigelegt werden muss. Die Auszahlung des Säule-3a-Guthabens im Alter unterliegt in vielen Kantonen dem so genannten reduzierten Steuersatz (früher Rentensatz).

Beispiel für Steuereinsparungen mit der Säule 3a

Die Rentenanstalt/Swiss Life hat als Beispiel die Steuereinsparungen eines verheirateten Mannes, der in der Stadt Zürich lebt, für das Jahr 2001 berechnet (siehe nächste Seite). Als Angestellter mit Pensionskasse kann er 5933 Franken in eine Säule-3a-Police einzahlen. Die Vorsorgepolice garantiert bei Einzahlungen über 25 Jahre ein Alterskapital (inkl. Überschüsse) von 250 000 Franken. Dazu kommt ein Risikoschutz im Fall von Invalidität und Tod.

Auf diesem Alterskapital wird eine einmalige Steuer zu reduzierten Sätzen erhoben. Bund und Kantone berechnen die Besteuerung von Kapitalauszahlungen aus der Säule 3a unterschiedlich (siehe Berechnung; dieselben Steuern wären auch bei einem gleich hohen Kapitalbezug aus der zweiten Säule angefallen).

Zieht man die einmalige Steuer bei Auszahlung von den Steuereinsparungen während der Jahre der Einzahlung ab, resultiert über 25 Jahre ein Nettovorteil von 123 272 Franken. Leistet der Mann

198 Alles für die optimale Altersvorsorge

| Schweizerische Lebensversicherungs- und Rentenanstalt | Société suisse d'Assurances générales sur la vie humaine | Società svizzera di Assicurazioni generali sulla vita dell'uomo | Swiss Life Insurance and Pension Company |

Steuervorteil mit gebundener Selbstvorsorge (Säule 3a)
Gemäss Gesetzgebung von Bund 2001 und Kanton ZH 2001

Mann / verheiratet / reformiert / Zürich ZH

Steuerfüsse 2001	Kanton	105.00%		
	Gemeinde	126.00%		
	Kirche	11.00%	Total	242.00%

Modellrechnung		ohne Vorsorge-Police		mit Vorsorge-Police	
		BUND	KANTON	BUND	KANTON
steuerbares Einkommen		100'000.-	100'000.-	100'000.-	100'000.-
Beitrag für Vorsorge-Police				- 5'933.-	- 5'933.-
neues steuerbares Einkommen				94'067.-	94'067.-
Einkommenssteuer	Bund	2'425.-		2'065.-	
	Kanton		5'593.-		5'089.-
	Gemeinde		6'712.-		6'107.-
	Kirche		586.-		533.-
Gesamtbelastung inkl. Bund			**15'316.-**		**13'794.-**

Gesamtsteuer	ohne Vorsorge-Police		15'316.-
	mit Vorsorge-Police		- 13'794.-
jährliche Steuererleichterung durch Vorsorge-Police			**1'522.-**
Auf dem Einkommensteil von CHF 5'933.- beträgt die Grenzsteuerbelastung			25.60%

Die Vorsorge-Police, die als anerkannte Form der Selbstvorsorge steuerlich gefördert wird, schliesst zum einen bestehende Vorsorgelücken und stellt zum anderen einen echten Beitrag zur Realisierung der flexiblen Pensionierung dar.

| Der Fiskus unterstützt das Vorsorge-Sparen mit jährlich | 1'522.- |
| Der Nettoaufwand für die Vorsorge-Police beträgt statt CHF 5'933.- somit nur | 4'411.- |

Mit Eintrittsalter 40 und Vertragsdauer 25 ergibt sich folgende Schlussabrechnung:

garantiertes Alterskapital inkl. Überschüsse (vgl. Offerte Nr. Beispiel)	250'000.-
abzüglich einmalige Steuer (gemäss aktueller Gesetzgebung)	- 16'453.-
Netto-Alterskapital aus Vorsorge-Police	233'547.-
abzüglich Netto-Aufwand für Vorsorge-Police (25 x 4'411.-)	- 110'275.-
Netto-Vorteil aus steuerlich geförderter Vorsorge-Police	**123'272.-**

Einmalige Steuer auf Kapitalleistungen aus 2. und 3. Säule a
Gemäss Gesetzgebung von Bund 2001 und Kanton ZH 2001

Mann / verheiratet / reformiert / Zürich ZH

Steuerfüsse 2001	Kanton	105.00%			
	Gemeinde	126.00%			
	Kirche	11.00%	Total	242.00%	A

BUND	KANTON

Steuerbare Kapitalleistungen fällig 2026
Leistungen infolge Pensionierung

	BUND	KANTON
Kapitalleistung aus 2. Säule a steuerbar zu	0.-	0.-
Kapitalleistung aus 2. Säule b steuerbar zu	0.-	0.-
Kapitalleistung aus 3. Säule a	250'000.-	250'000.-
Total steuerbare Kapitalleistungen	**250'000.-** B	**250'000.-** C

Steuerberechnung

satzbestimmendes Einkommen		
Bund = B	250'000.-	
Kanton = C x 1/10		25'000.-
entsprechender Steuerbetrag	21'767.00	384.00
Steuersatz (G = Mindestsatz)	8.7060% F	2.0000% G

Steuerbetrag auf Kapitalleistung		
Bund = B x F x 1/5	4'353.-	
Kanton = C x G x A		12'100.-
Gesamtsteuer		**16'453.-**

Die Gesamtsteuer in % des fälligen Kapitals von CHF 250'000.- beträgt 6.58%

Steuervorteile mit der gebundenen Vorsorge

seine Einzahlungen statt in eine 3a-Police in ein verzinsliches Säule-3a-Konto bei einer Bank, ist der steuerliche Vorteil gleich hoch, die Endsumme des erreichten Alterskapitals dagegen – und damit die Rendite – liegt höher, da keine Prämienkosten für die Risikoversicherung abgezogen werden. Der Schutz bei Invalidität und Tod allerdings entfällt ebenso.

Tipps
- Eine Übersicht über die steuerliche Belastung von Vorsorgekapital bei der Auszahlung für sämtliche Kantone findet sich im Anhang (Seite 261).
- Detaillierte Berechnungen für Ihre eigene Situation und Ihre Gemeinde können Sie direkt beim kantonalen Steueramt anfordern.

Wann kann das Säule-3a-Guthaben bezogen werden?

Grundsätzlich bleiben Guthaben der Säule 3a bis fünf Jahre vor Erreichen des offiziellen AHV-Rentenalters gebunden. Vorzeitige Auszahlungen sind nur in folgenden Fällen möglich:
- Aufnahme einer selbständigen Erwerbstätigkeit
- Einkauf in eine Vorsorgeeinrichtung der zweiten Säule
- Verwendung des Guthabens zum Erwerb von selbst bewohntem Wohneigentum (nicht aber von Ferienwohnungen) oder zur Amortisation bestehender Hypothekarschulden
- Bezug einer ganzen Invalidenrente (sofern in der Säule 3a nicht eine Erwerbsunfähigkeitsrente versichert wurde, die dann zur Auszahlung gelangt)
- Endgültiges Verlassen der Schweiz (Auswanderung)

Nach Erreichen des regulären AHV-Alters kann das Kapital nicht mehr in der Säule 3a belassen werden. Dann wird Ihre Bank oder Versicherungsgesellschaft die Rückzahlung automatisch vornehmen oder Sie frühzeitig benachrichtigen.

Das gesetzliche AHV-Rentenalter für Frauen liegt seit Januar 2001 bei 63 Jahren; weil die gesetzlichen Grundlagen fehlten, konnten die Pensionskassen zuerst nicht mitziehen. Dies führte zu einigen Verwirrungen – auch in der Säule 3a, die zum Teil ebenfalls im BVG geregelt ist. Die Steuerverwaltungen hatten zuerst festgehalten, dass Frauen, die im Jahr 2001 das 62. Altersjahr vollenden und weiterarbeiten, nicht mehr in die Säule 3a einzahlen dürften. Inzwischen ist diese Bestimmung an das AHV-Gesetz angepasst worden und erwerbstätige Frauen können bis zum Alter 63 in die Säule 3a einzahlen und ihre Säule-3a-Guthaben bis zu diesem Zeitpunkt stehen lassen. Falls Sie Ihr Guthaben unter der alten Regelung bereits bezogen haben, können Sie die Transaktion rückgängig machen.

Tipps
- *Leistungen aus der Säule 3a sind vor Fälligkeit absolut unpfändbar und daher im Konkursfall geschützt (Bundesgerichtsurteil vom September 1995, BGE 121 III 285).*
- *Den steuerlichen Vorteil bei der Auszahlung können Sie erhöhen, indem Sie zwei Konten oder Policen der Säule 3a eröffnen – allerdings nicht bei der gleichen Bank oder Versicherungsgesellschaft – und den Bezug auf zwei Jahre verteilen. Zwei Säule-3a-Gefässe werden von den meisten Steuerverwaltungen toleriert; der gestaffelte Bezug wird getrennt besteuert. Damit reduziert sich die Steuerprogression und entsprechend der Steuerbetrag. Bei tiefen Guthaben bleibt die Auswirkung auf die Progression allerdings gering. Zudem gilt es eines zu beachten: Auch wenn heute zwei Säule-3a-Gefässe zu vorteilhafteren Steuern führen, ist nicht garantiert, dass dies in fünf oder zehn Jahren von den Steuerbehörden noch akzeptiert wird. Ein Nachteil entsteht jedoch nicht aus der Aufteilung des Säule-3a-Guthabens, weshalb sich diese Massnahme ohnehin empfiehlt. In einigen Kantonen, beispielsweise im Thurgau, werden Bezüge innerhalb von fünf Jahren aufgerechnet.*
- *Achtung: Mehr als zwei Säule-3a-Konten (oder Policen) zu eröffnen, macht keinen Sinn. Dies könnte als Steuerumgehung taxiert werden.*

Banken- oder Versicherungslösung für die Säule 3a?

Das Gesetz erlaubt für Vorsorgeguthaben der Säule 3a zwei Möglichkeiten: das 3a-Vorsorgekonto und die 3a-Vorsorgepolice. Die Banken und die Versicherungsgesellschaften halten denn auch verschiedene Produkte für die Anlegerinnen und Anleger bereit:

- Konventionelle 3a-Vorsorgekonten mit einem festen Zins, der etwas über den Ansätzen der Sparkonten liegt
- Fondsverwaltete 3a-Vorsorgekonten mit unterschiedlichem Aktienanteil, laut Gesetz maximal 50 Prozent
- Konventionelle 3a-Vorsorgepolicen mit Risikoschutz bei Invalidität und Tod und (falls vereinbart) Prämienbefreiung bei Erwerbsunfähigkeit infolge Invalidität, fester Zinssatz
- Fondsverwaltete 3a-Vorsorgepolicen mit unterschiedlichem Aktienanteil bis 50 Prozent

Bei Bankenlösungen bestehen in der Regel keine festen Einzahlungsverpflichtungen; das macht sie flexibler, beispielsweise bei finanziellen Engpässen. Die Rendite ist bei gleichen Einzahlungen höher als bei Versicherungslösungen, da keine Risikoprämien abgezogen werden. Dafür besteht im Invaliditäts- und Todesfall auch kein Versicherungsschutz. Einige Banken bieten zusätzlich die Möglichkeit, das Vorsorgekonto mit einem Risikoschutz für den Todes- und/oder Invaliditätsfall zu ergänzen – mit denselben Auswirkungen auf die Rendite wie bei Versicherungspolicen.

Bei einer 3a-Police müssen Sie die einmal vereinbarten Prämien während der ganzen Vertragsdauer einhalten – zumindest was den Risikoanteil angeht, den Sparteil können Sie bei verschiedenen Produkten flexibel gestalten. Eine vorzeitige Rückzahlung wegen finanzieller Probleme ist mit Verlusten verbunden und nur möglich, wenn ein Barauszahlungsgrund (siehe Seite 200) besteht. Dafür haben Sie einen Risikoschutz bei Invalidität und Tod, und die Versicherungsgesellschaft übernimmt, falls Sie Prämienbefreiung vereinbart haben, bei Erwerbsunfähigkeit die vereinbarten Prämien (Einzahlungen) bis zum Ablauf des Vertrags.

Tipps
- *Wenn Sie über die Säule 3a vor allem sparen wollen, empfiehlt sich in der Regel das Vorsorgekonto bei einer Bank. Benötigen Sie und Ihre Familie für den Invaliditäts- und/oder Todesfall einen zusätzlichen Versicherungsschutz, können Sie mit einer 3a-Police Risikodeckung und Sparen vereinen.*
- *Vereinbaren Sie bei 3a-Vosorgepolicen immer einen flexiblen Sparteil. Damit verpflichten Sie sich nur für den Risikoteil – für den Fall, dass Sie einmal nicht die ganze Prämie bezahlen können.*
- *Vorsorgepolicen weisen erst nach drei Jahresprämien einen Rückkaufswert auf, der es ermöglichen würde, die Police bei finanziellen Problemen prämienfrei zu stellen. Wenn Sie nach zwei Einzahlungen die weiteren Prämienverpflichtungen nicht mehr erfüllen (können), verlieren Sie die bisher eingezahlten Beträge. Ein Rückkauf ist nur möglich, wenn ein Barauszahlungsgrund vorliegt, zudem wäre er mit Verlusten verbunden.*
- *Besonders Vermittler von Allfinanzgesellschaften und Strukturvertrieben versuchen immer wieder, jungen Leuten schon ab Alter 20*

langfristige 3a-Policen mit Laufzeiten von vierzig Jahren anzudrehen. Das ist Unsinn; wer weiss denn in diesem Alter, was in zehn bis zwanzig Jahren ist. Für junge Leute heisst die Anlagealternative eindeutig Fondssparplan, der flexibler ist als Zwangssparen mit einer Versicherungspolice. Ein allfälliges Invaliditätsrisiko wird besser separat abgedeckt. Erst in späteren Jahren, wenn die berufliche Laufbahn eingeschlagen und die persönliche Ausrichtung erkennbar ist, lässt sich der Abschluss einer langfristig bindenden Säule-3a-Lösung als Ergänzung zu einem Fondssparplan rechtfertigen.

- *Sparen junge Leute gezielt auf Wohneigentum, finden sie dagegen mit der Säule 3a eine steuergünstige Möglichkeit. Denn für den Erwerb eines selbst genutzten Eigenheims kann das Säule-3a-Kapital auch vor dem Pensionierungsalter bezogen werden.*
- *Die nicht bindende Säule 3a bei einer Bank empfiehlt sich ab Alter 30 aus steuerlichen Gründen immer, sofern das Einkommen genügend hoch ist, um den Beitrag zu erübrigen und langfristig anzubinden.*

Konservative Säule 3a oder Anlagefonds?

Banken und Versicherungen offerieren auch für die Säule 3a fondsverwaltete Lösungen mit der Aussicht auf erhöhte Renditen. Die Renditeentwicklung zeigt aber, dass es den Fondsmanagern in schwierigen Börsenzeiten nicht gelingt, den Zins auf konservativen Säule-3a-Konten von 3 Prozent (Juni 2001) zu übertreffen – geschweige denn die hohen Renditeerwartungen der Anleger zu erfüllen.

Tipps
- *Wenn Sie zwei Säule-3a-Konten eröffnen, eines fondsverwaltet, das andere in der konservativen Form, können Sie abwechslungsweise auf das eine oder das andere einzahlen.*
- *Beim konservativen Konto empfiehlt sich die Einzahlung Anfang Jahr, damit Sie während des ganzen Jahres von den Vorzugszinsen profitieren.*
- *Bei der Fondsvariante ist es sinnvoll, das geplante Jahrestotal mit einem ständigen Auftrag alle drei Monate in Raten einzuzahlen, um wie mit einem Fondssparplan günstige Durchschnittskurse zu erreichen.*

Vergleich von Fonds für die Säule 3a

Bank	Fondsname	Performance 2000	2001 bis Ende Mai
Credit Suisse** (Privilegia)	Mixta-BVG Defensiv (25)	+ 1,8%	− 1,9%
	Mixta-BVG (35)	+ 1,4%	− 2,9%
	Mixta-BVG Maxi (45)	+ 0,7%	− 4,0%
Kantonalbanken (Prevista)	BVG Profil 3 (11)	+ 3,6%	+ 1,3%
	BVG Universal 3 (28)	+ 4,5%	− 0,2%
	BVG Diversifikation 3 (47)	+ 2,5%	− 1,4%
	BVG Oeko (47)	seit April 2000	+ 0,5%
Raiffeisenbanken	Pension Invest 30	+ 2,7%	+ 0,36%
	Pension Invest 50	+ 2,4%	− 0,27%
UBS*	Fiscainvest 12	+ 1,8%	+ 1,19%
	Fiscainvest 25	+ 1,1%	+ 0,71%
	Fiscainvest 40	+ 0,3%	+ 0,16%
	Fiscainvest 50	− 3,1% (ab Aug. 2000)	− 0,29%
Migrosbank** (Prevista)	BVG Profil 3 (10)	seit Dez. 2000	+ 0,68%
	BVG Universal 3 (27)	seit Dez. 2000	− 1,47%
	BVG Diversifikation 3 (48)	seit Dez. 2000	− 4,05%

Die Zahlen hinter den Fondsnamen zeigen die ungefähren Aktienanteile.
* Performance per 8. Juni 2001 / ** Performance bis Ende März 2001

Säule 3b: breites Angebot an Versicherungsprodukten

Während im Bereich der Säule 3a häufig Bankenlösungen vorgezogen werden, hat die Altersvorsorge in Form von Lebensversicherungen vor allem in der freien Säule 3b ihre eigentliche Domäne. Dies hängt mit drei besonderen rechtlichen Privilegien zusammen:

- **Steuerprivileg:** Zwar können Einlagen in die Säule 3b nicht vom steuerbaren Einkommen abgezogen werden. Doch bei der Auszahlung ist das ganze Guthaben – eingezahlter Betrag, alle aufgelaufenen Zins- oder Kapitalerträge und die nicht garantierten Überschüsse – von der Einkommensteuer befreit, wenn die gesetzlich vorgeschriebenen Laufzeiten eingehalten werden (siehe Seite 209). Renten der Säule 3b werden im Gegensatz zu Pensionskassenrenten nur zu 40 Prozent besteuert. Zudem sind Einzahlungen in die Säule 3b, anders als bei der Säule 3a, in der Höhe nicht limitiert. Mit diesen steuerlichen Begünstigungen will der Staat die private Vorsorge fördern.

- **Begünstigung:** In Policen der Säule 3b können Versicherungsnehmer auch Personen ausserhalb des Kreises der gesetzlichen Erben als Begünstigte einsetzen – eine interessante Möglichkeit vor allem für Konkubinatspaare. Allerdings dürfen durch diese Begünstigung keine erbrechtlichen Pflichtteile verletzt werden. Bei Policen der Säule 3a kommen in erster Linie die gesetzlichen Erben zum Zug.
- **Schutz vor Betreibung:** Sind der Ehepartner oder Nachkommen des Versicherungsnehmers in der Police begünstigt, kann das Guthaben weder gepfändet noch zur Konkursmasse geschlagen werden.

Diese Privilegien sind ein Hauptgrund dafür, dass die Vorsorge über Versicherungspolicen in der Schweiz einen breiten Raum einnimmt. Die meisten grösseren Versicherungsgesellschaften bieten Produkte an, zum Teil zu sehr unterschiedlichen Bedingungen (eine Liste der Anbieter findet sich im Anhang, Seite 240). Deshalb lohnt es sich, vor dem Abschluss eines – meist langfristigen – Versicherungsvertrags die verschiedenen Angebote zu vergleichen.

Fachbegriffe im Versicherungsdschungel

Die folgenden Fachbegriffe und die anschliessenden Informationen zu den gängigsten Versicherungsprodukten sollen Ihnen helfen, den Überblick zu gewinnen und die konkreten Offerten der verschiedenen Anbieter zu prüfen.

- **Jahresprämienversicherung:** Dies ist die althergebrachte, bekannte Form der Lebensversicherung. Sie als Versicherungsnehmer verpflichten sich, für die vertraglich abgemachte Dauer jedes Jahr eine Prämie zu zahlen. Bei solchen Vorsorgepolicen dient ein Teil dieser Prämie der Risikodeckung, der Rest dem Sparen.
- **Einmaleinlageversicherung:** Statt mit einer jährlichen Prämie können Sie eine Police der Säule 3b auch mit einer einmaligen Einlage bezahlen. Die Begünstigung im Todesfall unterliegt, sofern dadurch

keine Pflichtteile verletzt werden, nicht dem Erbrecht (siehe oben); Einmaleinlagen eignen sich daher auch für Paare, die nicht verheiratet sind.

- **Konventionelle Policen:** Das Versicherungsguthaben wird während der Vertragsdauer zum so genannten technischen Zinssatz verzinst, der zurzeit bei 2,5 bzw. 3 Prozent liegt (Stand: Herbst 2001). Aufgrund dieses Zinssatzes werden die garantierten Leistungen bei Ablauf berechnet.
- **Fondsverwaltete Policen:** Statt vom festen Zinssatz wie bei der konventionellen Police hängt die Leistung bei Vertragsablauf von der Entwicklung der gewählten Fonds ab. Die Renditeerwartungen sind – je nach Zusammensetzung der Fonds – höher als bei konventionellen Policen, das Risiko eines Verlusts allerdings auch. Für Fondslösungen gibt es keine garantierten Renditen.
- **Todesfallkapital:** Das ist die vertraglich garantierte Summe, die ausbezahlt wird, falls der Versicherungsnehmer während der Versicherungsdauer stirbt.
- **Erlebensfallkapital:** Das ist das vertraglich garantierte Kapital, das bei Ablauf der Vertragsdauer ausbezahlt wird. Die Summe wird aufgrund des festen Zinssatzes (siehe oben), bei einzelnen Produkten auch aufgrund der aktuellen Kapitalmarktzinsen (Zinsen für mittel- und langfristige Anlagen) berechnet. Fondsverwaltete Policen garantieren mit wenigen Ausnahmen kein Erlebensfallkapital, da dieses von der Kursentwicklung der ausgewählten Fonds abhängig ist. Achtung: Viele Vermittler werben mit überhöhten Renditeerwartungen!
- **Leibrenten:** Statt eines Erlebensfallkapitals kann auch eine Leibrente vereinbart werden. Sie wird ab dem vereinbarten Zeitpunkt lebenslänglich oder für die abgemachte Zeit ausbezahlt (mehr dazu auf Seite 210). Die Höhe der Leibrente hängt entweder vom festen Zinssatz oder bei fondsverwalteten Produkten von der Kursentwicklung der Fonds ab.
- **Überschüsse:** Die garantierte Erlebensfallleistung wird in jedem Fall bei Vertragsablauf ausbezahlt. Dazu kommen nicht garantierte Überschüsse, deren Höhe vom Geschäftsverlauf des jeweiligen Anbieters abhängig ist (siehe auch Seite 211).
- **Prämienbefreiung:** Für den Fall von Erwerbsunfähigkeit gewähren die Versicherungsgesellschaften (und auch einzelne Bankenlösungen)

Prämienbefreiung, das heisst, die Versicherung übernimmt die Prämienzahlungen bis zum Ablauf der Vertragsdauer. Dadurch ist das Erreichen des Vorsorgeziels garantiert. Der zusätzliche Schutz kostet aber höhere Prämien.
- **Stempelsteuer:** Beim Kauf von Einmaleinlageversicherungen wird die eidgenössische Stempelsteuer erhoben (2001: 2,5 Prozent).

Reine Risikopolice

In der Risikoversicherung können ein Todesfallkapital sowie Renten bei Erwerbsunfähigkeit versichert werden. Da der während der Laufzeit versicherte Betrag also nur im Todesfall oder bei Invalidität der versicherten Person ausbezahlt wird, ist die Prämie bedeutend günstiger als bei einer gemischten Lebensversicherungspolice mit gleich hoher Leistung. Erlebt die versicherte Person bei der Todesfallrisikopolice das Vertragsende, wird keine Auszahlung fällig.

Eine solche Risikoversicherung ist dann vorrangig, wenn Sie und Ihre Familie nicht schon anderweitig – über die zweite Säule und die Unfallversicherung – genügend für Erwerbsunfähigkeit oder Todesfall abgesichert sind. Haben Sie weder Familie noch andere Personen, die von Ihrem Einkommen abhängig sind, macht eine Todesfallrisikoversicherung keinen Sinn.

Hinweis *Im Todesfall fällt das Kapital an die gesetzlichen Erben oder die in der Police Begünstigten. Die gesamte Auszahlung wird einmalig und getrennt vom übrigen Einkommen zu einem reduzierten Satz besteuert. Dazugezählt werden allfällige Leistungen aus der Pensionskasse sowie der Säule 3a. Dies führt aufgrund der Progression zu einer massiv höheren Besteuerung, als in den meisten Fällen erwartet wird.*

Gemischte Lebensversicherung mit Jahresprämie

Bei der gemischten Versicherung handelt es sich um die klassische Lebensversicherung mit Erlebens- und Todesfallleistung. Ein Teil der jährlich zu zahlenden Prämie dient der Risikodeckung, der Rest dem Sparen. In der Regel ist Prämienbefreiung bei Erwerbsunfähigkeit eingeschlossen (siehe oben). Damit wird das Sparziel auch im Invaliditätsfall vollumfänglich gesichert. Bei Lebensversicherungen mit Jahresprämie ist das gesamte Guthaben – unabhängig von der Laufzeit – bei Auszahlung steuerfrei. Viele Anleger schliessen solche klassischen Lebensversicherungen ab, um sich einem eigentlichen Zwangssparen zu unterstellen, weil sie sonst – neben der finanziellen Energie – nicht auch noch die persönliche «Sparenegerie» aufbringen könnten.

Bei der konventionellen Variante ist der feste Zinssatz für die gesamte Vertragszeit garantiert; er ist Basis der garantierten Versicherungsleistung. Dazu kommen in der Regel Überschüsse zur Auszahlung, mit denen die Vermittler kräftig werben. Diese Überschüsse sind allerdings nicht garantiert und die Leistung kann von Gesellschaft zu Gesellschaft stark variieren. Ist bei einer fondsverwalteten Police ein Erlebensfallkapital garantiert, basiert dieses auf einer vorsichtigen Prognose der Kursentwicklung der gewählten Fonds. Die prognostizierten Überschüsse basieren entsprechend auf optimistischeren Kursannahmen.

Tipp
- *Wann immer Sie eine Lebensversicherung abschliessen, müssen Sie sich bewusst sein, dass eine vorzeitige Auflösung mit einer finanziellen Einbusse verbunden ist. Prüfen Sie darum auch die Prämienfreistellung (Versicherung läuft weiter ohne Prämienzahlung, jedoch mit reduzierter Leistung).*

Einmaleinlageversicherungen

Bei Vertragsabschluss wird die Sparsumme, die bei der Versicherung mit Jahresprämie in jährlichen Raten eingezahlt wird, in einer einmaligen Zahlung geleistet und dann während der vereinbarten Vertragsdauer stehen gelassen. In der Regel gilt für solche Einmaleinlagen ein Minimum von 5000 Franken. Konventionelle Einmaleinlageversicherungen garantieren ein Erlebensfallkapital, das sich aus der Einlage und dem technischen Zins von 2,5 Prozent (teilweise 3 Prozent, Stand Herbst 2001) zusammensetzt. Dazu kommen die nicht garantierten Überschüsse. Bei fondsverwalteten Einmaleinlagen wird in der Regel kein Erlebensfallkapital garantiert; dieses hängt von der Kursentwicklung der zugrunde liegenden Fonds ab.

Damit die Auszahlung aus einer Einmaleinlageversicherung steuerbefreit ist, müssen einige gesetzliche Bedingungen erfüllt werden:

- Abschlussalter: vor Vollendung des 66. Altersjahrs
- Frühestes Auszahlungsalter: 60 Jahre
- Laufzeit für konventionelle Einmaleinlagen mindestens fünf Jahre
- Laufzeit für fondsverwaltete Einmaleinlagen mindestens zehn Jahre

Die Einzahlung in eine Einmaleinlageversicherung der Säule 3b kann in der Steuererklärung nicht vom Einkommen abgezogen werden. Zudem muss der Rückkaufswert als Vermögen versteuert werden; die Versicherungsgesellschaften teilen diesen Wert den Anlegern jeweils per Ende Jahr mit. Während der ersten drei Jahre liegt der Rückkaufswert in der Regel unter dem eingezahlten Betrag, weil grundsätzlich die gesamten Abschlusskosten sowie die Verwaltungs- und Risikokosten für die bisherige Dauer verrechnet werden.

Tipps
- *Schliessen Sie keine Einmaleinlageversicherung mit fünfjähriger Laufzeit ab. Die Stempelsteuer von 2,5 Prozent würde die jährliche Rendite um 0,5 Prozent reduzieren. Bei einer zehnjährigen Laufzeit macht die Reduktion nur noch 0,25 Prozent aus.*
- *Heben Sie eine Einmaleinlageversicherung nur im Notfall vor Ablauf auf; damit ist immer eine finanzielle Einbusse verbunden. Bei Geldbedarf ist es vorteilhafter, die Police einer Bank für einen Kredit zu verpfänden. Die Kreditzinsen können Sie in der Steuererklärung vom Einkommen in Abzug bringen, was indirekt die Rendite erhöht.*
- *Wer sein Vermögen hauptsächlich in Obligationen investieren will, sollte fondsverwaltete Einmaleinlagen bevorzugen. Wird die gesetzliche Laufzeit eingehalten, sind alle auflaufenden Zinserträge steuerfrei und die Rendite liegt trotz der Kosten für die Deckung des Todesfallrisikos höher als bei direkten Obligationenanlagen.*
- *Auch mit Einmaleinlagen ist es möglich, das angesparte Kapital gestaffelt zu beziehen und so die Steuerprogression zu brechen. Ein 55-jähriger Anleger mit einem Vermögen von 100 000 Franken beispielsweise könnte dieses folgendermassen auf Einmaleinlagepolicen aufteilen:*
  - *Fr. 30 000.– mit Laufzeit 10 Jahre, Auszahlung Alter 65 bei Pensionierung*
  - *Fr. 30 000.– mit Laufzeit 15 Jahre, Auszahlung Alter 70*
  - *Fr. 40 000.– mit Laufzeit 20 Jahre, Auszahlung Alter 75*

Einmaleinlagen mit Leibrentenlösung

Schliessen Sie eine Leibrentenversicherung ab, kaufen Sie mit Ihrer Einlage anstelle eines Erlebensfallkapitals eine Rente, die Ihnen lebenslänglich (oder für eine vereinbarte Zeit = Zeitrente) ausbezahlt wird. Diese Rente besteht aus einem garantierten Teil plus der nicht garantierten Überschussbeteiligung. Die Höhe der Rente wird aufgrund der beim Kauf geltenden Lebenserwartung berechnet. Neben den konventionellen Leibrentenversicherung mit festem Rentenbetrag (sowie nicht garantiertem Bonus) bieten einige Versicherungsgesellschaften auch fondsverwaltete Produkte an.

Tipps
- *Leibrentenversicherungen können Sie auch auf zwei Leben abschliessen. Damit erhält Ihre Ehepartnerin oder Ihr Ehepartner nach Ihrem Tod weiterhin die Rente – und zwar den vollen Betrag, nicht bloss 60 Prozent wie bei der Pensionskasse.*
- *Privat finanzierte Leibrenten sind steuerlich bevorzugt; sie müssen ab Auszahlung nur zu 40 Prozent versteuert werden.*
- *Schliessen Sie Leibrentenversicherungen mit Rückgewähr ab. Damit ist sichergestellt, dass derjenige Teil Ihres Kapitals, der bis zu Ihrem Tod nicht verbraucht wurde, an Ihre Erben ausbezahlt wird. Ohne Rückgewähr fällt Kapital, das nicht zur Deckung der vereinbarten Leistung benötigt wurde, an den Versicherer.*
- *Wenn Sie mit 65 eine Leibrentenversicherung abschliessen, lohnt es sich, den Auszahlungsbeginn um mindestens fünf Jahre aufzuschieben. Dadurch wird die Rente massiv erhöht.*

Die steuerlich interessanten Möglichkeiten der Säule 3b tragen mit dazu bei, die finanzielle Unabhängigkeit und Selbständigkeit möglichst lange zu erhalten. Doch auch bei Anlagen in die Säule 3b stellt sich die Frage: Soll ich mein Alterskapital in einer einmaligen Summe beziehen oder wäre eine Rente die bessere Lösung? Die Antwort hängt von Ihrer individuellen Situation ab und basiert auf denselben Überlegungen wie bei der zweiten Säule (siehe Seite 182). Viele Berater und besonders ungeschulte Allfinanzberater empfehlen Leibrenten als die Lösung aller Lösungen. Das stimmt allerdings lange nicht in jedem Fall; oft erweist sich die Kombination von verschiedenen Säule-3b-Produkten als attraktivste Variante.

Beispiel *Die als optimal angepriesene Einmaleinlage mit Leibrente kann sich bei gesundheitlichen Problemen als Einengung erweisen. Das zeigt das Beispiel einer 75-jährigen Rentnerin, die eine Leibrentenversicherung über 200 000 Franken abschloss und dafür 5000 Franken Stempelsteuer ablieferte. Einige Jahre später musste sie aus gesundheitlichen Gründen in ein privates Pflegeheim eintreten und stellte bald fest, dass sie die Lebenshaltungskosten mit ihrem Einkommen (AHV, Witwenrente der Pensionskasse und private Leibrente) nicht mehr decken konnte – es fehlten ihr pro Monat rund 2000 Franken. Der Geldberater empfahl ihr, die Leibrente trotz finanzieller Einbusse und steuerlicher Nachteile aufzulösen. Denn es war leicht auszurechnen, dass sie ihre Lebenskosten auf längere Dauer nicht durch Verzehr ihres sonstigen Vermögens würde decken können.*

Wie realistisch sind Überschussprognosen?

Beispiel *Wie realistisch die Überschussprognosen bei Vertragsabschluss sind, kann erst bei der Auszahlung beurteilt werden. Die unten stehende Tabelle zeigt einen solchen rückblickenden Konkurrenzvergleich: Ein 50-jähriger Anleger, der am 1. Oktober 1991 eine Einmaleinlageversicherung über zehn Jahre abschloss, erhielt von den verschie-*

Prognostizierte Ablaufrendite und Realität nach neun Jahren

Anbieter	Prognostizierte Ablaufrendite in %	Ablaufrendite nach neun Jahren in %
Credit Suisse Life	6,08	6,08
Rentenanstalt/Swiss Life	5,47	5,47
Genfer Versicherungsgesellschaft	5,43	5,43
Winterthur Leben	5,3	5,69
Basler Leben	5,23	5,63
Zurich Financial Services	5,1	5,55
Helvetia Patria	5,11	5,23
Vaudoise Assurance	4,96	5,03
Zenith Leben	4,27	3,67

Quelle: Finanz & Wirtschaft/Würth Vorsorge/Vorsorge Privat 2001

denen Versicherungsgesellschaften Offerten mit unterschiedlich hohen prognostizierten Ablaufrenditen – basierend auf dem festen Zinssatz von damals 3 bis 3,5 Prozent und den nicht garantierten Überschüssen. Wie hoch die effektive Rendite bis zum 1. Oktober 2000 – also nach neun Jahren – war, zeigt die Tabelle.

Die Auszahlungen aus Einmaleinlageversicherungen sind – wenn die gesetzlichen Laufzeiten eingehalten werden – steuerfrei. Im Vergleich mit Obligationenanlagen, deren Erträge zu 100 Prozent besteuert werden, sind solche Renditen interessant. Das gilt auch heute noch, obwohl der technische Zinssatz bei 2,5 Prozent (teilweise 3 Prozent) liegt – vor allem wenn man berücksichtigt, dass im Todesfall eine garantierte Leistung abgedeckt ist. Zudem fallen die nicht unbeträchtlichen Spesen für ein Wertschriftendepot weg.

Rückkauf während der Laufzeit

Die vorzeitige Auflösung einer Versicherungspolice ist immer mit einer finanziellen Einbusse verbunden. Die Versicherungsgesellschaft zahlt lediglich den so genannten Rückkaufswert zurück. Dieser entspricht dem Deckungskapital abzüglich der Kosten für den Versicherungsabschluss (= Provisionen der Vermittler) und für die Verwaltung. Je kürzer die Dauer zwischen Vertragsabschluss und -auflösung, desto tiefer ist dieser Rückkaufswert; in den ersten zwei, drei Jahren liegt er in der Regel bei Null. Die Höhe des Rückkaufswerts können Sie bei der Versicherungsgesellschaft erfragen.

Bei einem Rückkauf (Fondspolice) wird der Betrag nur steuerfrei ausbezahlt, wenn eine Mindestlaufzeit von fünf Jahren eingehalten worden ist und die Auszahlung nicht vor dem vollendeten 60. Altersjahr erfolgt. In den meisten Fällen ist deshalb die Aufnahme eines Kredits auf der Versicherungspolice steuerlich vorteilhafter. Einerseits laufen die Erträge der Einmaleinlage weiterhin steuerfrei auf, anderseits können die Schuldzinsen in der Steuererklärung vom Einkommen in Abzug gebracht werden.

Tipp
- *Der Rückkaufswert ist je nach Versicherungsgesellschaft unterschiedlich hoch. Es lohnt sich, vor Vertragsabschluss diese Werte bei verschiedenen Anbietern zu vergleichen.*

Die Angebotspalette der Rentenanstalt/Swiss Life als Beispiel

Die Palette der Produkte für Versicherungssparen in der Schweiz ist für die Anlegerinnen und Anleger kaum überschaubar, geschweige denn vergleichbar. Wie alle grossen Versicherungsgesellschaften deckt die Rentenanstalt/Swiss Life mit ihrem Angebot praktisch alle Bedürfnisse im Bereich des Sparens und der Altersvorsorge ab. Ihre Offerten – für Produkte der Säulen 3a und 3b – werden im Folgenden als repräsentative Beispiele verwendet und im Anhang auszugsweise abgedruckt. Sie zeigen, welche Informationen in einem sorgfältigen Angebot enthalten sein müssen, damit Sie als Anleger die verschiedenen Produkte sinnvoll vergleichen können. Die Offerten, auf denen die unten stehenden Beispiele basieren, sind alle mit dem technischen Zinssatz von 2,5 Prozent berechnet worden; bis zum Erscheinen des Ratgebers wird die Rentenanstalt/Swiss Life den technischen Zinssatz bei einigen Produkten auf 3 Prozent erhöhen und auch die Überschusssätze anpassen.

Säule-3a-Produkte mit festem Zinssatz

- **Lebensversicherung mit Jahresprämie** (Swiss Life Crescendo, Offerte Seite 262): Der 35-jährige Anton Graf schliesst am 1. Juni 2001 einen Versicherungsvertrag für die Dauer von 30 Jahren ab. Er verpflichtet sich zu einer Jahresprämie von 5933 Franken, das ist der im Jahr 2001 vom steuerbaren Einkommen maximal absetzbare Betrag (siehe Seite 197). Damit hat er ein Erlebensfallkapital von 208 516 Franken garantiert, dazu kommen nicht garantierte Überschüsse von gut 130 000 Franken. Versichert ist auch ein Todesfallkapital sowie die Prämienbefreiung bei Erwerbsunfähigkeit. Zudem hat Herr Graf die Möglichkeit, seine Einzahlung im Rahmen des gesetzlichen Maximalabzugs zu erhöhen, was auch die Leistungen verbessert. Charakteristiken dieser Versicherung:
    - Kombination von Sicherheit und Sparen
    - Steuerersparnis
    - Attraktive Rendite
- **Lebensversicherung gegen Einmaleinlage** (Swiss Life Summa, Offerte Seite 264): Die 34-jährige Versicherungsnehmerin Margrit Früh zahlt am 1. Juni 2001 eine Einmalprämie von 40 000 Franken in

eine gebundene Vorsorgepolice ein (das Geld war schon vorher in der Säule 3a angelegt). Ausgezahlt wird das Guthaben im Jahr 2031. Das garantierte Erlebensfallkapital beträgt rund 72 000 Franken, die voraussichtlichen Überschussanteile nochmals so viel. Versichert ist auch ein Todesfallkapital. Charakteristiken dieser Versicherung:
– Nur für Gelder, welche bereits in der Säule 3a angelegt sind
– Mindesteinlage: 10 000 Franken
– Prognostizierte Rendite 4,36 Prozent, das sind – infolge der Überschussbeteiligung – trotz der Versicherungsdeckung im Todesfall mehr als bei einem normalen Säule-3a-Konto

Säule-3b-Produkte mit festem Zinssatz

- **Risikoversicherung bei Erwerbsunfähigkeit** (Swiss Life Airbag, Offerte Seite 266): Margrit Früh schliesst weiter eine Risikoversicherung für Erwerbsunfähigkeit ab; der Vertrag läuft über 29 Jahre. Darin ist bei einer jährlichen Prämie von Fr. 877.70 eine Erwerbsunfähigkeitsrente von 24 000 Franken pro Jahr versichert. Charakteristiken dieser Versicherung:
  – Günstige Prämie für zusätzlichen Schutz bei Erwerbsunfähigkeit nach Krankheit oder Unfall
  – Prämienbefreiung bei Erwerbsunfähigkeit

- **Risikoversicherung für Todesfall** (Swiss Life Umbrella, Offerte Seite 267): Viktor Langs Todesfallrisikoversicherung über 20 Jahre garantiert gegen eine jährliche Prämie von Fr. 1566.50 ein Todesfallkapital von 150 000 Franken. Charakteristiken dieser Versicherung:
  – Günstige Prämien für wichtige Familienabsicherung, beispielsweise für Hypothek auf dem Einfamilienhaus
  – Prämienbefreiung bei Erwerbsunfähigkeit

- **Lebensversicherung mit Jahresprämie** (Swiss Life Forte, Offerte Seite 268): Kurt Meier, 38-jährig, schliesst am 1. Juni 2001 einen Versicherungsvertrag bis Alter 60 ab. Pro Jahr zahlt er eine Prämie von 4000 Franken; das garantierte Erlebensfallkapital nach 22 Jahren beträgt 95 500 Franken; inklusive nicht garantierte Überschussanteile sollten knapp 130 000 Franken ausbezahlt werden. Charakteristiken dieser Versicherung:
  – Prämienbefreiung bei Erwerbsunfähigkeit
  – Erwerbsunfähigkeit und Spitalaufenthalt zusätzlich versicherbar

- Steuervorteile
- Kreditinstrument, da Police belehn- und verpfändbar
- Attraktive Rendite
• **Einmaleinlage mit Kapitalauszahlung** (Swiss Life Harvest, Offerte Seite 270): Der 50-jährige Georg Studer leistet am 1. Juni 2001 eine Einmaleinlage von 200 000 Franken (plus 5000 Franken Stempelsteuer). Die Versicherung läuft zehn Jahre. Das garantierte Erlebensfall- und das Todesfallkapital betragen 232 500 Franken, mit den nicht garantierten Überschussanteilen sollte das Erlebensfallkapital auf knapp 300 000 Franken ansteigen. Charakteristiken dieser Versicherung:
  - Kapitalanlage mit garantierter Versicherungssumme im Erlebens- und im Todesfall
  - Steuervorteile
  - Kreditinstrument, da Police belehn- und verpfändbar
  - Attraktive Rendite von prognostizierten 3,87 Prozent (Stempelsteuer berücksichtigt)
• **Einmaleinlage mit Leibrente** (Swiss Life Calmo, Offerte Seite 271): Theo Vontobel leistet mit 55 Jahren eine Einmaleinlage von 100 000 Franken (zuzüglich 2500 Franken Stempelsteuer). Die Finanzierungsphase dauert 15 Jahre. Im Jahr 2016 beginnt die Bezugsphase; der dann 70-jährige Versicherungsnehmer erhält eine garantierte Rente von 7826 Franken jährlich; mit den nicht garantierten Überschüssen sollte diese auf 11 500 Franken ansteigen. Soll mit derselben Prämie auch eine Rente für seine 48-jährige Ehefrau Rita finanziert werden (Leibrente auf zwei Leben, Offerte Seite 273), reduziert sich die Rentenleistung pro Jahr, dafür wird sie ohne Kürzung auch nach dem Tod von Herrn oder Frau Vontobel weiterbezahlt. Charakteristiken dieser Versicherung:
  - Versteuerung der Rente in der Bezugsphase bei Bund und Kanton zu 40 Prozent; ab Bezug wird das Guthaben in der Regel nicht mehr als Vermögen besteuert.
  - Rückgewähr, das heisst bei Tod der versicherten Personen Auszahlung des nicht aufgebrauchten Guthabens (Rückgewährssumme) an die Begünstigten oder die Erben

Fondsgebundene Produkte der Säulen 3a und 3b

Lebensversicherungen sowohl in der Säule 3a als auch in der Säule 3b können statt mit festem Zinssatz auch fondsgebunden abge-

Anbieter von fondsgbundenen Vorsorgepolicen (Auswahl)

Anbieter	Produktbezeichnung	Anzahl Fonds	Fondsgesellschaften/Depotbanken
Aspecta Assurance International, FL	FondsPlusPolice	24	ABN Amro, Credit Suisse, DWS, Fleming, Julius Bär, Mercury, Swiss Re, UBS, Vontobel
AXA Versicherungen	AXA Capital	20	AXA Investment Managers
Basler Leben	Flexifonds	10	Julius Bär
Capital Leben	FundLife Capital	38	Fidelity, Fleming, Mercury Asset Management, UBS, Julius Bär, Sarasin
Credit Suisse Life	LifeFund	104	Credit Suisse Asset Management, Clariden Bank, Bank Hofmann, Bank Leu
Generali Versicherungen	Investment-Policy	19	Fortuna, Migrosbank, BSI, Credit Suisse, UBS, Sarasin, Fidelity
Genfer Versicherungsgesellschaft	Gen-Loc	18	Lombard Odier & Co.
Helvetia Patria	saphir vitafolio	3	Bank Vontobel
Pax, Schweiz. Lebensversicherungs-Gesellschaft	Pax FonsInvest	22	Sarasin, Pictet, Vontobel, Lombard Odier
Profitline Swiss Life Direct	Profitline Top	20	Credit Suisse, DWS, Pictet, Rentenanstalt/Swiss Life, Swissca, UBS
Providentia/ Kantonalbanken	Swissca Portfolio Life	56	Swissca und diverse Kantonalbanken
RBA-Banken/ Providentia	Prifonds	11	Regionalbanken, Julius Bär
Rentenanstalt/ Swiss Life	Swiss Life Temperament	6	Paribas, Gestivalor-Fondsleitung AG
Skandia Leben	Life Plan	69	Alliance Cap., China Sec., Fidelity, Julius Bär, Chase Fleming, Goldman Sachs, Invesco, Lombard Odier, Merrill Lynch, Pictet, Carson, Swissca, Swiss Re, UBS, Wellington
Swiss Life Direct	Swiss Life Direct Funds	184	UBS
UBS Life	UBS Life Funds	156	UBS
Vaudoise Assurance	FundVALOR	5	UBS
Winterthur Leben	WinLifeFund	14	Winterthur, Credit Suisse
Zurich Financial Services	Dynamic Life	171	Zürich Investmentgesellschaft (Frankfurt), Zurich Scudder Investments, UBS

schlossen werden. Je nach Fonds, in den die Prämien oder Einmaleinlagen investiert werden, sind die Renditeerwartungen unterschiedlich; entsprechend ist das Erlebensfallkapital nicht garantiert (für Produkte der Säule 3a bestehen gesetzliche Bestimmungen zur Anlagepolitik der ausgewählten Fonds). Die Rendite einer Versicherungspolice ist jedoch immer tiefer als diejenige des zugrunde liegenden Fonds, da mit den Zahlungen auch der Risikoschutz gedeckt werden muss.

Die Rentenanstalt/Swiss Life hält für ihr fondsgebundenes Produkt Swiss Life Temperament verschiedene Fonds mit unterschiedlichen Aktien-, Fremdwährungsanteilen und Anlageschwerpunkten bereit (siehe Anhang, Seite 275). In einem Fondspolicenvergleich des Beobachters von Anfang 2001 hat Swiss Life Temperament im zweiten Rang von 14 Produkten abgeschlossen (erster Rang: Profitline Top, siehe Seite 220).

Beispiel *Sonja Zeller, 45-jährig, schliesst am 1. Juni 2001 einen Versicherungsvertrag für eine fondsgebundene 3a-Lebensversicherung (Swiss Life Temperament, siehe Offerte auf der nächsten Seite) ab. Der Vertrag läuft über 19 Jahre. Frau Zeller verpflichtet sich zu einer jährlichen Prämie von 2400 Franken (inkl. Prämienbefreiung). Da ihre Zahlungen in Swiss-Life-Fonds investiert werden, ist bloss das Todesfallkapital, nicht aber das Erlebensfallkapital garantiert. Die Versicherungsnehmerin wählt den Fonds Swiss Life Income, der zu 25 Prozent in Aktien und zu 75 Prozent in Obligationen investiert. Die prognostizierte Rendite des Fonds beträgt 5 Prozent, die voraussichtlich Endrendite der Police 3,45 Prozent, was ein Erlebensfallkapital von gut 65 000 Franken bedeutet. Versichert ist zudem ein garantiertes Todesfallkapital von 45 685 Franken. Wählt Frau Zeller statt Swiss Life Income einen Fonds mit höherem Aktienanteil (beispielsweise Swiss Life Balanced mit 50 Prozent Aktien, siehe Seite 275), steigt das mutmassliche Erlebensfallkapital; entsprechend erhöht sich aber auch das Risiko eines Verlusts. Die Charakteristiken dieser Versicherung:*
- *Fondssparen kombiniert mit Risikoschutz bei Todesfall*
- *Steuerersparnis*
- *Änderung der gewählten Fonds (Switch) gebührenfrei möglich*

Offerte für eine fondsgebundene Lebensversicherung
Swiss Life Temperament, gebundene Vorsorge Säule 3a

Versicherungsbeginn: 1.6.2001
Beginn jedes nachfolgenden
Versicherungsjahres: 1.6.
Vertragsdauer: 19 Jahre

Sofern die Versicherungsnehmerin nicht ein späteres Datum wählt, beginnt die Versicherung - vorausgesetzt, die Policierung ist möglich - am Datum, an dem die Erstprämie vollständig am Hauptsitz der Rentenanstalt/Swiss Life eingegangen ist.

Unsere Leistungen   für Frau Sonja Zeller, geboren 5.5.1956

Im Erlebensfall

Prognostiziertes Kapital am 1.6.2020   CHF   65'098.00
Das Kapital hängt von der Wertentwicklung der gewählten Fonds ab und kann nicht garantiert werden.

Im Todesfall

Garantiertes Kapital vor dem 1.6.2020   CHF   45'685.00
Übersteigt das Fondsguthaben das garantierte Kapital, wird das Fondsguthaben ausbezahlt.

Bei Erwerbsunfähigkeit

Prämienbefreiung bis 31.5.2020 nach 3 Monaten Wartefrist

Überschuss

Der anfallende Überschuss wird in zusätzliche Fondsanteile investiert. Die Höhe der künftigen Überschussanteile kann nicht garantiert werden.

Ihre Prämien

Fondsgebundene Lebensversicherung	CHF	2'296.70
Prämienbefreiung bei Erwerbsunfähigkeit	CHF	103.30
Total pro Jahr	**CHF**	**2'400.00**

Prämie jährlich zahlbar, fällig jeweils am 1.6.,
erstmals 2001, letztmals 2019

Fonds

Mit den Sparprämien werden Anteile des folgenden Fonds gekauft:

Fonds	Anteil	Prognostizierte Fondsrendite
SLF - Income (CHF)	100%	5.00%

Die prognostizierte Fondsrendite ist die jeweilige Durchschnittsrendite, die die Fondsverwaltung unter Berücksichtigung der Risiken aufgrund der langfristigen Werte der verwendeten Anlagekategorien als erreichbar erachtet. Es handelt sich lediglich um eine Prognose, die nicht garantiert werden kann.

Verlauf der Versicherung für Sonja Zeller, geboren 5.5.1956

Versicherungsjahr	Prämien CHF	Todesfallkapital CHF	Fondsguthaben CHF
2001/2002	2'400.00	45'685.00	1'705.00
2002/2003	2'400.00	45'685.00	3'510.00
2003/2004	2'400.00	45'685.00	5'664.00
2004/2005	2'400.00	45'685.00	7'921.00
2005/2006	2'400.00	45'685.00	10'286.00
2006/2007	2'400.00	45'685.00	13'053.00
2007/2008	2'400.00	45'685.00	15'957.00
2008/2009	2'400.00	45'685.00	19'005.00
2009/2010	2'400.00	45'685.00	22'207.00
2010/2011	2'400.00	45'685.00	25'572.00
2011/2012	2'400.00	45'685.00	29'112.00
2012/2013	2'400.00	45'685.00	32'838.00
2013/2014	2'400.00	45'685.00	36'764.00
2014/2015	2'400.00	45'685.00	40'904.00
2015/2016	2'400.00	45'685.00	45'276.00
2016/2017	2'400.00	49'876.00	49'876.00
2017/2018	2'400.00	54'705.00	54'705.00
2018/2019	2'400.00	59'775.00	59'775.00
2019/2020	2'400.00	65'098.00	65'098.00

Die angegebenen Werte gelten am Ende des Versicherungsjahres.
Der tatsächliche Verlauf hängt von der Wertentwicklung der gewählten Fonds ab. Er ist nicht garantiert.
Die prognostizierte Rendite Ihrer fondsgebundenen Lebensversicherung beträgt 3.45%.

Swiss Life Funds – Income (CHF)

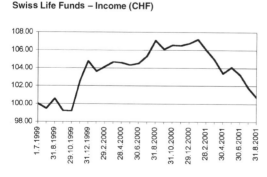

Fondsperformance vom 1.7.99 bis 31.8.01

Offerte Swiss Life Temperament mit Renditeentwicklung des ausgewählten Swiss Life Funds Income (CHF) von Juli 1999 bis August 2001

Profitline: der kostengünstige Weg zu Fondspolicen

Die ehemalige Tochtergesellschaft der Swiss Life Direct AG, welche die Produkte «Profitline» der Rentenanstalt/Swiss Life im Telefon-Direktvertrieb verkauft, gehört seit Mitte 2001 wieder voll zur Rentenanstalt/Swiss Life. Profitline hat bei Produktevergleichen aus der Fondswelt in erster Linie wegen der tiefen Kosten in den ersten Rängen abgeschlossen und zählt fünf Jahre nach ihrer Gründung bereits über 100 000 Kunden. Anlegerinnen und Anleger, die wenig oder keine Beratung benötigen, können dank des Telefon-Direktvertriebs massiv Kosten sparen und verbessern so ohne höheres Risiko die Rendite.

Im Beobachter-Vergleich von Fondspolicenprodukten (Nr. 1/2001) hat denn auch die Jahresprämienversicherung «Profitline Top» im ersten Rang von total 14 ausgewerteten Versicherungsgesellschaften abgeschlossen, die Fondspolice mit Einmaleinlage im ersten Rang von 16 Gesellschaften. Mit Profitline DeLuxe wird die Angebotspalette mit einem Fondssparplan ergänzt. Insgesamt stehen für die Fondsprodukte rund 17 Fonds zur Verfügung.

Sparer und Sparerinnen suchen oft mühsam den besten und kostengünstigsten Fonds mit möglichst tiefem Risiko und trotzdem hohen Renditeerwartungen – bei einem Angebot von über 2600 Fonds allein in der Schweiz kein einfaches Unterfangen. Profitline Best Select-Mixed, ein im Juni 2001 lanciertes Fondsprodukt, vereinfacht solche Entscheide: Es handelt sich dabei um einen Fund of Funds, der weltweit wieder in gemischte Anlagefonds (Aktien und Obligationen) investiert; das Anlageziel lautet ausgewogen (50 Prozent Aktien, 50 Prozent Obligationen). Profitline Best Select-Mixed wird aktiv gemanagt und passt die Fondsauswahl ständig den veränderten anlagepolitischen Bedürfnissen an. Folgende Fonds-Toppositionen waren beim Start im Juni 2001 dabei:

- AIG Global Portfolio Fund
- Invesco Global Dynamik Fonds
- Fidelity-Euro Balanced
- Investec Guin.F.-Gl Balanced Growth
- LKB Expert-Ertrag
- Swiss Life (Lux)-Gl Growth
- Swissca Portfolio-Growth
- KD-Union-Fonds

Die spesen- und gebührenfreie Depotführung und die günstige Ausgabekommission von 1 Prozent kann als kundenfreundlich bezeichnet werden. Kapitalrückzüge sind jederzeit ohne Kündigung und ohne Rückzugskosten möglich, was der Geldanlage hohe Flexibilität verleiht.

Tipps
- *Anleger, die keine Beratung benötigen, finden im Angebot der Profitline günstige Produkte mit optimalen Renditeerwartungen (Informationen unter www.profitline.ch.).*
- *Für risikobewusste Anleger mit einem Anlageziel von fünf bis zehn Jahren und Renditeerwartungen von 5 bis 7 Prozent pro Jahr ist der breit diversifizierte Profitline Best Select-Mixed mit nochmals reduziertem Kursschwankungsrisiko (Investition in andere Fonds) eine gute Einstiegsmöglichkeit, sowohl für regelmässiges monatliches Sparen als auch für einmalige Investitionen. Allerdings: Auch bei Funds of Funds sind keine Renditegarantien möglich.*

Britische Occasionspolicen: keine sichere Sache

Schon seit einigen Jahren bieten Vermittler und Treuhandbüros via Inserate den Schweizer Kleinanlegern britische Secondhandpolicen an und preisen sie als sichere Anlagen und Renditeperlen mit 9 bis 13 Prozent. Worum handelt es sich dabei?

Britische Altpolicen sind Sparlebensversicherungen, die vom ursprünglichen Versicherungsnehmer veräussert wurden – sei es, dass er die Prämien nicht mehr zahlen konnte, sei es, dass er dringend Kapital benötigte. In England liegen die Rückkaufswerte besonders tief, sodass eine vorzeitige Auflösung einer Police durch Rückkauf für die Versicherungsnehmer ein noch schlechteres Geschäft als in der Schweiz darstellt. Doch kann ein britischer Policeninhaber seine Police verkaufen – was in der Schweiz nicht üblich ist –, wobei er weiterhin die versicherte Person bleibt. Dies geschieht in der Regel über einen Makler. Der Käufer und neue Begünstigte erhofft sich mit dem Geschäft eine gute Rendite und zahlt daher die Versicherungsprämien weiter. Zu Geld kommt er allerdings erst, wenn der Vertrag abgelaufen ist oder wenn der Versicherte vor Vertragsablauf stirbt. Da bei britischen Lebensversicherungspolicen anders als bei schweizerischen der Überschuss/Bonus zum grössten Teil erst bei Ablauf zur fälligen Summe geschlagen wird, lohnt sich das Geschäft für den neuen Inhaber der Police – beispielsweise für einen Investor in der Schweiz.

Die vertragliche Abwicklung allerdings ist – einmal abgesehen vom Fremdwährungsrisiko – für schweizerische Käufer sehr kompliziert und wenig transparent. Erstens verlangen die in der Schweiz tätigen Vermittler solcher Policen eine lukrative Gebühr von einigen Prozent. Zweitens sind die in englischer Sprache abgefassten Versicherungsunterlagen für die meisten noch schwerer verständlich, als es Versicherungsbedingungen ohnehin schon sind. Und sollte es drittens irgendwelche Probleme geben, liegt der Gerichtsstand in England. Bei Komplikationen dürfte es angesichts der ausserordentlich hohen Honorare englischer Rechtsanwälte ein hoffnungsloses Unterfangen sein, den Anspruch auf Auszahlung durchzusetzen. Wie weit solche Transaktionen zudem in der Schweiz von der eidgenössischen Bankenkommission oder vom Bundesamt für Privatversicherung bewilligt werden müssen und ob sie sogar dem Geldwäschereigesetz unterstellt sind, ist noch ungeklärt. Auch hier könnten sich für schweizerische Policenerweber später unangenehme Überraschungen ergeben.

Achtung: Ein besonders aktiver Anbieter solcher britischer Altpolicen in der Schweiz ist Dr. Kuhn & Partner, Zürich. Ur Tipp: Auf AVG in Kus nicht Handeln weg, die Versicherbestrukturen sind viel zu hoch.

6. Das eigene Heim

Einen wichtigen Platz in der Vermögensplanung nimmt für viele das Eigenheim ein. Einerseits als Ziel, auf das hin gespart und investiert wird, anderseits als Vermögenswert, auf den man vor allem im Alter zählen möchte. Das letzte Kapitel dieses Buches zeigt Ihnen, wie Sie Ihr Eigenheim am günstigsten finanzieren und wie Sie es richtig bewerten.

Finanzierungsmodell

Banken und zum Teil auch Versicherungsgesellschaften finanzieren Liegenschaften nach Standardnormen, die im Folgenden an einem Berechnungsbeispiel gezeigt werden. In der Regel gewähren Banken Hypotheken für maximal 80 Prozent des überprüften Kaufpreises. Zudem prüfen sie auch, ob die finanzielle Belastung durch die Hypothekarzinsen, die Amortisation und die nicht zu unterschätzenden Nebenkosten für die zukünftigen Hausbesitzer überhaupt

Finanzierungsmodell für Wohneigentum

Berechnungsgrundlagen			Belastung
Kaufpreis (inkl. 2% Zusatzkosten für Notar, Grundbuch, Handänderungsgebühr)	Fr. 600 000.–	100%	
Finanzierung			
Eigenkapital mind. 20%	Fr. 120 000.–	20%	
Bankfinanzierung			
• 1. Hypothek bis ca. 2/3 des Kauf- oder Schätzungspreises	Fr. 400 000.–	66,6%	
• 2. Hypothek bis max. 80%	Fr. 80 000.–	13,4%	
Total Belehnung	Fr. 480 000.–	80%	
Finanzierungsofferte der Bank und Belastung pro Jahr			
1. Hypothek (Zins 4,5%)	Fr. 400 000.–		Fr. 18 000.–
2. Hypothek (Zins 5,25%	Fr. 80 000.–		Fr. 4200.–
Amortisation 2. Hypothek (Rückzahlung in 15 bis max. 20 Jahren)	Fr. 80 000.–		Fr. 4000.–
Nebenkosten (durchschnittliche Erfahrungswerte) 0,75 bis 1% des Kaufpreises	Fr. 600 000.–		Fr. 6000.–
Kosten pro Jahr			**Fr. 32 000.–**
Kosten pro Monat			**Fr. 2700.–**
Bisheriger Mietzins (inkl. Nebenkosten) als Vergleich			Fr. 2420.–
Berechnung der Tragbarkeit			
Bisheriges Nettoeinkommen	Fr. 100 000.–		
Anteil Kosten p. a.			32%

In der Regel liegen die Verkehrswertschätzungen (siehe Seite 236) rund 10 Prozent unter dem Kaufpreis – eine zusätzliche Sicherheitsmarge für die Banken.

tragbar ist. Als Faustregel gilt: Die Belastung sollte höchstens ein Drittel des Nettoeinkommens betragen. Individuelle Anpassungen nach unten und oben sind je nach Einkommens- und Vermögenssituation möglich.

Beispiel *Ein Ehepaar mit zwei Kindern beantragt bei der Bank Hypotheken für das zukünftige Eigenheim. Der Mann ist 35 und erzielt ein jährliches Nettoeinkommen von 100 000 Franken; die Frau ist nicht berufstätig. Die Bank stellt das nebenstehende Finanzierungsmodell auf (Stand: September 2001); die Belastung von 32 000 Franken pro Jahr erachtet sie als tragbar.*

Zur Absicherung der Gattin wird eine Todesfallrisikopolice im Betrag von 300 000 Franken abgeschlossen, mit einer jährlich um den Betrag der Amortisationsrate abnehmenden Kapitalleistung (dadurch reduziert sich die Prämie). Die jährliche Belastung erhöht sich um die Versicherungsprämie von rund 1000 bis 1200 Franken. Den jährlichen Amortisationsbetrag für die zweite Hypothek zahlt der neue Eigenheimbesitzer im Sinn einer indirekten Amortisation mit Vorteil in die Säule 3a ein und verpfändet diese der Bank als Sicherstellung. So kann er den Amortisationsbetrag vom steuerbaren Einkommen abziehen und die absetzbaren Schuldzinsen bleiben über die ganze Amortisationszeit bestehen (ein Vorgehen das allerdings nur Sinn macht, wenn die Gewissheit besteht, dass man diese Schuldzinsen auch während der ganzen Dauer wird bezahlen können).

Woher stammt das Eigenkapital?

Unter den Begriff Eigenkapital fallen alle Vermögensmittel, die Sie ohne Hilfe der Bank aufbringen: Sparguthaben, Wertschriften, verpfändete Sparpolicen etc. Auch Bauland, das Sie bereits bezahlt oder geerbt haben, können Sie als Eigenkapital einsetzen. Vielleicht können Ihnen auch die Eltern mit einem Privatdarlehen oder einem Erbvorbezug unter die Arme greifen. Dann sollten Sie allerdings darauf achten, dass dem Geschäft ein korrekter Darlehensvertrag (siehe Seite 249) oder ein Erbvertrag zugrunde liegt, der auch mit den Geschwistern und anderen Erben abgesprochen ist. Sonst sind spätere Familienstreitigkeiten fast vorprogrammiert. Bei einem Privatdarlehen ist es der Bank überlassen, ob sie dieses als Eigenkapital anrechnen will.

Finanzierung von Wohneigentum mit Pensionskassengeldern

Eigenheimbesitzer befinden sich in einer komfortablen Lage, wenn es um den vorzeitigen Bezug eines Teiles des Pensionskassenguthabens geht. Seit 1995 können die Guthaben der beruflichen Vorsorge (zweite Säule sowie Säule 3a, siehe Seite 179 und 200) für die Finanzierung von selbst genutztem Wohneigentum – also zum Kauf von Einfamilienhaus oder Stockwerkeigentum, zur Abzahlung von Hypotheken und auch zum Kauf von Anteilscheinen an einer Genossenschaftswohnung – verwendet werden. Dafür gibt es zwei Möglichkeiten:

- Vorbezug von Pensionskassengeldern zur Senkung der Zinsbelastung
- Verwendung von Pensionskassengeldern als Pfand für einen Baukredit oder eine Hypothek, welche dank der hohen Belehnung auch über die von den Banken festgesetzten Limiten von 80 Prozent hinausgehen kann. Infolge der hochwertigen Deckung gewähren Banken in der Regel für den ganzen Kredit den für erste Hypotheken geltenden, günstigeren Zinssatz.

Vorbezüge von Pensionskassengeldern sind alle fünf Jahre möglich. Für Versicherte unter 50 Jahren ist die auszahlbare Kapitalsumme auf die bereits erworbene Freizügigkeitsleistung begrenzt. Ältere Versicherte erhalten entweder die Summe der Freizügigkeitsleistung, die ihnen im Alter von 50 Jahren zugestanden hätte, oder maximal die Hälfte des Freizügigkeitsanspruchs beim Bezug, falls dieser Betrag höher liegt. Wenn Sie Ihr Pensionskassenguthaben vorbeziehen, können Sie diesen Betrag direkt als Eigenkapital einsetzen. Allerdings wird diese vorbezogene Summe genauso besteuert wie ein Kapitalbezug im Zeitpunkt der Pensionierung, also getrennt vom übrigen Einkommen zu einem reduzierten Steuersatz. Hinzu kommt, dass durch die Reduktion des Pensionskassenkapitals nicht nur Ihr Altersguthaben, sondern auch die Leistungen bei Tod oder Invalidität gekürzt werden. Wenn Sie also den Weg des Vorbezugs wählen, sollten Sie für diese Sicherheitseinbusse eine entsprechende Zusatzversicherung abschliessen. Möchten Sie später die Altersrente der Pensionskasse wieder auf das frühere Niveau bringen, müssen Sie das Kapital mit Zins und Zinseszins erneut einzahlen.

Wird das mit dem Geld aus der beruflichen Vorsorge erworbene Wohneigentum verkauft, muss der vorbezogene Betrag wieder an die Vorsorgeeinrichtung zurückgezahlt werden. Erst wenn das geschehen ist, wird dem neuen Erwerber das Eigentum im Grundbuch überschrieben. Diese Rückzahlungspflicht besteht bis drei Jahre vor Beginn des Anspruchs auf Altersleistungen, bis zum Eintritt eines anderen Vorsorgefalls (Invalidität) oder bis zur Barauszahlung (die Vermietung des Wohneigentums löst keine Rückzahlungspflicht aus). Wurden mit dem Geld Genossenschaftsanteile finanziert, wird der Vorsorgezweck durch deren Hinterlegung bei der Vorsorgeeinrichtung sichergestellt.

Die **Verpfändung** des Pensionskassenguthabens hat gegenüber dem Vorbezug den Nachteil, dass damit das direkt eingesetzte Eigenkapital nicht erhöht wird. Sie erhalten aber dank der zusätzlichen Sicherheit für die Bank höhere Hypotheken, beispielsweise bis 90 Prozent des Kaufpreises. Der grosse Vorteil der Verpfändung besteht indes darin, dass bei der Pensionskasse der volle Versicherungsschutz und die ungeschmälerte Altersleistung bestehen bleiben. Die Bank verlangt für die Gewährung günstigerer Hypothekarzinsbedingungen allerdings meist den Abschluss einer Todesfallrisikoversicherung und in der Regel auch Amortisationszahlungen für die belehnte Summe. Steuerlich wirkt sich dieses Vorgehen vorteilhaft aus, weil die Schuldzinsen in der Steuererklärung abgezogen werden können.

Die Pensionskassen prüfen Auszahlungsbegehren ähnlich wie die Banken Hypothekarbegehren. Eine ablehnende Antwort ist beispielsweise bei einem überrissenen Kaufpreis möglich. Die meisten Banken verlangen ein Eigenkapital, das mindestens 10 bis 20 Prozent des Kaufpreises beträgt. Muss selbst dieses geringe Eigenkapital als Privatdarlehen (zum Beispiel von den Eltern) aufgenommen werden, werden die Bank und die Pensionskasse eine Finanzierung nach besonders strengen Kriterien prüfen.

Der Vorbezug von Pensionskassenguthaben zwecks Erwerb eines Eigenheims oder zur Reduktion von Hypothekarschulden ist entgegen allen Erwartungen kein Renner geworden. Dies ergeben Erhebungen von Banken und des Bundesamts für Wohnungswesens. Die Tendenz ist sogar rückläufig, nicht zuletzt wegen der damit verbundenen administrativen Aufwendungen.

Tipps
- *Ein Kapitalbezug muss wohl überlegt sein. Ist zum Beispiel der Arbeitsplatz nicht gesichert, könnte bei finanziellen Problemen – besonders in wenig attraktiven und mit öffentlichen Verkehrsmitteln schlecht erschlossenen Gebieten – der Wohntraum rasch zum Alptraum werden, vor allem in Zeiten sinkender Immobilienpreise. Muss die Liegenschaft unter dem Kaufpreis oder schlimmstenfalls unter dem Gegenwert der hypothekarischen Belastung veräussert werden, kann sich dies sogar existenzbedrohend auswirken.*
- *Wer finanziell in der Lage ist, ein Haus ohne Vorbezug von Geldern aus der Pensionskasse oder der Säule 3a zu kaufen und die Hypotheken so weit möglich zu amortisieren, sollte auf einen Vorbezug unbedingt verzichten.*
- *Wenn Sie einen Vorbezug ins Auge fassen, sollten Sie die anfallenden Steuern unbedingt in Ihre Berechnung mit einbeziehen.*
- *Reichen Sie die Gesuche für den Vorbezug des Pensionskassenguthabens und für die Finanzierung des über das Eigenkapital hinausgehenden Betrags mit Hypotheken frühzeitig ein; die Prüfung kann durchaus mehr als einen Monat in Anspruch nehmen. Die Vorsorgeeinrichtung ist berechtigt – sofern in den Statuten vorgesehen –, für Auszahlungs- und Verpfändungsgesuche Prüfungs- und Bearbeitungsgebühren zu verlangen. Die Kosten liegen meist zwischen 200 und 400 Franken.*
- *Eheleute und Konkubinatspaare müssen eine weitere Bestimmung beachten: Der Bezug von Pensionskassenguthaben zum Erwerb von Wohneigentum ist nicht möglich, wenn das Eigenheim als Gesamteigentum erworben wird. Das Eigenheim muss je zur Hälfte als Miteigentum beider Partner erworben werden, damit die Vorsorgeeinrichtung einen Vorbezug auszahlen kann.*

Cleverer Trick oder Steuerumgehung?

Gewiefte Allfinanzvermittler empfehlen Eigenheimbesitzern immer wieder mit dem Argument der Steuerersparnis und höheren Rendite folgendes Vorgehen: Sie sollen über den Umweg des Pensionskassenvorbezugs die Hypothek auf dem Eigenheim reduzieren, um sie dann wieder zu erhöhen und die frei werdenden Geldmittel gemäss den Empfehlungen des Vermittlers in Aktienfonds anzulegen. Mancher Hausbesitzer hat mit diesem Vorgehen bei den starken Börsenkorrekturen von Herbst 1999 bis 2001 einen mehr oder weniger grossen Teil seines Alterskapitals verloren – zu hoffen bleibt, dass diese Korrekturen vielen Hausbesitzern die Augen geöffnet haben.

Es ist zwar durchaus legal, eine Hypothek zu erhöhen, um Mittel für den Kauf von Aktienfonds oder Aktien zu gewinnen – selbst wenn die Hypothek zuerst über einen Kapitalvorbezug aus der Pensionskasse reduziert worden ist. Es trifft auch zu, dass dies für Investoren mit hohem Einkommen und geplantem Kapitalbezug im Alter zu einer Steuerersparnis führen kann. Für viele andere aber kann dieser Vorteil durch eine negative Kursentwicklung der getätigten Aktieninvestitionen rasch zunichte gemacht werden, und das angeblich so lukrative Geschäft wird zur Vorsorgefalle. Dieser zentrale Punkt wird von kommissionshungrigen Vermittlern gerne verschwiegen.

Ein weiterer Unsicherheitsfaktor kommt dazu – selbst wenn Sie mit den Aktieninvestitionen Glück haben: Reichen nämlich Ihre übrigen Vermögenswerte nicht zur Deckung der Hypothekarschulden, riskieren Sie, dass die Erhöhung der Hypothek mit dem Zweck der Steuerersparnis als Steuerumgehung betrachtet und der Abzug der Schuldzinsen nicht akzeptiert wird. Einige Steuerämter gehen noch weiter und akzeptieren den Schuldzinsenabzug überhaupt nicht, mit dem Argument, dass die Transaktion nicht im Sinn des Wohnbauförderungsgesetzes und der Altersvorsorge sei – eine Begründung, die tatsächlich zutrifft.

Tipps
- *Für Konkubinatspaare, die Wohneigentum besitzen, kann der Bezug von Pensionskassenkapital über Hypotheken sinnvoll sein: Oft sehen Pensionskassenreglemente keine Begünstigungsmöglichkeit für Lebenspartner vor. Mit dem Umweg über die Hypothek kann ein Teil des Kapitals bezogen und beispielsweise in eine Einmaleinlageversicherung investiert werden, die eine Begünstigung des Lebenspartners erlaubt.*

- *Eines gilt in jedem Fall: Weil die Besteuerungsvorschriften zum Teil nicht transparent sind und Steuerbehörden oft willkürliche Steuerberechnungen anstellen, sollten Sie vor einer Kreditaufnahme via Hypothekarschulden bei der zuständigen Steuerbehörde eine schriftliche Bestätigung einholen, dass die Schuldzinsen in der Steuererklärung vom Einkommen abgezogen werden können.*

Die Vielfalt der Hypotheken

Wo und wie erhalten wir die besten Konditionen für unsere Hypothek? Diese Frage steht im Vordergrund bei der Finanzierung von Wohneigentum. Um Eigenheimträume zu verwirklichen, braucht es zuerst einmal ein Finanzierungsmodell (siehe Seite 224); erst dann folgt die Auswahl unter den verschiedenen Hypothekarmodellen, die von Banken und Versicherungsgesellschaften angeboten werden. Seit die Zinsen gesunken sind, ist es allerdings still geworden um die verschiedenen Trendmodelle. Festhypotheken und variable Hypotheken sind wieder stärker gefragt – nicht zuletzt wegen der besseren Verständlichkeit und der einfacheren Abwicklung bei der Finanzierung.

Bauen Sie Ihr Eigenheim neu, werden Sie von der Bank zuerst einen Baukredit erhalten, der anschliessend in eine Hypothek überführt wird. Kaufen Sie ein bestehendes Haus oder eine Eigentumswohnung, wird direkt eine Hypothek erstellt. Rechtlich gesehen besteht eine Hypothek in einem so genannten Grundpfand auf Ihrem Eigenheim, das nur durch das Grundbuchamt oder Notariat rechtsgültig errichtet werden kann.

Ob Baukredit- oder Hypothekargesuch, eines gilt auf jeden Fall: Die Banken und Versicherer lassen sich nicht gern unter Zeitdruck setzen. Wer zwei Tage nach seinem Darlehensgesuch schon eine definitive Antwort erwartet und dies erst noch zu möglichst günstigen Konditionen, muss mit einer Absage rechnen. Die Banken brauchen mindestens einige Tage, wenn nicht einige Wochen, um das Gesuch zu prüfen und das Bauprojekt oder das zu erwerbende Eigenheim schätzen zu lassen. Das Schätzungsgutachten der Bank dient dann als Belehnungsbasis.

Tipps
- *Klären Sie im Voraus ab, welcher Anteil an den Schätzungskosten Ihnen verrechnet wird. So ersparen Sie sich spätere unangenehme Diskussionen*
- *Wenn Sie bei verschiedenen Anbietern ein Gesuch einreichen, sollten Sie abklären, ob Ihnen bei Nichtannahme der Offerte die Bearbeitungs- und Schätzungskosten verrechnet werden. Wenn ja, stellen Sie sicher, dass Ihnen die Schätzungsunterlagen zur Verfügung gestellt werden – schliesslich haben Sie dafür bezahlt.*

Die häufigsten Hypothekarmodelle im Angebot

Bevor Sie sich für einen Hypothekentyp entscheiden können, müssen Sie sich in der Vielfalt von Hypothekarmodellen zurechtfinden. Zurzeit entscheiden sich die meisten Anleger für eine Kombination von variabler Hypothek und Festhypothek.

Variable Hypothek

Der meist vierteljährlich zahlbare Zins der variablen Hypothek wird periodisch dem aktuellen Zinsniveau für Hypotheken angepasst. Bei Erhöhungen des Zinsniveaus steigt also Ihre Belastung, bei Senkungen reduziert sie sich. In der Regel sind variable Hypotheken gegenseitig auf sechs Monate kündbar. Einzelne Banken gewähren Familien mit Kindern für eine bestimmte Laufzeit gewisse Zinsreduktionen.

Festhypothek

Bei der Festhypothek ist der Zins während einer Laufzeit von ein bis zehn Jahren fix. Eine Festhypothek kann nicht gekündigt werden, es sei denn, die Bank ist gegen Verrechnung einer Kommission bzw. eines Reuegelds bereit, sie vorzeitig aufzulösen. Wollen Sie Ihr Haus verkaufen, muss der Käufer bestehende Festhypotheken mit ihren Zinssätzen übernehmen. Das kann sich negativ auf den Verkaufspreis auswirken, wenn diese Sätze höher liegen als die Marktzinsen. Welcher Käufer zahlt schon gerne für einige Jahre einen höheren Zins? Umgekehrt macht ein Festzins, der unter dem Marktniveau liegt, das Haus für einen potenziellen Käufer attraktiver.

LIBOR-Hypothek
Solche Hypotheken werden meist für eine Frist von zwei bis sieben Jahren abgeschlossen. Der Zins wird quartalsweise – je nach Vereinbarung auch kurzfristiger – dem LIBOR angepasst (= London Interbank Offered Rate, das ist der Marktzinssatz, zu dem in London unter erstklassigen Banken weltweit Gelder ausgeliehen werden). Diese Variante ist bei tiefem Zinsniveau interessant, kann sich aber bei steigender Zinstendenz rasch verteuern. Die Bank finanziert die Hypothek stets von neuem auf dem Geldmarkt zu den dort gültigen Zinssätzen.

Variable Hypothek mit Cap
Bei der variablen Hypothek mit Cap (Kapitalschutz) wird für drei bis fünf Jahre eine Zinsobergrenze festgelegt. Damit ist das Risiko steigender Marktzinsen reduziert; steigt der Zins über die vereinbarte Limite, muss die Bank die Differenz übernehmen. Diese Absicherung kostet jedoch zwischen 0,4 und 0,6 Prozent Zins. Auch bei LIBOR-Hypotheken kann – gegen entsprechende Zinserhöhung – ein Maximalzinssatz festgelegt werden. Eine Alternative zur Hypothek mit Cap ist die Möglichkeit, das Zinsrisiko mit mehreren Festhypotheken oder Hypothekentypen auf unterschiedliche Laufzeiten zu verteilen. Sie können beispielsweise die Hälfte des Kapitals als Festhypothek auf fünf Jahre beziehen, die andere Hälfte auf LIBOR-Basis, jedoch ohne teure Absicherung. Dann ist nur der LIBOR-Teil von allfälligen Zinserhöhungen betroffen.

Kombinationen verschiedener Anbieter
Auf der Basis der oben beschriebenen Modelle bieten die im Hypothekengeschäft tätigen Banken eine grosse Anzahl von Kombinationen und Varianten an. Einige Beispiele:
- **Portfolio-Hypothek UBS:** Eine Portfolio-Hypothek setzt sich aus einer Summe von festverzinslichen Kapitalanteilen mit vierteljährlich gestaffelten Laufzeiten zusammen. Sie als Kunde können Laufzeiten zwischen zwei und fünf Jahren wählen. Beim zweijährigen Modell haben Sie also 8, beim dreijährigen 12 und beim fünfjährigen Abschluss 20 vierteljährliche Tranchen. Am Ende jedes Quartals wird die jeweils älteste Tranche fällig und durch eine neue ersetzt. Danach

wird der Durchschnittspreis aller Tranchen ausgerechnet und als Basiszins für die nächsten drei Monate definiert. Ist der Einkaufspreis für die neue Tranche teurer als derjenige der wegfallenden, erhöht sich der Durchschnittspreis; umgekehrt sinkt er bei einem günstigeren Einkauf. Zeichnet sich nach einer Zinssenkung eine Trendumkehr ab, lohnt es sich, die Portfolio-Hypothek in eine Festhypothek umzuwandeln.

- **Mix-Hypothek Credit Suisse:** Bei der Mix-Hypothek der Credit Suisse ist die eine Hälfte der Hypothek festverzinslich, die andere Hälfte richtet sich nach dem LIBOR. Die Laufzeit dauert wahlweise drei oder fünf Jahre, wobei während dieser Laufzeit ein zu Beginn vereinbartes oberes Zinsdach nicht überschritten wird.
- **Flex-Hypothek Credit Suisse:** Bei der Flex-Hypothek wird der Zinssatz alle drei Monate neu fixiert. Es wird jedoch ein Maximal- und ein Minimalsatz vereinbart; die Zinsschwankungen nach oben und unten sind also begrenzt. Die effektiven Zinsen orientieren sich am LIBOR-Satz.
- **Drei-Phasen-Hypothek ZKB:** Bei diesem Angebot der Zürcher Kantonalbank handelt es sich um eine Festhypothek über fünf Jahre mit gestaffelten Zinssätzen: Im ersten und zweiten Jahr gilt der vereinbarte Basissatz abzüglich $1/4$ Prozent, im dritten und vierten Jahr der Basissatz abzüglich $1/8$ Prozent und im fünften Jahr schliesslich der volle Basiszinssatz.

Tipps
- *Prüfen Sie auch die Angebote von Versicherungsgesellschaften. Sie gewähren zwar nur Hypotheken im ersten Rang, dies aber meist zu günstigeren Konditionen als die Banken. Dafür wird ein Gegengeschäft verlangt, etwa eine gemischte Lebensversicherungspolice, eine Einmaleinlage oder ein Säule-3a-Produkt. Die Rentenanstalt/Swiss Life offeriert beispielsweise eine Finanzierungsvariante, die für die Laufzeit von vier Jahren eine vereinbarte Zinsobergrenze einhält.*
- *Umfassende Informationen zu Hypotheken finden Sie unter folgenden Internet-Adressen:*
  - *www.vzonline.ch*
  - *www.comparis.ch*
  - *www.yourhome.ch*

Grüne Hypotheken sind günstiger
Umweltbewusste Bauherren denken bereits beim Bauen an ökologische Massnahmen wie umweltschonende Materialien und umweltverträglichere Heizung. Für Ein- und Mehrfamilienhäuser, welche bestimmte Anforderungen des ökologischen Bauens erfüllen – wobei ein Sonnenkollektor auf dem Haus allein nicht genügt –, offerieren verschiedene Anbieter meist während zwei bis fünf Jahren Zinsreduktionen im Rahmen von 0,5 bis 1 Prozent (maximaler Vergünstigungsbetrag 50 000 bis 200 000 Franken für Einfamilienhäuser, bis 400 000 Franken für Mehrfamilienhäuser). Eine Auswahl solcher Anbieter:
- ABS Alternative Bank Schweiz, Olten
- Basellandschaftliche Kantonalbank
- Luzerner Kantonalbank
- Thurgauische Kantonalbank
- Zuger Kantonalbank
- Zürcher Kantonalbank

Verbriefung (Securisation) von Hypotheken

Immer häufiger verlangen Banken für die Gewährung oder Erneuerung von Hypotheken das Einverständnis des Schuldners bzw. der Schuldnerin, dass die Bank die Hypothek verkaufen oder die bestehenden Schuldbriefe als Sicherheit verwenden kann. Denn mit diesem Verkauf von Hypotheken an eine schweizerische Finanzgesellschaft können sich die Banken günstig refinanzieren, das heisst neue Gelder für Hypothekargeschäfte beschaffen. Die Finanzgesellschaft ihrerseits finanziert sich am internationalen Geld- und Kapitalmarkt. Als Investoren kommen in der Regel ausländische institutionelle Anleger und Finanzgesellschaften zum Zug.

Wird Ihre Hypothek verbrieft, überweisen Sie die Zinsen und Amortisationszahlungen weiterhin an Ihre Bank und auch die Grundpfandtitel bleiben bei dieser in Verwahrung. Der Datenschutz ist gewährleistet. In diesem Sinn ist die Verbriefung für die Kunden kaum spürbar. Langfristig dürfte sich diese neue Art von Refinanzierung vorteilhaft auf die Hypothekarzinskonditionen der Banken auswirken. Ein Risiko für die Bankkunden kann ausgeschlossen werden, da sie kein Geld bringen, sondern erhalten. Grundsätzlich können Sie als

Kunde aber die Zustimmung zur Verbriefung verweigern – und sollten dafür auch nicht mit schlechteren Konditionen bestraft werden.

Auch das VZ Vermögenszentrum, Zürich, bietet via die HypothekenZentrum AG neue Wege der Finanzierung an. Vorerst sind beim VZ die Schweizer Banken und institutionelle Anleger (Pensionskassen) Endfinanzierer. Erst die Zukunft wird zeigen, in welchem Ausmass solche neuen Refinanzierungsmöglichkeiten der Banken bei den Hypothekarkunden auf Verständnis stossen. Grundsätzlich sollten daraus aber auch für sie günstigere Konditionen resultieren, wie es das VZ in Aussicht stellt.

Gefährliche Yen-Hypotheken

Geldinstitute in Grenznähe offerieren via Vermittler Hypotheken, die auf den japanischen Yen lauten. Die Zinskonditionen von 1,5 bis 2 Prozent klingen, verglichen mit den 4,5 Prozent in der Schweiz (Stand: Sommer 2001), äusserst verlockend. Steigt allerdings der Yen-Kurs gegenüber dem Franken, steigen auch die Hypothekarschulden in Franken; muss dann die Festhypothek verlängert werden, sind plötzlich auf einem viel höheren Hypothekarbetrag Zinsen zu zahlen. Steigen zugleich auch in Japan die Zinsen, resultiert ein doppeltes Verlustgeschäft – der Traum vom Eigenheim kann zum Finanzalptraum werden. Grundsätzlich wäre zwar auch eine gegenteilige Entwicklung möglich, doch welcher Hauseigentümer spekuliert schon gerne auf Kosten seines Eigenheims?

Achtung *Trotz verlockend tiefer Zinsen sind Yen-Hypotheken eine (zu) riskante Finanzierungsart. Währungen können zum Spielball von Spekulationen werden, Zinsverhältnisse innert kürzester Zeit ändern.*

So bewerten Sie Ihr Heim richtig

Was ist eine Liegenschaft wert? Diese Frage stellt sich vor allem, wenn Sie Ihr Haus oder Ihre Eigentumswohnung verkaufen wollen. Oft haben Hausbesitzer allerdings völlig unrealistische Vorstellungen vom Wert Ihres Eigenheims. Sie haben schliesslich Jahre darin gelebt und es ist ihnen mit all seinen Vor- und Nachteilen vertraut und lieb geworden. Ein potenzieller Käufer dagegen beurteilt die Liegenschaft nach Marktkriterien.

In der Praxis haben sich unterschiedliche Methoden für die Bewertung von Immobilien etabliert. Keine davon kann für sich in Anspruch nehmen, die Realität hundertprozentig wiederzugeben. Die traditionellen Verfahren basieren auf der Idee, aufgrund von messbaren Grössen einer Liegenschaft einen Wert zu bestimmen, der dem tatsächlichen Marktwert entspricht:

- **Ertragswert:** Im Vordergrund steht nicht der Preis der Liegenschaft, sondern ihr Nutzen, also die Rendite bzw. der Mietertrag. Diese Methode eignet sich jedoch nicht für selbst bewohnte Einfamilienhäuser und Eigentumsobjekte, da diese keine Renditeobjekte sind und keinen eigentlichen Ertrag abwerfen.
- **Realwert:** Bei dieser Methode wird der Baupreis berechnet, der für ein gleichartiges Gebäude an gleicher Lage anfallen würde. In die Berechnung fliessen unter anderem die Kosten für das Land und die Erschliessung, die Bau- und die Baunebenkosten ein. Auch die Altersentwertung wird berücksichtigt. Schwierig bei dieser Methode gestaltet sich die Bestimmung des effektiven Landpreises, der zudem ständigen Veränderungen unterworfen ist. Auch die Nachfrage wird nicht gewertet.
- **Verkehrswert:** Dieser ergibt sich aus einem gewichteten Mittel von Real- und Ertragswert. Bei Einfamilienhäusern entspricht er in der Regel dem Realwert; besondere Lagemerkmale (günstiger Steuerfuss, schöne Aussicht etc.) können eine höhere Einstufung rechtfertigen.

Einen anderen Weg geht die so genannt hedonistische Methode. Basis der Berechnung sind die effektiv bezahlten Marktpreise sowie zahlreiche Kriterien wie Standortmerkmale, Bauqualität etc., welche den Marktwert einer Liegenschaft bestimmen. Die hedonistische Methode wurde in den fünfziger Jahren entwickelt und wird im Ausland schon seit Jahren angewendet.

In der Schweiz erfasst das Informations- und Ausbildungszentrum für Immobilien (IAZI) seit 1996 die tatsächlich bezahlten Preise von Liegenschaften sowie rund 50 weitere Faktoren (Wohnfläche, Anzahl Zimmer, Steuersatz der Gemeinde, Nähe zu grösseren Städten, Mietzinsniveau, Ausländeranteil der Region, Einfluss des Tourismus etc.) und hat so eine nationale Gemeindedatenbank aufgebaut. Beim IAZI ist man überzeugt, dass sich die hedonistische Methode in Zukunft durchsetzen wird. Auf der Basis des vorhandenen Datenmaterials lässt sich bereits heute der Wert einer Immobilie in den weitaus meisten Schweizer Gemeinden zuverlässig bestimmen. Laut IAZI liegt bei zwei Dritteln der Handänderungen die Differenz zwischen der Schätzung des Zentrums und dem tatsächlich bezahlten Preis unter zehn Prozent. Ein weiterer Vorteil der neuen Bewertungsmethode ist der Preis: Während eine professionelle Schätzung nach klassischer Ertrags-, Real- und Verkehrswertmethode auf 1000 bis 2000 Franken zu stehen kommt, ist die hedonistische Methode einiges günstiger.

Tipps
- *In Zusammenarbeit mit dem IAZI ermöglicht Ihnen der Beobachter eine fundierte Schätzung Ihres Einfamilienhauses oder Ihrer Eigentumswohnung. Mit dem Talon am Schluss des Ratgebers können Sie einen zwölfseitigen Fragebogen bestellen. Aufgrund Ihrer Angaben ermitteln dann die Spezialisten des IAZI den Wert Ihrer Liegenschaft (ausgenommen Mehrfamilienhäuser). Die Daten werden in anonymisierter Form ausgewertet und streng vertraulich behandelt.*
- *Beachten Sie: Die Qualität der Bewertung hängt in erster Linie von der Richtigkeit Ihrer Angaben ab. Wenn Sie Ihr Eigenheim zu optimistisch einschätzen, werden Sie eine Zahl erhalten, die mit Sicherheit nicht den Marktwert widerspiegelt.*

Anhang

Adressen

Versicherungsgesellschaften mit Produkten für die Altersvorsorge

Folgende Versicherungsgesellschaften bieten neben den üblichen gemischten Lebensversicherungen verschiedene Produkte für die Altersvorsorge an.

Allianz Lebensversicherung (Schweiz)
Postfach 1232
8038 Zürich
Tel. 01 488 91 91
www.allianz.ch
Einmaleinlagen, Produkte der Säulen 3a und 3b
(Per 1. Januar 2002 Übernahme der Berner Versicherung und der Elvia unter dem neuen Namen Allianz Suisse)

Aspecta Assurance International
Postfach
FL-9490 Vaduz
Tel. 00423/239 30 30
www.aspecta.com
Fondspolicen, Kindervorsorgeprodukte
(Zusammenarbeit mit dem Vermittler WNB Finanzanlagen AG, 4153 Reinach BL/Egerkingen, der früher für die Pax und die Fortuna/Generali tätig war, erteilt darüber jedoch keine Auskunft)

Basler Lebensversicherungs-Gesellschaft
Aeschengraben 21
4002 Basel
Tel. 0800 24 800 800
www.basler.ch
Einmaleinlagen, Fondsprodukte, Produkte der Säulen 3a und 3b, Rentenlösungen

Berner Lebensversicherungs-Gesellschaft
Laupenstrasse 27
3001 Bern
Tel. 031 384 51 11
www.berner.ch
Einmaleinlagen, Rentenlösungen, Produkte der Säulen 3a und 3b
(Per 1. Januar 2002 neu: Allianz Suisse, siehe Allianz Lebensversicherung)

CapitalLeben Versicherung
Landstrasse 126a
FL-9494 Schaan
Tel. 00423/237 48 37
www.capitalleben.li
Fondsprodukte, Leibrentenlösungen

Convia Lebensversicherungs-Gesellschaft
Pilatusstrasse 23
6003 Luzern
Tel. 041 227 50 80
www.convia.ch
Todesfallrisikopolicen

Credit Suisse Life
Paulstrasse 9
8401 Winterthur
Tel. 052 261 84 10
www.cslife.ch
Einmaleinlagen, Rentenlösungen, Fondsprodukte, Produkte der Säulen 3a und 3b

Elvia Leben
Bleicherweg 19
8022 Zürich
Tel. 01 209 51 20
www.elvia.ch
(Ab 1. Januar 2002 neu: Allianz Suisse, siehe Allianz Lebensversicherung)

Fortuna Lebens-Versicherung
Rätikonstrasse 13
FL 9490 Vaduz
Tel. 00423/236 15 45
www.generali.ch
Fondsprodukte

Generali Personenversicherungen (ehem. Fortuna Lebensversicherungsgesellschaft)
Soodmattenstrasse 10
8134 Adliswil
Tel. 01 712 44 44
www.generali.ch
Fondsprodukte, Einmaleinlagen, Leibrentenlösungen

Genfer Versicherungsgesellschaft
Avenue Eugène-Pittard 16
1211 Genf 25
Tel. 022 704 24 24
www.genfer.ch
Einmaleinlagen, Fondsprodukte, Produkte
der Säulen 3a und 3b, Rentenlösungen

Helvetia Patria
St. Alban-Anlage 26
4002 Basel
Tel. 0848 80 10 20
www.helvetiapatria.ch
Einmaleinlagen, Produkte der Säule 3b,
Fondsprodukte, Rentenlösungen

**Pax Schweizerische
Lebensversicherungsgesellschaft**
Aeschenplatz 13
4002 Basel
Tel. 061 277 66 66
www.pax.ch
Fondsprodukte, Einmaleinlagen

Prevista Vorsorge
Postfach
8023 Zürich
Tel. 01 215 51 51
www.swissca.ch
Fondsprodukte der Swissca

Profitline
Heimstrasse 46
8953 Dietikon
Tel. 0800 824 802
www.profitline.ch
Fonds- und Vorsorgeprodukte

**Providentia Schweizerische
Lebensversicherungs-Gesellschaft**
Chemin de la Redoute 54
1260 Nyon
Tel. 022 363 94 94
www.providentia.ch
Einmaleinlagen und Fondsprodukte

RBA-Zentralbank
Postfach
3001 Bern
Tel. 031 660 33 33
www.rba.ch/holding/zentralbank
Einmaleinlagen und Fondsprodukte

Rentenanstalt/Swiss Life
General-Guisan-Quai 40
8022 Zürich
Tel. 01 284 33 11
www.swisslife.ch
Einmaleinlagen, Fondsprodukte, Produkte
der Säulen 3a und 3b, flexible Kapital-
und Risikoversicherungen

Skandia Leben
Bellerivestrasse 30
8034 Zürich
Tel. 01 388 28 28
www.skandia.ch
Fonds-Einmaleinlagen, Produkte
der Säulen 3a und 3b

Swiss Life Direct
Geroldstrasse 28
8005 Zürich
Tel. 01 278 82 11
www.swisslifedirect.ch
Einmaleinlagen, Fondsprodukte,
Rentenlösungen

UBS Life
Birmensdorferstrasse 125
8098 Zürich
Tel. 01 236 99 11
www.ubs.com
Einmaleinlagen, Fonds-Einmaleinlagen,
Produkte der Säulen 3a und 3b,
Rentenlösungen

Vaudoises Assurance
Case postale 120
1001 Lausanne
Tel. 021 618 80 80
www.vaudoise.ch
Einmaleinlagen, Fonds-Einmaleinlagen,
Produkte der Säulen 3a und 3b,
Rentenlösungen

Winterthur Leben
Postfach
8401 Winterthur
Tel. 052 261 50 50
www.winterthur-leben.ch
Einmaleinlagen, Fonds-Einmaleinlagen,
Produkte der Säulen 3a und 3b,
Leibrentenlösungen

Zenith Leben
Avenue de la Tour-Haldimand 6
1009 Pully
Tel. 021 721 70 00
www.zenithleben.ch
Einmaleinlagen, Produkte der Säulen 3a und 3b

Zurich Financial Services
Postfach
8055 Zürich
Tel. 01 628 00 60
www.zurich.ch
Einmaleinlagen, Fonds-Einmaleinlagen, Fondsprodukte, Rentenlösungen, Produkte der Säulen 3a und 3b

Selbstregulierungsorganisationen SRO

Die folgenden Selbstregulierungsorganisationen sind von der Kontrollstelle für die Bekämpfung der Geldwäscherei anerkannt.

Verein zur Qualitätssicherung im Bereich der Finanzdienstleistungen (VQF)
Baarerstrasse 112
6302 Zug
Tel. 041 763 28 20
vqf@zugernet.ch

Die Schweizerische Post
SRO Post
Viktoriastrasse 21
3030 Bern
Tel. 031 338 29 09

**Treuhand-Kammer
(SRO Treuhand-Kammer)**
Limmatquai 120
8001 Zürich
Tel. 01 267 75 75
dienste@treuhand-kammer.ch

**Schweizerische Bundesbahnen
SRO SBB**
c/o Revision
Parkterrasse 14
3000 Bern 65
Tel. 0512 20 27 88
ernst.bigler@sbb.ch

**Verband Schweizerischer
Vermögensverwalter (VSV)**
Bahnhofstrasse 35
8001 Zürich
Tel. 01 228 70 10
info@vsv-asg.ch

SRO Schweizerischer Anwaltsverband und Schweizerischer Notarenverband (SRO SAV/SNV)
Postfach 8321
3001 Bern
Tel. 031 312 25 05
info@swisslawyers.com

Schweizerischer Leasingverband (SLV)
c/o Dr. Markus Hess
Kreuzstrasse 82
8032 Zürich
Tel. 01 250 49 90

**PolyReg
Allgemeiner Selbstregulierungs-Verein**
Genferstrasse 21
8002 Zürich
Tel. 01 205 52 80
info@polyreg.ch

**Schweizerischer Treuhänder-Verband
SRO-STV/USF**
Gewerbe-Treuhand Luzern
Eichwaldstrasse 13
6002 Luzern
Tel. 041 319 92 92
sro@stv-usf.ch

Fondsleitungen, Vertreter und Vertriebsträger von Anlagefonds

Die folgenden Fondsleitungen, Vertreter und Vertriebsträger verfügen über die Bewilligung der Eidgenössischen Bankenkommission (Stand April 2001).

Name	Sitz	Fondsleitung	Vertreter	Vertriebsträger
A. Schmid & Partner Versicherungsberatungs AG	Bassersdorf			X
AAA-Planzer Consulting	Luzern			X
ABN Amro Bank (Schweiz)	Zürich		X	
Ad Vitam Bruno Stalder GmbH	Olten			X
Adimosa AG	Zürich	X		
Aebersold AG	Bern			X
AFIBA AG	Lachen			X
Afonds Vermögensberatung Dr. Thomas Otte	Düdingen			X
AFP Aquila Financial Products AG	Zürich		X	
AG für Fondsverwaltung	Zug	X		
AIG Fondsleitung (Schweiz) AG	Dübendorf	X		
AIG Privat Bank AG	Zürich		X	
AIT Advanced Investment Techniques SA	Genève 3			X
ALFI Jürg Theiler	Burgistein			X
Allfinanz Service AG	Herzogenbuchsee			X
Allgemeine Allfinanz AG	Bern 2			X
American Express Bank (Switzerland) SA	Genève 3		X	
Anglo Irish Bank (Switzerland) SA	Genève 1		X	
ANV Anlage- und neutrale Versicherungsberatung GmbH	Uetikon am See			X
Argoviesion AG für unabhängige Versicherungsanalysen + Finanzplanung	Baden			X
ARGUSCH AG	Wohlen AG			X
ARNIKA FONDSLEITUNG AG	Richterswil	X		
Artusi Rico	Thalwil-Gattikon			X
ASN, Advisory Services Network AG	Zürich			X
Assiconsult SA	Lugano			X
Assidu SA	Les Enfers			X
Assimedia SA	Locarno			X
AT&W GmbH Allfinanz Service Center	Rothrist			X
ATG Allfinanz & Treuhand Group GmbH	Schöftland			X
Auf der Maur Rolf WirtschaftsBeratung & TreuhandDienste	Zug			X
AVA Concept AG	Oberwichtrach			X
AVS-Beratung und Betreuung Norbert Zurbriggen	Frutigen			X
AWD Allgemeiner Wirtschaftsdienst AG	Zug			X
B.B.M.'s Financial Planning GmbH	Bolligen			X
Banca Arner SA	Lugano		X	
Banca Commerciale Italiana (Suisse)	Zürich		X	
Banca Commerciale Lugano	Lugano		X	
Banca del Ceresio S.A.	Lugano		X	
Banca del Gottardo	Lugano		X	
Banca Popolare di Sondrio (Suisse) SA	Lugano		X	
Banca Unione di Credito (BUC)	Lugano		X	
Bangerter Beat Generalagentur	Basel			X
Bank Adamas AG	Zürich		X	
Bank am Bellevue	Zürich		X	
Bank CIAL (Schweiz)	Basel		X	
Bank Hofmann AG	Zürich		X	
Bank Julius Bär & Co. AG	Zürich		X	
Bank Leu AG	Zürich		X	
Bank Leumi le-Israel (Schweiz)	Zürich		X	
Bank Morgan Stanley AG	Zürich		X	

Name	Sitz	Fondsleitung	Vertreter	Vertriebsträger
Bank Sal. Oppenheim jr. & Cie. (Schweiz) AG	Zürich		X	
Bank Sarasin & Cie.	Basel		X	
Bank von Ernst & Cie AG	Bern		X	
Bank Vontobel AG	Zürich		X	
Banque Amas (Suisse) SA	Genève 1		X	
Banque Artesia (Suisse) SA	Genève 11		X	
Banque Bruxelles Lambert (Suisse) S.A.	Genève 6		X	
Banque Cantonale de Genève	Genève 2		X	
Banque Cantonale Vaudoise	Lausanne		X	
Banque Edouard Constant SA	Genève 3		X	
Banque Générale du Luxembourg (Suisse) SA	Zürich		X	
Banque Multi Commerciale	Genève 11		X	
Banque Piguet & Cie SA	Yverdon-les-Bains		X	
Banque Privée Edmond de Rothschild SA	Genève 11		X	
Banque SCS Alliance SA	Genève 3		X	
Banque Syz & Co. SA	Genève 11		X	
Banque Worms (Genève) SA	Genève		X	
Bantleon Bank AG	Zug		X	
Barclays Bank (Suisse) SA	Genève		X	
Basler Kantonalbank	Basel		X	
Baur Bernhard Finanzberatungen	Bern 6			X
BEC Fund Administration SA	Genève 3	X		
Becherer Daniel, GA der "Zürich" Versicherungs-Gesellschaft	Zürich			X
Befina Management SA	Fribourg			X
Berchtold & Partner GmbH	Solothurn			X
Beretta Alessandro	Viganello			X
Beringer Consulting	Jona			X
Berninvest AG	Bern	X		
Bevag Better Value AG	Zürich			X
BFW Treuhand AG	Zürich			X
BHF-Bank (Schweiz) AG	Zürich		X	
Bieri Finanz, Risk- & Asset-Management	Zürich			X
Binder Sigmund GA der Winterthur Leben	Aarau			X
Blattner & Partner	Basel			X
Braun, von Wyss & Müller AG	Zürich		X	
BSI SA (BSI AG) (BSI LTD)	Lugano		X	
Büchel Hans-Rudolf GA der Winterthur Leben	Zürich			X
Büro Laurent Gaillard	Zürich			X
BZ Berater Zentrum AG	Zürich			X
C.I.M. Banque	Genève 3		X	
CAG Anlagefondsleitung	Bottmingen	X		
Cantrade Privatbank AG	Zürich		X	
Centerseas Vermögensverwaltungs AG	Zürich		X	
Centris Isliker	Zollikon			X
CEP Concept Economique Personnalisé, Gerber Claude	Borex			X
CEP Concept Economique Personnalisé, Züst Robert	Lutry			X
CIC Conseillers en Investissements du Château SA	Peseux NE			X
Citibank (Switzerland)	Zürich		X	
Clariden Bank	Zürich		X	
Commerzbank (Schweiz) AG	Zürich 1		X	
Consulting Partners Zürich AG	Zürich			X
cosba private banking ag	Zürich		X	
Coutts Bank (Schweiz) AG	Zürich		X	
CPM Coninco Private Management SA	Genève		X	
Crédit Agricole Indosuez (Suisse) SA	Genève 3		X	
Crédit Lyonnais (Suisse) SA	Genève 11		X	
Credit Suisse	Zürich		X	
Credit Suisse Asset Management Funds	Zürich	X		
Credit Suisse Asset Management Funds	Zürich		X	
Credit Suisse First Boston	Zürich		X	
Darier Hentsch Fund Management SA	Genève	X		

Name	Sitz	Fondsleitung	Vertreter	Vertriebsträger
Darier, Hentsch & Cie.	Genève 11		X	
Deka(Swiss) Privatbank AG	Zürich		X	
Deutsche Asset Management Schweiz	Zürich	X		
Deutsche Asset Management Schweiz	Zürich		X	
Deutsche Bank (Suisse) SA	Genève 1		X	
Dexia Privatbank (Schweiz)	Zürich		X	
Discount Bank and Trust Company	Genève 11		X	
Dr. Höller Vermögensverwaltung und Anlageberatung AG	Zürich		X	
Dr. Thomas Fischer & Partner	Baar			X
Dresdner Asset Management (Schweiz) AG	Zürich	X		
Dresdner Bank (Schweiz) AG	Zürich		X	
Dreyfus Söhne & Cie. Aktiengesellschaft, Banquiers	Basel		X	
E & S Finanz- dienstleistungen AG	Bülach			X
E. Gutzwiller & Cie Banquiers	Basel		X	
EFG Bank European Financial Group	Genève 2		X	
EFG Private Bank SA	Zürich		X	
Ehrbar Marcel	Adliswil			X
eReSTe Allfinanz GmbH	Zug			X
ETHOS SERVICES SA	Genève 1			X
Eurel AG	Luzern			X
Fane Finance SA	Genève 15			X
Fatzer Adrian	Horgen 1			X
Federer Maurice GA der Winterthur Leben	Lausanne			X
Ferrier, Lullin & Cie SA	Genève 11		X	
FG Finanz-Service Aktiengesellschaft, Heilbronn (D)	Winterthur			X
FICON Finanz Consulting AG	Liestal			X
FICON Franco Brientini GmbH	Solothurn			X
FICON Hansruedi Kurz GmbH	Stäfa			X
Ficon Stalder GmbH	Aarwangen			X
FinanzPlanungsCenter AG	Bern			X
Finfunds Management AG	Baar 2	X		
Finfunds Management AG	Baar 2		X	
Finter Bank Zürich	Zürich		X	
Fisch Asset Management AG	Zürich			X
Fondcenter AG	Zürich			X
Fonds Gallery GmbH	Birsfelden			X
Fortuna Investment AG	Adliswil 1	X		
Fortuna Investment AG	Adliswil 1		X	
Fortuna Versicherungsberatung und Service AG	Adliswil			X
Fraumünster Vorsorge- Beratung AG	Zürich			X
FTI - Banque Fiduciary Trust	Genève		X	
FundStreet AG	Zürich			X
GAM Anlagefonds AG	Zürich	X		
GAM Anlagefonds AG	Zürich		X	
Genevalor, Benbassat & Cie	Genève		X	
Geomac AG	Zürich			X
Gérifonds SA	Lausanne	X		
Gestivalor - Gestione Fondi SA	Lugano	X		
GL Asset Management AG	Zürich			X
Glauser und Partner	Bern 14			X
Globinvest Asset Management AG	Wetzikon			X
Goldman Sachs & Co. Bank, Inhaber Zuckerberg & Partner von Goldman, Sachs & Co.	Zürich		X	
Grether MacGeorge GmbH	Basel			X
Hans-Ulrich Werro AG GA der Winterthur Leben	Chur 2			X
Haussener Jürg Treuhand und Versicherung	Thalwil			X
Helaba Investment (Schweiz) AG	Zürich	X		
Hirt Finance Plus AG	Zürich			X
Hodel Vermögensverwaltungs-AG	Zürich			X
HSBC Guyerzeller Fonds Management AG	Zürich	X		
Hübscher Alfred	Ennetbürgen			X
Hummel Willi Dr. oec. GA der Winterthur Leben	St. Gallen			X

Name	Sitz	Fondsleitung	Vertreter	Vertriebsträger
Hunziker Rudolf Wirtschaftsberatung	Uetikon am See			X
Huwiler Andreas K.	Pfeffingen			X
IAM Independent Asset Management SA	Genève 3			X
IBI Bank AG	Zürich		X	
ICN Financial Services AG	Zürich			X
Imovag Immobilien Verwaltungs AG	Luzern	X		
ING Baring Private Bank (Schweiz)	Zürich		X	
Intrag	Zürich	X		
Intrag	Zürich		X	
INVESCO Asset Management (Switzerland) Ltd.	Zürich		X	
Investas AG	Bern			
Investec Bank (Switzerland) AG	Zürich		X	
Investissements Fonciers SA	Lausanne	X		
Isis Versicherungs- und Finanzplanung GmbH	Aeugst am Albis			X
J. P. Morgan (Suisse) SA	Genève 11		X	
JAKOB Thomas C.	Olten			X
Jeanjaquet Daniel GA der Winterthur Leben	Neuchâtel			X
Jefferies (Schweiz) AG	Zürich		X	
Jenzer und Partner Finanzberatung AG	Grosshöchstetten			X
JML Jürg M. Lattmann AG	Zug			X
Julius Baer Investmentfonds Dienstleistung AG	Zürich	X		
Julius Baer Investmentfonds Dienstleistung AG	Zürich		X	
Jung Rolf	Abtwil			X
Jyske Bank (Schweiz)	Zürich		X	
Kammerbauer Martin GA der Winterthur Leben	Zug			X
Key Investment Brien Donnellon	Churwalden GR			X
KFI - Key Funds Investments SA	Genève			X
Kolb Peter GA der Winterthur Leben	Bern			X
Krachpelz AG Assekuranz Beratungen	Gümligen			X
Kredietbank (Suisse) SA	Genève 11		X	
Kreis Consulting AG	Zollikon		X	
Kübler Robert Finanzberatung	Greifensee			X
La Roche & Co.	Basel		X	
Lafina AG	Zürich			X
Laim Othmar AG	Schwerzenbach			X
LB (Swiss) Privatbank AG	Zürich		X	
Leemann Peter GA der Winterthur Leben	Dübendorf			X
Legg Mason Fund Distributors SA	Nyon		X	
LGT Bank in Liechtenstein Aktiengesellschaft, Vaduz Niederlassung Zürich	Zürich		X	
Lieberherr Yves	Genolier			X
Liechtensteinische Landesbank (Schweiz) AG	Zürich		X	
Livebardon Jean-Yves Finanz-+Vorsorgeplanung	Zürich			X
LKB Expert Fondsleitung AG	Luzern	X		
Lloyds Fund Management Services S.A.	St-Cergue	X		
Lloyds TSB Bank Plc, Londres	Genève 11		X	
Locher & Gerster AG	Erlenbach			X
Lombard Odier Fund Managers SA	Petit-Lancy	X		
Lombard, Odier & Cie	Genève		X	
M. M. Warburg Bank (Schweiz) AG	Zürich		X	
MAN Management AG	Pfäffikon		X	
Marcel Raymann AG	Amriswil			X
Martin Dreier Finanz Service Schaffhausen	Schaffhausen			X
Mauerhofer Fritz GA der Winterthur Leben	Thun			X
Maurer Ernst GA der Winterthur Leben	Solothurn			X
Mayer Urs UMC Consulting	Zürich			X
Merrill Lynch Bank (Suisse) SA	Genève 3		X	
Merrill Lynch Capital Markets AG	Zürich		X	
Merrill Lynch Investment Managers Limited (London)	Zürich		X	
Meyer-Kaluzova Ivana IMK	Steinhausen			X
MicroGestion Sàrl	Genève 28			X
Miguel Pult Financial Planning	Zürich			X
Milocchi Adriano GA der Winterthur Leben	Lugano			X

Anhang 247

Name	Sitz	Fondsleitung	Vertreter	Vertriebsträger
Mirabaud & Cie	Genève 11		X	
Mizuho Bank (Schweiz) AG	Zürich		X	
MLBS Fund Management SA	Genève	X		
MLP Finanzdienstleistungen AG Zweigniederlassung Zürich	Zürich			X
Morval & Cie SA, Banque	Genève 12		X	
Moser Pierre Consulting	Bern			X
Müller Heinz W. GA der Winterthur Leben	Zürich			X
Naef Rosmarie Imrona	Biel			X
Nomura Bank (Schweiz) AG	Zürich		X	
Nordea Bank S.A., Luxemburg, Zweigniederlassung Zürich	Zürich		X	
Nordfinanz Bank Zürich	Zürich		X	
Novirenta GmbH	Rothrist			X
Novo Inform AG	Othmarsingen			X
Nydegger F. Anlage- und Vorsorgeplanung	Bremgarten			X
Oberhänsli & Partner AG	Thalwil			X
Partners Group	Zug		X	
Paul Barth Treuhand- und Beratungsbüro	Oberarth			X
PBS Privat Bank Schweiz AG	Zürich		X	
Performance Binkert & Adler	Aarau			X
Pi Investment AG	Zürich			X
Pictet Funds SA	Genève 11	X		
Pictet Funds SA	Genève 11		X	
PKB Privatbank SA	Lugano		X	
Plusfinanz AG	Laufenburg			X
PMG Fonds Management AG c/o ECOR Invest AG	Zürich	X		
PMG Fonds Management AG c/o ECOR Invest AG	Zürich		X	
Pohle René, Vorsorge und Finanzberatung	Dielsdorf ZH			X
Portner & Perroulaz Vermögensverwaltung	Bern			X
Prisma Finanz GmbH	Ittigen			X
Progestfonds SA	Genève 3	X		
Rabo Robeco Bank (Schweiz) AG	Zürich		X	
Rausis Jean-Charles GA der Winterthur Leben	Sion			X
Real Invest Gestion SA	Genève 3	X		
Rebsamen E.+G. REFINANZ	Uster			X
Regli Ulrich	Küsnacht			X
Reinhard Vorsorge- Treuhand	Koblenz			X
Revit AG Bern	Bern 14	X		
Richli Finanz- Consulting GmbH	Osterfingen			X
Riedweg & Hrovat AG Vermögensverwaltung und Finanzberatung	Basel			X
RMF Investment Products	Pfäffikon		X	
Robeco Institutional Asset Management (Suisse) SA	Vernier		X	
Robert Fleming (Schweiz) AG	Zürich		X	
Rolf Simmen Consulting	Buonas			X
Roos Sepp Unabhängige Versicherungs- und Anlageberatung	Adligenswil			X
Rossier, Mari & Associates AG	Zürich			X
Rothschild Fund Management AG	Zürich	X		
RPM GmbH	Bern 22			X
RSI Securities SA	Genève 4			X
Rüd, Blass & Cie AG Bankgeschäft	Zürich 1		X	
SAM Sustainability Group AG	Zollikon			X
Sarasin Investmentfonds AG	Basel	X		
Sarasin Investmentfonds AG	Basel		X	
Sax Martin GA der Winterthur Leben	Basel			X
Schaub Hans-Peter, GA der "Zürich" Versicherungs-Gesellschaft	Dietikon			X
Schaub Pierre ASE-Vermögensverwaltung	Möhlin			X
Schäubli & Hanselmann, Spezialagentur der Zürich	Winterthur			X
Scheurer AG Finanzberatung	Basel			X
Schlagenhauf & Partner Portfolio Management AG	Zürich			X

Name	Sitz	Fondsleitung	Vertreter	Vertriebsträger
Schmäh Erwin Finanzplaner	Affoltern am Albis			X
Schnider Urs Finanzberatung	Küsnacht			X
Schroder & Co. Bank AG	Zürich		X	
Schulthess Ulrich Zürich Leben	Aarau			X
Schweizer Rück Fondsleitung AG	Zürich	X		
Schweizer Rück Fondsleitung AG	Zürich		X	
Schweizer Rudolf GA der Winterthur Leben	Weinfelden			X
Schweizerische Gesellschaft für Kapitalanlagen SGK	Dübendorf	X		
Scudder, Stevens & Clarc Ltd c/o François Rayroux	Genève 11			X
Scudder, Stevens & Clark Ltd.	Zürich			X
SG Rüegg Bank AG	Zürich		X	
Sigla Zürichfinanz AG	Zürich			X
Simoni Sandro	Manno			X
Skandia Leben AG	Zürich		X	
Skandia Service AG	Zürich			X
Société pour la gestion de placements collectifs GEP SA	Lausanne 9	X		
Sofid SA	Genève 3	X		
Sogefonds SA c/o Naef et Cie SA	Genève 25	X		
Sola Rudolf B. GA der Winterthur Leben	Winterthur			X
Solobroke AG	Solothurn			X
Solvalor fund management S.A.	Lausanne	X		
Sotramar SA c/o Mme Maud Mocellin	Grand-Saconnex			X
Spiller Financial Services	Pfungen			X
Stäuble Treuhand & Investment GmbH	Sulz			X
Stein Eginhard	Au			X
Stephan Eckert, Generalagentur Internationales Geschäft der Zürich Leben	Zürich			X
Streit René GA der Winterthur Leben	Schaffhausen			X
Swissca Fondsleitung AG	Bern	X		
Synchrony SA	Genève 1	X		
Templeton (Schweiz) AG	8022		X	
Tinembart Philippe GA der Winterthur Leben	Renens			X
Trachsler Jakob	Kilchberg			X
Travex Consulting AG	Zürich			X
Travex VersicherungsTreuhand AG	Glattbrugg ZH			X
TREFINASS Consulting AG	Oetwil am See			X
Trümpi Jakob GA der Winterthur Leben	Glarus			X
TVD Management AG	Thun			X
UBB Unabhängige Beratungs AG	Brugg			X
UBS Fund Management (Switzerland) AG	Basel	X		
UBS Fund Management (Switzerland) AG	Basel		X	
Unigestion Asset Management	Genève 12			X
Unigestion Fund Management	Genève 12	X		
Union Bancaire Privée, UBP	Genève		X	
Union Investment (Schweiz) AG	Zürich	X		
Union Investment (Schweiz) AG	Zürich		X	
UVM Unabhängige Versicherungs- und Vorsorgeberatung Martin Magnanelli	Aarau			X
Versicherungen Villars Maurice Treuhand Villars	Zumikon			X
Versicherungsbüro D. Kaspar, Zürich Schweiz	Zürich			X
Verwaltungsgesellschaft für Investment-Trusts (VIT)	Zürich	X		
Vision Finanzberatung AG	Rothrist			X
Viversa Versicherungs- und Vermögensberatung, Peter Marchetti	Fruthwilen			X
Vock Bruno Finanz-+Vermögensplanung	Küssnacht a/R			X
Vomag Finanz AG	Baden			X
Von Ernst Fund Management AG	Bern	X		
Von Ernst Fund Management AG	Bern		X	
Von Graffenried AG	Bern 7		X	
Von Graffenried Olympia Capital AG	Zürich			X
Vontobel Fonds Services AG	Zürich	X		
VP Bank (Schweiz) AG	Zürich		X	
VVK Vorsorge- und Vermögenskonzepte AG	Teufen			X

Name	Sitz	Fondsleitung	Vertreter	Vertriebsträger
Wegelin Fondsleitung AG	St. Gallen	X		
Wegelin Fondsleitung AG	St. Gallen		X	
Weibel, Hess & Partner AG	Stans			X
weibel, michelotti, müller & partner AG	Luzern			X
Wert-Invest AG	Basel	X		
Winterthur Leben	Winterthur			X
Witmer & Partner GmbH	Liestal			X
Wittwer Financial Planning	St. Gallen			X
WM Capital Management AG	Zürich			X
Würth Vorsorge	Uster			X
WWA Walter Wenger Allfinanz	Gümligen			X
Zbinden Treuhand AG	Mamishaus			X
Zentralbank des Schweizer Verbandes der Raiffeisenbank	St. Gallen		X	
Zurich Invest Bank AG	Effretikon		X	
Zurich Scudder Investments AG	Zürich		X	

Einfacher Darlehensvertrag unter Privaten

Darlehensvertrag

Zürich, 15. Juni 2001

Hans Müller, Hofwiesenstrasse 3, 8001 Zürich
gewährt
Martin Hartmann, Ibacherstrasse 14, 8610 Uster
folgendes Darlehen:

Fr. 20 000.–
(in Worten: Franken zwanzigtausend)

Für dieses Darlehen gelten die folgenden Bedingungen:

Fälligkeit: Das Darlehen wir am 30. Juni 2004 zur Rückzahlung fällig. Befindet sich der Schuldner mit einer Zinszahlung mehr als 30 Tage im Rückstand, wird das Darlehen zur Rückzahlung innert zehn Tagen nach der ersten Mahnung fällig. [Hier sind verschiedene Bestimmungen möglich. Auch eine Rückzahlung in Raten, beispielsweise monatlich, ist denkbar, die Berechnung der Zinsen wird aber dadurch erschwert. Wird keine Fälligkeit vereinbart, ist das Darlehen gemäss Art. 35 OR mit einer Kündigungsfrist von sechs Wochen jederzeit zur Rückzahlung fällig.]

Zinssatz: Der Zinssatz beträgt für die ganze Laufzeit 5 Prozent und wird halbjährlich per Ende Juni und Ende Dezember fällig. [Unter Privaten und Verwandten ist auch die Gewährung eines zinslosen Darlehens, die Anbindung an den Hypothekarsatz für erste Hypotheken der regionalen Kantonalbank oder zu einem beliebig festgelegten Zinssatz bis maximal 15 Prozent möglich.] Der Betrag wird durch Überweisung auf Konto Nr. 355 613.01, Zürcher Kantonalbank, Filiale Uster, 8610 Uster, lautend zugunsten von Hans Müller, vergütet.

Dieser Vertrag wurde im Doppel mit Originalunterschriften erstellt; das Original wurde Hans Müller, die Kopie Martin Hartmann ausgehändigt. [Kopie mit «Kopie» bezeichnen.]

Hans Müller   Martin Hartmann

....

Musterstatuten für einen Investmentclub

Investmentclubs sind in der Regel Vereine und geben sich Statuten. Häufig werden für die eigentliche Investitionstätigkeit Untergruppen von rund 20 Personen gebildet, die je ein eigenes Reglement in Form eines Gesellschaftsvertrags besitzen (Quelle: Dr. Elisabeth Höller).

Statuten des Investmentclubs ....

I Name, Sitz und Zweck

Art. 1 Name und Sitz
Unter dem Namen .... besteht ein Verein im Sinn der Art. 60 ff. ZGB. Sitz des Vereins ist Zürich.

Art. 2 Zweck
Der Verein bezweckt, seine Mitglieder auf dem Gebiet der Vermögensanlage und -verwaltung zu schulen und weiterzubilden. Zu diesem Zweck fördert er den Dialog und Gedankenaustausch zwischen den Mitgliedern und organisiert Referate von Fachleuten, Gruppengespräche sowie Weiterbildungsseminare und Workshops. Zudem bietet er den Mitgliedern, die dies wünschen, Unterstützung bei der gemeinsamen Geldanlage in separaten Investmentgruppen mit maximal 20 Mitgliedern.

Art. 3 Beitritt
Als ordentliche Mitglieder werden Damen und Herren aufgenommen, welche die Interessen des Vereins unterstützen und fördern wollen. Der Eintritt erfolgt durch schriftliche Beitrittserklärung gegenüber dem Vorstand und wird wirksam durch Zahlung des Jahresbeitrags. Die Generalversammlung entscheidet endgültig über die Aufnahme.

Art. 4 Beendigung der Mitgliedschaft
Der Austritt erfolgt mittels einer schriftlichen Austrittserklärung gegenüber dem Vorstand jeweils auf Ende des Vereinsjahrs unter Beachtung einer Kündigungsfrist von drei Monaten.

Art. 5 Ausschluss
Mitglieder, die den Statuten oder in sonstiger Weise den Vereinsinteressen in schwerer Weise zuwiderhandeln, namentlich ihre finanziellen Verpflichtungen nicht erfüllen, können ohne Angabe von Gründen durch die Generalversammlung ausgeschlossen werden. Vor dem Entscheid der Generalversammlung ist dem betroffenen Mitglied Gelegenheit zu geben, sich zum Ausschluss zu äussern. Der Ausschluss erfolgt durch eingeschriebenen Brief.

Art. 6 Finanzielle Folgen der Beendigung
Eine Beendigung der Mitgliedschaft durch Austritt, Erlöschen oder Ausschluss bewirkt den Verlust allfälliger bestehender Ansprüche auf das Vereinsvermögen. Nicht erfüllte Verpflichtungen bleiben bestehen.

II Organisation

Art. 7 Organe
Die Organe des Vereins sind:
- die Generalversammlung
- der Vorstand
- der/die Revisor/innen

A Generalversammlung
Art. 8 Einberufung
Die Generalversammlung ist das oberste Organ des Vereins. Sie wird vom Vorstand einmal jährlich, in der Regel in der ersten Jahreshälfte, drei Wochen im Voraus unter Angabe der Traktandenliste einberufen.

Eine ausserordentliche Generalversammlung wird vom Vorstand je nach Bedürfnis oder auf Verlangen von mindestens einem Viertel der Mitglieder einberufen.

Art. 9 Kompetenzen
Der Generalversammlung stehen folgende Kompetenzen zu:
1. Abnahme der Tätigkeitsberichte des Vorstands und allfälliger Kommissionen
2. Abnahme der Jahresrechnung aufgrund des Berichts der Revisorinnen
3. Genehmigung eines Budgets
4. Festsetzung des Mitgliederbeitrags
5. Wahl der Mitglieder des Vorstands
6. Wahl der Revisoren/innen und des/der Ersatzrevisors/in
7. Entscheid über Statutenänderungen
8. Genehmigung allfälliger vom Vorstand erlassener Reglemente
9. Beschlussfassung über alle der Generalversammlung durch das Gesetz oder die Statuten vorbehaltenen oder vom Vorstand an sie überwiesenen Geschäfte
10. Beratung über Anträge der Mitglieder
11. Auflösung des Vereins und Verwendung eines allfälligen Vermögens

Art. 10 Wahlen und Beschlüsse
Die Generalversammlung entscheidet in der Regel in offener Abstimmung. Die Generalversammlung ist beschlussfähig, wenn mindestens 50 Prozent der Mitglieder vertreten sind. Entschuldigt abwesende Mitglieder können sich durch anwesende vertreten lassen (schriftliche Vollmacht). Ein anwesendes Mitglied kann bei Abstimmungen nur ein abwesendes Mitglied vertreten. Erfolgt ein Antrag auf Durchführung von geheimen schriftlichen Wahlen oder Abstimmungen, muss diesem stattgegeben werden.

B Vorstand
Art. 11 Zusammensetzung
Der Vorstand besteht aus:
- dem/der Präsident/in
- dem/der Vizepräsident/in
- dem/der Aktuar/in
- dem/der Kassierer/in
- höchstens fünf Beisitzer/innen

Die Generalversammlung wählt den Vorstand. Im Übrigen konstituiert sich der Vorstand selbst. Die Amtsdauer des Vorstands beträgt zwei Jahre. Wiederwahl ist möglich.

Art. 12 Befugnisse
Der Vorstand hat alle Befugnisse, die nicht in die Kompetenz eines anderen Vereinsorgans fallen. Ihm obliegt insbesondere:
1. die Leitung des Vereins
2. die Vorbereitung der Generalversammlung sowie die Durchführung ihrer Beschlüsse
3. die Vorbereitung der Vereinszusammenkünfte
4. die Durchführung der an den Vereinszusammenkünften beschlossenen Entscheide

Art. 13 Rechtsverbindliche Unterschrift
Der/Die Präsident/in, bei deren Verhinderung der/die Vizepräsident/in bzw. im Bedarfsfall zwei Vorstandsmitglieder kollektiv vertreten den Verein nach aussen. Der/Die Präsident/in (bei deren Verhinderung der/die Vizepräsident/in) führt kollektiv zu zweien mit einem Vorstandsmitglied die rechtsverbindliche Unterschrift für den Verein. Im Bedarfsfall können ferner auch zwei Vorstandsmitglieder kollektiv zu zweien zeichnen. Beschlüsse, deren Kosten CHF 1000.– überschreiten, bedürfen der Zustimmung der Generalversammlung.

C Revisoren/innen
Art. 14 Wahl
Die Generalversammlung wählt für die Dauer von zwei Jahren zwei Rechnungsrevisoren/innen und einen/e Ersatzrevisor/in als Kontrollstelle. Wiederwahl ist möglich.

Art. 15 Aufgaben
Die Revisoren/innen prüfen nach Ablauf jedes Rechnungsjahrs die Jahresrechnung und die Kassaführung. Sie erstatten der Generalversammlung einen schriftlichen Bericht über das Prüfungsergebnis. Zumindest ein/e Revisor/in, allenfalls der/die Ersatzrevisor/in hat an der Generalversammlung anwesend zu ein.

III Finanzielle Mittel

Art. 16 Rechnungsjahr
Das Rechnungsjahr des Vereins entspricht dem Kalenderjahr.

Art. 17 Mitgliederbeiträge
Der Mitgliederbeitrag wird jährlich von der Generalversammlung festgelegt.

Art. 18 Haftung
Für die Verbindlichkeiten des Vereins haftet ausschliesslich das Vereinsvermögen.

IV Schlussbestimmungen

Art. 19 Revision der Statuten
Beschlüsse auf Änderung der Statuten bedürfen einer Mehrheit von zwei Dritteln der an der Generalversammlung gültigen Stimmen.

Art. 20 Auflösung
Beschlüsse auf Auflösung des Vereins oder auf Vereinigung mit einem anderen Verein bedürfen einer Mehrheit von zwei Dritteln der gültigen Stimmen, die jedoch mindestens die Hälfte aller Vereinsmitglieder ausmachen müssen.

> Wird das Quorum von 50 Prozent nicht erreicht, ist frühestens nach 21 Tagen eine weitere Generalversammlung einzuberufen, an welcher der Beschluss über die Auflösung des Vereins oder über dessen Vereinigung mit einem anderen Verein nur noch einer Mehrheit von zwei Dritteln der anwesenden Mitglieder bedarf.
>
> Diese Statuten wurden genehmigt anlässlich der Gründungsversammlung vom ....
>
> Der/Die Tagespräsident/in: Der/Die Protokollführer/in:
>
> ....

Musterreglement für eine Investmentgruppe

> Reglement der Investmentgruppe .... des Investmentclubs ....
>
> **Art. 1 Name der Gesellschaft**
> Unter der Bezeichnung .... bilden Mitglieder des Hauptvereins .... eine einfache Gesellschaft im Sinn der Art. 530 (OR). Der Gesellschaftssitz der einfachen Gesellschaft befindet sich am Sitz des ....
>
> **Art. 2 Zweck**
> Die Gesellschaft will den Mitgliedern des Hauptvereins Gelegenheit geben, auf dem Gebiet der Kapitalanlage und -verwaltung Erfahrungen zu sammeln und gemeinsam Anlagen zu tätigen.
>
> **Art. 3 Gesellschafter/innen**
> Gesellschafter/innen können ausschliesslich Mitglieder des Hauptvereins werden. Ihre Anzahl ist auf 20 begrenzt.
>
> **Art. 4 Beiträge der Gesellschafter/innen**
> Jede/r Gesellschafter/in beteiligt sich an den Geschäften der Gesellschaft mit einem einmaligen Betrag von CHF......, der am .... fällig wird. Die Gesellschafter/innen entscheiden mit Mehrheitsbeschluss über eine Erhöhung dieses Betrags oder über eine Zweitzahlung. Der Betrag ist auf das folgende Konto einzuzahlen: ....
>
> Verspätete Einzahlungen haben Verzugszinsen zur Folge. Der Zinssatz für die Verzugszinsen wird von den geschäftsführenden Gesellschaftern/innen jährlich einmal im Voraus festgelegt und nötigenfalls entsprechend dem Markt von Quartal zu Quartal revidiert.
>
> Spätere regelmässige oder unregelmässige Beiträge können durch Gesellschafterbeschluss (einfache Mehrheit aller Gesellschafter/innen) festgelegt werden.

Art. 5 Einkauf

Der Eintritt neuer Gesellschafter/innen (gemäss Art. 2 und 3 hiervor) ist auf Beginn eines Quartals bis zur Maximalanzahl von 20 Personen möglich.

Neue Gesellschafter/innen haben sich in das Gesellschaftsvermögen einzukaufen. Der Einkaufspreis ergibt sich aus dem Gesellschaftsvermögen am Tag des Eintritts, dividiert durch die Anzahl der bisherigen Gesellschafter/innen zuzüglich 3 Prozent Einkaufsspesen.

Art. 6 Ausscheiden

Das Ausscheiden aus der Investmentgruppe erfolgt durch:
- freiwilligen Austritt unter Einhaltung einer dreimonatigen Kündigungsfrist auf das Ende jedes Kalenderquartals. Der Austritt hat durch eingeschriebenen Brief an die Geschäftsstelle des ..... zu erfolgen. Ein Austritt aus der Investmentgruppe hat nicht zwingend den Austritt aus dem Hauptverein zur Folge. Dieser erfolgt gemäss Art. 4 der Statuten.
- Tod des/der Gesellschafters/in. Stichtag ist der letzte Tag des Todesmonats.
- Ausschluss gemäss Art. 5 der Vereinsstatuten.

Art. 7 Auszahlung des Vermögensanteils

Ein/e ausscheidende/r Gesellschafter/in hat Anspruch auf Auszahlung seines/ihres Vermögensanteils, der sich aufgrund von Art. 549 (OR) folgendermassen berechnet:
- Wert des Gesellschaftsvermögens am Austrittstag dividiert durch die Anzahl der Gesellschafter/innen inklusive des/der Ausscheidenden
- abzüglich 3 Prozent Austrittsspesen
- abzüglich allfällig durch den/die ausscheidende/n Gesellschafter/in der Investmentgruppe geschuldete Beiträge

Art. 8 Zusammenkünfte der Gesellschafter/innen, Beschlussfassung

Die Gesellschafter/innen treffen sich in der Regel vor oder nach den Anlässen des .... Investmentclubs wenigstens einmal pro Quartal zur Diskussion und Entscheidung über die Anlagepolitik, insbesondere über den Ankauf und Verkauf von Vermögenswerten.

Bei diesen Zusammenkünften werden die Gesellschafter/innen über alle in ihrem Auftrag durch die Geschäftsführer/innen getätigten Transaktionen umfassend orientiert und haben Einsicht in alle Bücher und Korrespondenzen.

Die Gesellschafter/innen fassen insbesondere Beschlüsse über Gewinnausschüttungen oder Reinvestitionen, Teil- oder Gesamtliquidation des Vermögens.

Die Beschlüsse dieser Zusammenkünfte werden nach dem Mehrheitsprinzip der anwesenden Gesellschafter/innen gefasst. Abwesende Gesellschafter/innen können sich allenfalls durch eine/n andere/n Gesellschafter/in vertreten lassen. Der/die bevollmächtigte Gesellschafter/in ist bei Abstimmungen für Abwesende nur vertretungsberechtigt, wenn er/sie bei der Zusammenkunft eine schriftliche, ausdrücklich für diesen Termin ausgestellte Vollmacht vorweist. Mehrfachvertretungen sind möglich. Ein Beschlussprotokoll ist zu führen.

Beschlüsse im Umlaufverfahren sind möglich, erfordern jedoch die schriftliche Zustimmung der einfachen Mehrheit aller Gesellschafter/innen.

Art. 9 Vermögensanlage und Anlagepolitik
Die Anlage der Mittel erfolgt in Aktien, Anleihen, Optionen, Investmentfonds und anderen bankmässigen Anlageformen. Dabei ist auf eine angemessene Risikoverteilung zu achten. Die erworbenen Vermögenswerte stehen im Gesamteigentum der Gesellschafter/innen.

Zulasten der Investmentgruppe dürfen keine Schulden kontrahiert werden.
In Krisenzeiten wie Währungskrisen, politische Unruhen usw. treffen ausnahmsweise die Geschäftsführer/innen die erforderlichen Massnahmen.

Art. 10 Geschäftsführung
Die Gesellschafter/innen wählen aus ihrer Mitte drei Gesellschafter/innen, die gemeinsam die Geschäfte der Gesellschaft führen und sie gegen aussen, insbesondere gegenüber der Depotbank, vertreten (Art. 543 Abs. 530 OR). Die Geschäftsführer/innen werden jeweils für ein Jahr gewählt. Wiederwahl ist unbegrenzt zulässig.

Art. 11 Organisation und Kompetenzen der Geschäftsführer/innen
Zu den Aufgaben der geschäftsführenden Gesellschafter/innen gehört die Führung der erforderlichen Bücher und Korrespondenz. Aufgabe der Geschäftsführer/innen ist es ferner, die Beschlüsse der Gesellschafter/innen der Depotbank zur Durchführung zu übermitteln.

Auf Ende eines jeden Geschäftsjahrs, das mit dem Geschäftsjahr des Hauptvereins übereinstimmt, erstellen die Geschäftsführer/innen auf der Grundlage der Bankbelege und Depotbewertungen der Bank eine Jahresrechnung, bestehend aus Bilanz und Erfolgsrechnung.

Die Geschäftsführer/innen verteilen die ihnen zustehenden Kompetenzen selbständig unter sich. Jeweils zwei Geschäftsführer/innen sind berechtigt, kollektiv für die Gesellschaft zu zeichnen.

Die Geschäftsführer/innen wählen unter sich eine/n Vorsitzende/n.

Die Geschäftsführer/innen arbeiten ehrenamtlich. Sie sind jedoch berechtigt, Spesen (namentlich Porti, Zirkulare, Zeitschriften, sonstige Drucksachen usw.), die sie im Interesse der Gesellschaft verausgaben, der Gesellschaft zu belasten. Sie haben das Recht, nötigenfalls Sachverständige beizuziehen oder mit anderen Investmentclubs unter Wahrung der Interessen der Gesellschafter/innen einen Erfahrungsaustausch zu pflegen.

Art. 12 Depotbank
Die Depotbank verwahrt die Vermögenswerte der Gesellschaft, nimmt die Einzahlungen der Gesellschafter/innen entgegen und führt nach Massgabe der Instruktionen der Geschäftsführer/innen alle Kauf- und Verkaufsaufträge über Vermögenswerte der Gesellschaft aus.

Auf Anforderung der Geschäftsführer/innen erstellt die Depotbank Vermögensaufstellungen und fertigt für die einzelnen Gesellschafter/innen die zur Vorlage bei den Steuerbehörden erforderlichen Bescheinigungen aus.

Durch rechtskonforme Unterzeichnung des vorliegenden Vertrags übernimmt die Depotbank die ihr in diesem Artikel übertragenen Kompetenzen.

Art. 13 **Rechnungsrevisoren/innen**
Die Gesellschafter/innen wählen aus ihrer Mitte zwei Rechnungsrevisoren/innen und eine/n Ersatzrevisor/in. Die Revisoren/innen und der/die Ersatzrevisor/in werden jeweils für zwei Jahre gewählt. Wiederwahl ist unbegrenzt zulässig.

Die beiden Revisoren/innen überprüfen einmal jährlich auf Ende des Geschäftsjahrs die Rechnung der Gesellschaft und erstatten den Gesellschafter/innen in der Regel bei deren erster Zusammenkunft im neuen Geschäftsjahr einen schriftlichen Bericht über das Ergebnis ihrer Prüfung. Der/die Ersatzrevisor/in wird nur im Fall einer schwerwiegenden Verhinderung einer der beiden Revisoren/innen tätig. Fallen aus schwerwiegenden Gründen beide Revisoren/innen aus, ist zum Zeitpunkt dieses Ausfalls mit Mehrheitsbeschluss eine Neuwahl zulässig.

Art. 14 **Geschäftsgeheimnis**
Die Gesellschafter/innen bewahren Dritten gegenüber über die internen Verhältnisse der Gesellschaft Stillschweigen.

Art. 15 **Auflösung der Gesellschaft**
Die Auflösung der Gesellschaft bedarf eines Beschlusses von drei Vierteln sämtlicher Gesellschafter/innen. Alsdann werden sämtliche Vermögenswerte bestmöglich interessewahrend verkauft und deren Erlös nach Begleichung sämtlicher Spesen unter den Gesellschaftern/innen zu gleichen Teilen verteilt. Schulden werden von den Gesellschaftern/innen zu gleichen Teilen übernommen.

Eine Auflösung der Gesellschaft zieht keinesfalls eine Auflösung des Hauptvereins .... nach sich.

Eine Auszahlung erfolgt ebenfalls, wenn ein/e Gesellschafter/in bevormundet, verheiratet oder verbeiständet wird.

Art. 17 **Gerichtsstand**
Gerichtsstand für diesen dem schweizerischen Recht unterstehenden Vertrag ist ....

Ort, Datum ....

Für die Gesellschaft   Für die Depotbank
....
....

Tabellen zur Besteuerung von Vorsorgekapital

Einkommenssteuervergleich zum Beispiel Ehepaar Muster

Die Tabelle zeigt die unterschiedliche Einkommensbesteuerung des Ehepaars Muster in den Hauptorten aller Kantone, je nachdem ob Musters eine Pensionskassenrente beziehen oder sich das Guthaben auszahlen lassen und von Kapitalverzehr und privat finanzierter Leibrente leben. Die Ausgangslage ist dieselbe wie im Beispiel auf Seite 184; die geringfügigen Abweichungen der Jahreseinkommen in den verschiedenen Hauptorten rühren daher, dass eine vorzeitige Pensionierung je nach Kanton unterschiedliche Auswirkungen hat.

Ausgangslage	
Bedarf ab Alter 65 (AHV + PK)	96'000
Vermögen inkl. Säule 3a und Lebensversicherungen	850'000
Liegenschaftswert ohne Hypothek	500'000
Vorzeitige Pension mit	63 Jahre
Kirchensteuer	50% Ref. / 50% Kath.
Wohnort	Hauptort jedes Kantons, Steuertarif 2001

	PK-Rente ab Alter 65	Verzehr ab Alter 65	Private Rente ab Alter 75
AG / Aarau			
Einkommen vor Steuern	117'376	108'166	108'166
./. Steuerbelastung p. a.	-28'546	-13'468	-13'375
Einkommen nach Steuern	88'830	94'698	94'791
AI / Appenzell			
Einkommen vor Steuern	117'412	107'584	107'584
./. Steuerbelastung p. a.	-24'074	-9'695	-11'431
Einkommen nach Steuern	93'338	97'889	96'153
AR / Herisau			
Einkommen vor Steuern	117'412	108'040	108'040
./. Steuerbelastung p. a.	-29'467	-13'977	-14'892
Einkommen nach Steuern	87'945	94'063	93'148
BE / Bern			
Einkommen vor Steuern	117'396	107'592	107'592
./. Steuerbelastung p. a.	-34'288	-17'548	-17'597
Einkommen nach Steuern	83'108	90'044	89'995

BL / Liestal			
Einkommen vor Steuern	117'547	108'144	108'144
./. Steuerbelastung p. a.	-35'339	-19'272	-17'406
Einkommen nach Steuern	82'208	88'872	90'738
BS / Basel			
Einkommen vor Steuern	117'408	108'657	108'657
./. Steuerbelastung p. a.	-36'990	-19'410	-18'953
Einkommen nach Steuern	80'418	89'247	89'704
FR / Fribourg			
Einkommen vor Steuern	117'356	108'043	108'043
./. Steuerbelastung p. a.	-36'260	-19'200	-18'571
Einkommen nach Steuern	81'096	88'843	89'472
GE / Genf			
Einkommen vor Steuern	117'446	108'980	108'980
./. Steuerbelastung p. a.	-38'261	-19'981	-19'306
Einkommen nach Steuern	79'185	88'999	89'674
GL / Glarus			
Einkommen vor Steuern	117'424	108'621	108'621
./. Steuerbelastung p. a.	-27'223	-11'112	-13'271
Einkommen nach Steuern	90'201	97'509	95'350
GR / Chur			
Einkommen vor Steuern	117'561	108'545	108'545
./. Steuerbelastung p. a.	-29'719	-13'078	-14'021
Einkommen nach Steuern	87'842	95'467	94'524
JU / Delémont			
Einkommen vor Steuern	117'292	106'260	106'260
./. Steuerbelastung p. a.	-36'272	-17'618	-17'766
Einkommen nach Steuern	81'020	88'642	88'494
LU / Luzern			
Einkommen vor Steuern	117'404	108'689	108'689
./. Steuerbelastung p. a.	-33'667	-17'464	-17'537
Einkommen nach Steuern	83'737	91'225	91'152
NE / Neuenburg			
Einkommen vor Steuern	117'419	108'802	108'802
./. Steuerbelastung p. a.	-40'886	-21'249	-21'567
Einkommen nach Steuern	76'533	87'553	87'235
NW / Stans			
Einkommen vor Steuern	117'444	109'084	109'084
./. Steuerbelastung p. a.	-21'580	-7'451	-10'327
Einkommen nach Steuern	95'864	101'633	98'757
OW / Sarnen			
Einkommen vor Steuern	117'398	108'860	108'860
./. Steuerbelastung p. a.	-28'253	-14'196	-15'772
Einkommen nach Steuern	89'145	94'664	93'088

SG / St. Gallen			
Einkommen vor Steuern	117'430	107'646	107'646
./. Steuerbelastung p. a.	-32'955	-15'559	-15'943
Einkommen nach Steuern	84'475	92'087	91'703
SH / Schaffhausen			
Einkommen vor Steuern	117'507	109'268	109'268
./. Steuerbelastung p. a.	-34'139	-18'230	-17'394
Einkommen nach Steuern	83'368	91'038	91'874
SO / Solothurn			
Einkommen vor Steuern	117'500	109'214	109'214
./. Steuerbelastung p. a.	-34'809	-17'514	-18'273
Einkommen nach Steuern	82'691	91'700	90'941
SZ / Schwyz			
Einkommen vor Steuern	117'601	108'983	108'983
./. Steuerbelastung p. a.	-21'474	-9'958	-10'966
Einkommen nach Steuern	96'127	99'025	98'017
TG / Frauenfeld			
Einkommen vor Steuern	117'413	107'320	107'320
./. Steuerbelastung p. a.	-32'292	-15'643	-15'592
Einkommen nach Steuern	85'121	91'677	91'728
TI / Bellinzona			
Einkommen vor Steuern	117'680	108'646	108'646
./. Steuerbelastung p. a.	-32'276	-13'914	-14'781
Einkommen nach Steuern	85'404	94'732	93'865
UR / Altdorf			
Einkommen vor Steuern	117'347	108'385	108'385
./. Steuerbelastung p. a.	-31'647	-16'544	-15'533
Einkommen nach Steuern	85'700	91'841	92'852
VD / Lausanne			
Einkommen vor Steuern	117'388	108'197	108'197
./. Steuerbelastung p. a.	-36'200	-20'260	-19'063
Einkommen nach Steuern	81'188	87'937	89'134
VS / Sion			
Einkommen vor Steuern	117'465	107'198	107'198
./. Steuerbelastung p. a.	-33'446	-16'210	-13'827
Einkommen nach Steuern	84'019	90'988	93'371
ZG / Zug			
Einkommen vor Steuern	117'549	109'537	109'537
./. Steuerbelastung p. a.	-18'158	-8'474	-8'437
Einkommen nach Steuern	99'391	101'063	101'100
ZH / Zürich			
Einkommen vor Steuern	117'484	107'945	107'945
./. Steuerbelastung p. a.	-24'784	-10'386	-11'331
Einkommen nach Steuern	92'700	97'559	96'614

Vergleich der Besteuerung des Kapitalbezugs zum Beispiel Ehepaar Muster

Die Tabelle zeigt die Besteuerung des Kapitalbezugs aus der zweiten Säule von 861 213 Franken (vor Steuern) und des Säule-3a-Kapitals von 173 298 Franken (inklusive Zins per 1. Juli 2004) in den Hauptorten aller Kantone (siehe Beispiel auf Seite 184).

Kanton/Hauptort	Steuern für Pensionskassenkapital	Steuern für Säule-3a-Kapital
ZG Zug	Fr. 61 138.–	Fr. 8199.–
SH Schaffhausen	Fr. 70 238.–	Fr. 9858.–
SO Solothurn	Fr. 72 142.–	Fr. 10 132.–
NW Stans	Fr. 75 098.–	Fr. 12 373.–
GE Genf	Fr. 79 294.–	Fr. 12 320.–
OW Sarnen	Fr. 82 192.–	Fr. 14 215.–
NE Neuenburg	Fr. 85 366.–	Fr. 13 374.–
SZ Schwyz	Fr. 85 414.–	Fr. 6098.–
LU Luzern	Fr. 89 250.–	Fr. 14 004.–
BS Basel	Fr. 90 706.–	Fr. 13 820.–
GL Glarus	Fr. 92 786.–	Fr. 13 188.–
UR Altdorf	Fr. 99 184.–	Fr. 16 252.–
GR Chur	Fr. 101 288.–	Fr. 7718.–
TI Bellinzona	Fr. 102 034.–	Fr. 2938.–
VD Lausanne	Fr. 108 328.–	Fr. 14 626.–
AG Aarau	Fr. 109 058.–	Fr. 15 113.–
FR Fribourg	Fr. 113 214.–	Fr. 15 887.–
AR Herisau	Fr. 115 528.–	Fr. 13 684.–
BL Liestal	Fr. 116 782.–	Fr. 8282.–
ZH Zürich	Fr. 122 247.–	Fr. 10 779.–
SG St. Gallen	Fr. 132 051.–	Fr. 12 926.–
BE Bern	Fr. 132 838.–	Fr. 14 287.–
AI Appenzell	Fr. 133 810.–	Fr. 13 665.–
TG Frauenfeld	Fr. 144 390.–	Fr. 13 639.–
VS Sion	Fr. 151 386.–	Fr. 11 537.–
JU Delémont	Fr. 181 962.–	Fr. 18 462.–

Quelle: Würth Vorsorge, Uster, und Tribut AG, Bern

Steuern beim Bezug von Kapital aus der zweiten Säule und der Säule 3a (Richtwerte)

Die Tabelle zeigt die steuerliche Belastung bei der Auszahlung von Guthaben der zweiten Säule und der Säule 3a (Kanton und Bund, exklusive Kirchensteuer). Genauere Angaben sind bei den Steuerämtern erhältlich.

	100'000 verh.	100'000 ledig	200'000 verh.	200'000 ledig	300'000 verh.	300'000 ledig	400'000 verh.	400'000 ledig	500'000 verh.	500'000 ledig
AG	5'538	8'014	17'479	20'568	30'092	33'472	42'930	46'528	55'772	59'584
AI	6'689	6'921	15'293	15'470	24'013	24'230	38'279	38'536	56'434	56'731
AR	6'649	8'908	15'213	19'444	23'893	30'191	35'525	44'871	50'681	64'255
BE	6'043	7'290	16'715	20'261	29'665	35'893	45'191	53'253	61'131	72'818
BL	3'914	4'146	9'743	9'920	15'689	15'906	26'448	32'831	42'652	54'850
BS	5'319	5'551	15'803	15'980	26'403	26'620	37'003	37'260	47'603	47'900
FR	6'304	6'536	18'963	19'140	32'663	32'880	46'363	46'620	60'063	60'360
GE	5'517	5'748	14'006	14'182	23'024	23'240	32'259	32'515	41'610	41'906
GL	6'419	6'651	14'753	14'930	23'203	23'420	31'653	35'420	40'103	50'930
GR	3'494	4'701	8'903	11'030	14'428	19'470	23'510	33'694	34'322	52'821
JU	6'809	9'921	21'821	29'567	42'143	50'399	62'524	75'147	84'749	99'883
LU	5'869	7'057	16'053	17'507	26'918	28'488	37'860	39'470	48'712	50'291
NE	5'444	6'797	15'373	17'368	26'394	27'076	36'528	36'785	46'197	46'494
NW*	5'278	6'469	14'586	15'502	23'842	24'590	32'922	33'470	41'970	42'350
OW	6'586	6'818	15'886	16'063	25'302	25'519	34'718	34'975	44'134	44'431
SG	6'148	8'240	14'212	18'108	22'391	28'187	36'638	46'356	53'623	68'176
SH	4'008	4'699	11'581	12'511	19'826	20'796	28'406	29'416	36'986	38'036
SO	3'861	4'881	11'899	13'084	20'705	22'628	29'519	31'072	38'333	39'352
SZ	1'873	2'996	7'668	11'607	15'829	22'870	25'729	35'296	36'716	47'650
TG	6'589	8'326	15'093	18'936	26'151	36'030	43'739	54'090	61'426	74'830
TI	904	1'167	3'724	8'629	10'371	22'914	20'332	41'041	30'985	63'967
UR	6'948	8'262	18'979	20'511	31'305	32'810	44'145	44'430	55'753	56'050
VD	6'368	7'982	17'929	20'915	30'860	34'865	44'610	48'815	58'518	62'765
VS*	4'916	5'148	14'499	14'676	28'147	28'364	44'975	45'232	64'706	65'003
ZG	3'136	4'070	9'591	10'286	17'586	17'630	24'890	24'974	32'194	32'318
ZH	5'189	5'421	12'293	13'786	19'513	28'205	32'970	45'146	49'222	64'187

* Achtung: In diesen Kantonen unterschiedliche Besteuerung der Säulen 2 und 3a!

Stand: 12. März 2001

Quelle: Tribut AG

Offertbeispiele zu Vorsorgeprodukten von Versicherungsgesellschaften

Im Folgenden sind die wichtigsten Passagen aus den Offerten der Rentenanstalt/Swiss Life zu den Beispielen ab Seite 213 wiedergegeben. Alle Offerten basieren auf einem technischen Zinssatz von 2,5 Prozent; bis zum Erscheinen des Ratgebers wird die Rentenanstalt/Swiss Life verschiedene Zinssätze auf 3 Prozent erhöhen und auch die Überschusssätze anpassen.

Swiss Life Crescendo

Offerte für eine Lebensversicherung
Swiss Life Crescendo, gebundene Vorsorge Säule 3a

Versicherungsbeginn:	1.6.2001
Beginn jedes nachfolgenden Versicherungsjahres:	1.6.
Vertragsdauer:	30 Jahre

Unsere Leistungen für Herrn Anton Graf, geboren 4.4.1966

Im Erlebensfall

Kapital am 1.6.2031	CHF	208'516.00
+ Überschussanteile am 1.6.2031	CHF	130'782.40
Total am 1.6.2031	**CHF**	**339'298.40**

Im Todesfall

Kapital
- vor dem 1.6.2002 — CHF 10'989.00
- ab 1.6.2002 jährlich am 1.6. steigend um CHF 6'811.00
- ab 1.6.2030 bis 31.5.2031 — CHF 208'516.00
- + angesammelte Überschussanteile

Versicherungsverlauf

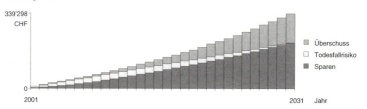

Ihre Prämien

Erlebens- und Todesfallversicherung	CHF	5'494.70
Prämienbefreiung bei Erwerbsunfähigkeit	CHF	438.30
Total pro Jahr	**CHF**	**5'933.00**

Prämie jährlich zahlbar, fällig jeweils am 1.6., erstmals 2001, letztmals 2030

Verlauf der Versicherung für Anton Graf, geboren 4.4.1966

Versicherungsjahr	Todesfallkapital ohne Überschuss CHF	Todesfallkapital inkl. Überschuss CHF	Rückkaufswert ohne Überschuss CHF	Rückkaufswert inkl. Überschuss CHF
2001/2002	10'989.00	11'207.00	3'282.60	3'488.00
2002/2003	17'800.00	18'470.00	6'640.40	7'272.40
2003/2004	24'612.00	25'891.70	10'074.80	11'276.50
2004/2005	31'423.00	33'479.20	13'587.60	15'511.40
2005/2006	38'234.00	41'246.70	17'180.40	19'989.30
2006/2007	45'045.00	49'203.60	22'147.20	26'014.90
2007/2008	51'857.00	57'366.10	28'070.60	33'182.30
2008/2009	58'668.00	65'745.40	34'127.60	40'680.60
2009/2010	65'479.00	74'353.90	40'320.60	48'524.90
2010/2011	72'290.00	83'208.90	46'651.60	56'730.60
2011/2012	79'102.00	92'324.70	53'123.20	65'314.60
2012/2013	85'913.00	101'713.60	59'737.70	74'288.10
2013/2014	92'724.00	111'390.10	66'497.60	83'669.10
2014/2015	99'536.00	121'372.40	73'405.60	93'475.90
2015/2016	106'347.00	131'677.90	80'464.70	103'728.10
2016/2017	113'158.00	142'328.20	87'678.20	114'446.80
2017/2018	119'969.00	153'336.50	95'050.00	125'648.10
2018/2019	126'781.00	164'723.40	102'584.20	137'355.20
2019/2020	133'592.00	176'510.40	110'285.60	149'592.30
2020/2021	140'403.00	188'720.90	118'159.70	162'385.50
2021/2022	147'215.00	201'379.50	126'212.70	175'762.80
2022/2023	154'026.00	214'504.70	134'452.00	189'751.10
2023/2024	160'837.00	228'123.20	142'886.40	204'379.80
2024/2025	167'648.00	242'256.40	151'526.20	219'680.00
2025/2026	174'460.00	256'932.10	160'383.10	242'448.00
2026/2027	181'271.00	272'173.00	169'470.70	259'943.20
2027/2028	188'082.00	288'005.70	178'806.10	278'278.50
2028/2029	194'893.00	304'454.90	188'409.40	297'497.90
2029/2030	201'705.00	321'547.60	198'303.50	317'649.00
2030/2031	208'516.00	339'298.40	208'516.00	338'777.50

Swiss Life Summa

Offerte für eine Lebensversicherung
Swiss Life Summa, gebundene Vorsorge Säule 3a

Versicherungsbeginn:	1.6.2001
Beginn jedes nachfolgenden Versicherungsjahres:	1.6.
Vertragsdauer:	30 Jahre

Sofern die Versicherungsnehmerin nicht ein späteres Datum wählt, beginnt die Versicherung - vorausgesetzt, die Policierung ist möglich - am Datum, an dem die Einmalprämie vollständig am Hauptsitz der Rentenanstalt/Swiss Life eingegangen ist.

Unsere Leistungen   für Frau Margrit Früh, geboren 5.5.1967

Im Erlebensfall

Kapital am 1.6.2031	CHF	71'915.00
+ Überschussanteile am 1.6.2031	CHF	72'154.00
Total am 1.6.2031	**CHF**	**144'069.00**

Im Todesfall

Kapital
- vor dem 1.6.2002   CHF   40'000.00
- ab 1.6.2002 jährlich am 1.6. steigend um CHF 1'101.00
- ab 1.6.2030 bis 31.5.2031   CHF   71'915.00
- + angesammelte Überschussanteile

Versicherungsverlauf

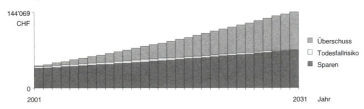

Ihre Prämien

Einmalprämie fällig am 1.6.2001	CHF	40'000.00

Die Einmalprämie wird aus bereits bescheinigten Vorsorgegeldern der Säule 3a finanziert.

Verlauf der Versicherung für Margrit Früh, geboren 5.5.1967

Versicherungsjahr	Todesfallkapital ohne Überschuss CHF	Todesfallkapital inkl. Überschuss CHF	Rückkaufswert ohne Überschuss CHF	Rückkaufswert inkl. Überschuss CHF
2001/2002	40'000.00	41'422.00	37'353.00	38'775.70
2002/2003	41'101.00	44'687.00	38'195.90	40'275.70
2003/2004	42'201.00	47'515.00	39'059.20	41'956.40
2004/2005	43'302.00	50'386.00	39'943.10	43'711.10
2005/2006	44'402.00	53'299.00	40'848.00	45'543.30
2006/2007	45'503.00	56'259.00	41'774.30	47'456.40
2007/2008	46'603.00	59'263.00	42'722.50	49'453.60
2008/2009	47'704.00	62'316.00	43'692.90	51'538.70
2009/2010	48'804.00	65'417.00	44'686.00	53'715.60
2010/2011	49'905.00	68'569.00	45'702.20	55'988.10
2011/2012	51'005.00	71'770.00	46'742.00	58'360.60
2012/2013	52'106.00	75'025.00	47'805.80	60'837.10
2013/2014	53'206.00	78'333.00	48'894.30	63'422.70
2014/2015	54'307.00	81'696.00	50'007.80	66'121.90
2015/2016	55'407.00	85'114.00	51'147.20	68'940.40
2016/2017	56'508.00	88'592.00	52'312.80	71'883.00
2017/2018	57'608.00	92'126.00	53'505.50	74'955.90
2018/2019	58'709.00	95'724.00	54'726.00	78'165.50
2019/2020	59'809.00	99'381.00	55'975.10	81'518.10
2020/2021	60'910.00	103'102.00	57'253.60	85'021.00
2021/2022	62'010.00	106'886.00	58'562.50	88'681.20
2022/2023	63'111.00	110'738.00	59'902.70	92'507.40
2023/2024	64'211.00	114'654.00	61'275.40	96'507.90
2024/2025	65'312.00	118'641.00	62'681.90	100'692.30
2025/2026	66'412.00	122'697.00	64'123.40	105'465.30
2026/2027	67'513.00	126'824.00	65'601.40	111'979.40
2027/2028	68'613.00	131'023.00	67'117.50	119'118.70
2028/2029	69'714.00	135'297.00	68'673.70	126'823.90
2029/2030	70'814.00	139'644.00	70'272.10	135'188.50
2030/2031	71'915.00	144'069.00	71'915.00	144'068.50

Swiss Life Airbag

Offerte für eine Risiko-Lebensversicherung
Swiss Life Airbag, freie Vorsorge Säule 3b

Versicherungsbeginn:	1.6.2001
Beginn jedes nachfolgenden Versicherungsjahres:	1.6.
Vertragsdauer:	29 Jahre

Unsere Leistungen   für Frau Margrit Früh, geboren 5.5.1967

Bei Erwerbsunfähigkeit

Rente pro Jahr infolge Krankheit oder Unfalls monatlich zahlbar nach 24 Monaten Wartefrist bis 31.5.2030	CHF	24'000.00

Prämienbefreiung bis 31.5.2028 nach 3 Monaten Wartefrist

Überschuss zur Verrechnung mit der Prämie

Der anfallende Überschuss wird zur Verminderung der Prämien des folgenden Versicherungsjahres verwendet. Die Höhe der künftigen Überschussanteile kann nicht garantiert werden.

Ihre Prämien

Rente bei Erwerbsunfähigkeit	CHF	847.40
Prämienbefreiung bei Erwerbsunfähigkeit	CHF	30.30
Total pro Jahr	**CHF**	**877.70**

Prämie jährlich zahlbar, fällig jeweils am 1.6., erstmals 2001, letztmals 2027

Prämie nach Abzug der nicht garantierten Überschussanteile erstmals 2002, letztmals 2027	CHF	702.10

Swiss Life Umbrella

Offerte für eine Risiko-Lebensversicherung
Swiss Life Umbrella, freie Vorsorge Säule 3b

Versicherungsbeginn:	1.6.2001
Beginn jedes nachfolgenden Versicherungsjahres:	1.6.
Vertragsdauer:	20 Jahre

Unsere Leistungen für Herrn Viktor Lang, geboren 4.4.1956

Im Todesfall

Kapital vor dem 1.6.2021   CHF   150'000.00

Versicherungsverlauf

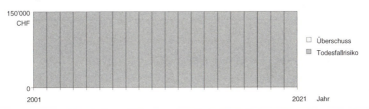

Bei Erwerbsunfähigkeit

Prämienbefreiung bis 31.5.2021 nach 3 Monaten Wartefrist

Überschuss zur Verrechnung mit der Prämie

Der anfallende Überschuss wird zur Verminderung der Prämien des folgenden Versicherungsjahres verwendet. Die Höhe der künftigen Überschussanteile kann nicht garantiert werden.

Ihre Prämien

Konstante Todesfallversicherung	CHF	1'457.00
Prämienbefreiung bei Erwerbsunfähigkeit	CHF	109.50
Total pro Jahr	**CHF**	**1'566.50**

Prämie jährlich zahlbar, fällig jeweils am 1.6.,
erstmals 2001, letztmals 2020

Prämie nach Abzug der nicht garantierten Überschussanteile
erstmals 2002, letztmals 2020   CHF   1'253.20

Swiss Life Forte

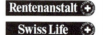

Offerte für eine Lebensversicherung
Swiss Life Forte, freie Vorsorge Säule 3b

Versicherungsbeginn:	1.6.2001
Beginn jedes nachfolgenden Versicherungsjahres:	1.6.
Vertragsdauer:	22 Jahre

Unsere Leistungen für Herrn Kurt Meier, geboren 4.4.1963

Im Erlebensfall

Kapital am 1.6.2023	CHF	95'529.00
+ Überschussanteile am 1.6.2023	CHF	33'683.70
Total am 1.6.2023	**CHF**	**129'212.70**

Im Todesfall

Kapital
- vor dem 1.6.2002   CHF   23'882.00
- ab 1.6.2002 jährlich am 1.6. steigend um CHF 3'412.00
- ab 1.6.2022 bis 31.5.2023   CHF   95'529.00
+ angesammelte Überschussanteile

Versicherungsverlauf

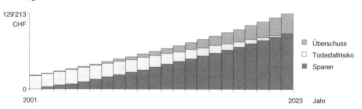

Ihre Prämien

Erlebens- und Todesfallversicherung	CHF	3'814.20
Prämienbefreiung bei Erwerbsunfähigkeit	CHF	185.80
Total pro Jahr	**CHF**	**4'000.00**

Prämie jährlich zahlbar, fällig jeweils am 1.6., erstmals 2001, letztmals 2022

Verlauf der Versicherung für Kurt Meier, geboren 4.4.1963

Versicherungsjahr	Todesfallkapital ohne Überschuss CHF	Todesfallkapital inkl. Überschuss CHF	Rückkaufswert ohne Überschuss CHF	Rückkaufswert inkl. Überschuss CHF
2001/2002	23'882.00	23'981.00	0.00	99.10
2002/2003	27'294.00	27'618.00	4'553.00	4'876.60
2003/2004	30'706.00	31'349.00	6'908.00	7'550.70
2004/2005	34'117.00	35'177.00	9'316.70	10'376.30
2005/2006	37'529.00	39'110.20	13'038.90	14'619.60
2006/2007	40'941.00	43'153.60	17'039.20	19'252.10
2007/2008	44'353.00	47'316.40	21'130.00	24'093.40
2008/2009	47'764.00	51'603.70	25'313.20	29'153.20
2009/2010	51'176.00	56'023.60	29'590.90	34'438.00
2010/2011	54'588.00	60'581.30	33'965.50	39'958.20
2011/2012	58'000.00	65'284.80	38'439.50	45'724.70
2012/2013	61'411.00	70'144.30	43'016.10	51'749.80
2013/2014	64'823.00	75'171.10	47'698.70	58'046.30
2014/2015	68'235.00	80'369.20	52'491.30	64'625.90
2015/2016	71'647.00	85'749.70	57'398.50	71'501.50
2016/2017	75'058.00	91'319.00	62'425.60	78'686.80
2017/2018	78'470.00	97'088.10	67'578.70	86'196.80
2018/2019	81'882.00	103'064.30	72'864.80	94'047.70
2019/2020	85'294.00	109'257.70	78'292.20	102'256.70
2020/2021	88'705.00	115'676.60	83'870.70	110'841.50
2021/2022	92'117.00	122'326.20	89'611.80	119'821.30
2022/2023	95'529.00	129'212.70	95'529.00	129'212.60

Swiss Life Harvest

Offerte für eine Lebensversicherung
Swiss Life Harvest, freie Vorsorge Säule 3b

Versicherungsbeginn:	1.6.2001
Beginn jedes nachfolgenden Versicherungsjahres:	1.6.
Vertragsdauer:	10 Jahre

Sofern der Versicherungsnehmer nicht ein späteres Datum wählt, beginnt die Versicherung - vorausgesetzt, die Policierung ist möglich - am Datum, an dem die Einmalprämie vollständig am Hauptsitz der Rentenanstalt/Swiss Life eingegangen ist.

Unsere Leistungen   für Herrn Georg Studer, geboren 4.4.1951
Im Erlebensfall

Kapital am 1.6.2011	CHF	232'542.00
+ Überschussanteile am 1.6.2011	CHF	66'812.00
Total am 1.6.2011	**CHF**	**299'354.00**

Im Todesfall

Kapital vor dem 1.6.2011	CHF	232'542.00
+ angesammelte Überschussanteile		

Versicherungsverlauf

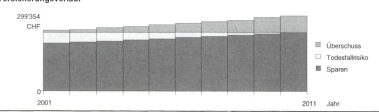

Ihre Prämien

Einmalprämie	CHF	200'000.00
+ 2.5% Eidg. Stempelsteuer	CHF	5'000.00
Total	**CHF**	**205'000.00**
fällig am 1.6.2001		

Verlauf der Versicherung für Georg Studer, geboren 4.4.1951

Versicherungsjahr	Todesfallkapital ohne Überschuss CHF	Todesfallkapital inkl. Überschuss CHF	Rückkaufswert ohne Überschuss CHF	Rückkaufswert inkl. Überschuss CHF
2001/2002	232'542.00	239'485.00	189'724.10	196'003.60
2002/2003	232'542.00	244'592.00	193'952.90	204'628.80
2003/2004	232'542.00	250'039.00	198'288.80	213'654.20
2004/2005	232'542.00	255'844.00	202'739.60	223'102.90
2005/2006	232'542.00	262'027.00	207'314.40	233'000.30
2006/2007	232'542.00	268'609.00	212'024.10	243'374.60
2007/2008	232'542.00	275'609.00	216'882.60	254'257.50
2008/2009	232'542.00	283'051.00	221'906.90	265'685.20
2009/2010	232'542.00	290'957.00	227'117.90	277'698.40
2010/2011	232'542.00	299'354.00	232'542.00	290'345.10

Swiss Life Calmo

Offerte für eine Lebensrentenversicherung
Swiss Life Calmo, freie Vorsorge Säule 3b

Versicherungsbeginn:	1.6.2001
Beginn jedes nachfolgenden Versicherungsjahres:	1.6.
Dauer der Finanzierungsphase:	15 Jahre
Beginn der Bezugsphase:	1.6.2016

Sofern der Versicherungsnehmer nicht ein späteres Datum wählt, beginnt die Versicherung - vorausgesetzt, die Policierung ist möglich - am Datum, an dem die Einmalprämie vollständig am Hauptsitz der Rentenanstalt/Swiss Life eingegangen ist.

Unsere Leistungen   für Herrn Theo Vontobel, geboren 4.4.1946

Im Erlebensfall

Rente pro Jahr ab 1.6.2016	CHF	7'826.40
Rente monatlich fällig, erstmals am 1.6.2016		
Überschussrente pro Jahr ab 1.6.2016, in den Folgejahren steigend	CHF	3'682.80
Rente im ersten Jahr	CHF	11'509.20

Renten

Im Todesfall vor dem 1.6.2034

Auszahlung der Rückgewährssumme.

Verlauf der Rückgewährssumme

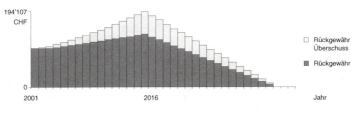

Steigende Überschussrente

Der in der Finanzierungsphase anfallende Überschuss dient der Erhöhung der Renten in der Bezugsphase. Der während der Bezugsphase anfallende Überschuss dient der dauernden Erhöhung der Renten. Die Höhe der künftigen Überschussanteile kann nicht garantiert werden.

Ihre Prämien

Einmalprämie	CHF	100'000.00
+ 2.5% Eidg. Stempelsteuer	CHF	2'500.00
Total	**CHF**	**102'500.00**
fällig am 1.6.2001		

Verlauf der Versicherung für Theo Vontobel, geboren 4.4.1946

Erwartete Entwicklung in der Finanzierungsphase

Versicherungsjahr	Rückgewährs- summe ohne Überschuss CHF	Rückgewährs- summe inkl. Überschuss CHF	Prämien CHF
2001/2002	100'000.00	100'000.00	100'000.00
2002/2003	100'000.00	102'331.30	0.00
2003/2004	100'000.00	104'835.60	0.00
2004/2005	102'388.60	109'911.20	0.00
2005/2006	104'901.00	115'304.00	0.00
2006/2007	107'475.30	120'963.20	0.00
2007/2008	110'113.00	126'901.80	0.00
2008/2009	112'815.60	133'134.40	0.00
2009/2010	115'584.80	139'675.50	0.00
2010/2011	118'422.30	146'540.50	0.00
2011/2012	121'329.80	153'745.10	0.00
2012/2013	124'308.90	161'307.60	0.00
2013/2014	127'361.40	169'245.30	0.00
2014/2015	130'489.20	177'577.30	0.00
2015/2016	133'694.20	186'323.50	0.00

Erwartete Entwicklung in der Bezugsphase

Versicherungsjahr	Rückgewährs- summe ohne Überschuss CHF	Rückgewährs- summe inkl. Überschuss CHF	Rente pro Jahr inkl. Überschussrente CHF
2016/2017	136'978.30	194'107.30	11'509.20
2017/2018	129'368.40	183'323.60	11'840.40
2018/2019	121'758.50	172'539.90	12'177.60
2019/2020	114'148.60	161'756.10	12'522.00
2020/2021	106'538.70	150'972.30	12'873.60
2021/2022	98'928.80	140'188.60	13'232.40
2022/2023	91'318.90	129'404.90	13'596.00
2023/2024	83'709.00	118'621.20	13'896.00
2024/2025	76'099.10	107'837.40	14'143.20
2025/2026	68'489.20	97'053.70	14'392.80
2026/2027	60'879.20	86'269.90	14'643.60
2027/2028	53'269.30	75'486.10	14'894.40
2028/2029	45'659.40	64'702.40	15'147.60
2029/2030	38'049.50	53'918.70	15'400.80
2030/2031	30'439.60	43'134.90	15'656.40
2031/2032	22'829.70	32'351.20	15'912.00
2032/2033	15'219.80	21'567.50	16'168.80
2033/2034	7'609.90	10'783.70	16'428.00
2034/2035	0.00	0.00	16'689.60
2035/2036	0.00	0.00	16'956.00
2036/2037	0.00	0.00	17'228.40

Swiss Life Calmo

Offerte für eine Lebensrentenversicherung
Swiss Life Calmo, freie Vorsorge Säule 3b

Versicherungsbeginn:	1.6.2001
Beginn jedes nachfolgenden Versicherungsjahres:	1.6.
Dauer der Finanzierungsphase:	15 Jahre
Beginn der Bezugsphase:	1.6.2016

Sofern der Versicherungsnehmer nicht ein späteres Datum wählt, beginnt die Versicherung - vorausgesetzt, die Policierung ist möglich - am Datum, an dem die Einmalprämie vollständig am Hauptsitz der Rentenanstalt/Swiss Life eingegangen ist.

Unsere Leistungen   für Herrn Theo Vontobel, geboren 4.4.1946
und Frau Rita Vontobel, geboren 5.5.1953

Rentenzahlung für beide Personen zusammen

Rente pro Jahr ab 1.6.2016	CHF	6'183.60
Rente monatlich fällig, erstmals am 1.6.2016		
Überschussrente pro Jahr ab 1.6.2016, in den Folgejahren steigend	CHF	2'871.60
Rente im ersten Jahr	CHF	9'055.20

Rentenzahlung nach dem Tode einer Person

Im Todesfall einer versicherten Person erfolgt keine Leistungskürzung.

Renten

Beim Tod der zweiten versicherten Person vor dem 1.6.2039

Auszahlung der Rückgewährssumme.

Verlauf der Rückgewährssumme

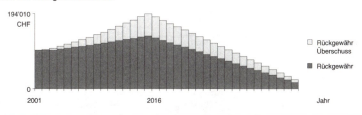

Ihre Prämien

Einmalprämie	CHF	100'000.00
+ 2.5% Eidg. Stempelsteuer	CHF	2'500.00
Total	**CHF**	**102'500.00**
fällig am 1.6.2001		

Verlauf der Versicherung für Theo Vontobel, geboren 4.4.1946 und Rita Vontobel, geboren 5.5.1953

Erwartete Entwicklung in der Finanzierungsphase

Versicherungsjahr	Rückgewährs-summe ohne Überschuss CHF	Rückgewährs-summe inkl. Überschuss CHF	Prämien CHF
2001/2002	100'000.00	100'000.00	100'000.00
2002/2003	100'000.00	102'331.20	0.00
2003/2004	100'000.00	104'834.90	0.00
2004/2005	102'385.10	109'906.20	0.00
2005/2006	104'897.30	115'297.30	0.00
2006/2007	107'471.50	120'955.00	0.00
2007/2008	110'109.00	126'891.00	0.00
2008/2009	112'811.50	133'120.10	0.00
2009/2010	115'580.60	139'656.20	0.00
2010/2011	118'417.90	146'515.10	0.00
2011/2012	121'325.20	153'712.10	0.00
2012/2013	124'304.10	161'264.30	0.00
2013/2014	127'356.50	169'189.80	0.00
2014/2015	130'484.20	177'506.00	0.00
2015/2016	133'689.00	186'233.40	0.00

Erwartete Entwicklung in der Bezugsphase

Versicherungsjahr	Rückgewährs-summe ohne Überschuss CHF	Rückgewährs-summe inkl. Überschuss CHF	Rente pro Jahr inkl. Überschussrente CHF
2016/2017	136'972.80	194'010.30	9'055.20
2017/2018	131'017.50	185'575.20	9'266.40
2018/2019	125'062.10	177'139.90	9'483.60
2019/2020	119'106.80	168'704.70	9'704.40
2020/2021	113'151.50	160'269.50	9'930.00
2021/2022	107'196.10	151'834.10	10'160.40
2022/2023	101'240.80	143'398.90	10'396.80
2023/2024	95'285.40	134'963.60	10'590.00
2024/2025	89'330.10	126'528.50	10'752.00
2025/2026	83'374.80	118'093.30	10'916.40
2026/2027	77'419.40	109'658.00	11'082.00
2027/2028	71'464.10	101'222.80	11'250.00
2028/2029	65'508.70	92'787.50	11'419.20
2029/2030	59'553.40	84'352.30	11'592.00
2030/2031	53'598.10	75'917.10	11'766.00
2031/2032	47'642.70	67'481.80	11'941.20
2032/2033	41'687.40	59'046.60	12'118.80
2033/2034	35'732.00	50'611.40	12'298.80
2034/2035	29'776.70	42'176.20	12'481.20
2035/2036	23'821.40	33'741.00	12'664.80
2036/2037	17'866.00	25'305.70	12'849.60

Fondsauswahl zur Lebensversicherung
Swiss Life Temperament

Je nach Risikobereitschaft und Anlageziel können Versicherungsnehmer bei der fondsverwalteten Lebensversicherung Swiss Life Temperament (siehe Seite 217) aus folgenden sechs Fonds auswählen:

Swiss Life Funds – Income (CHF)

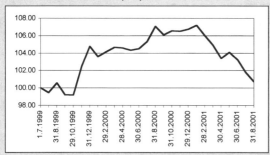

25% Aktien, 75% Obligationen
Ausgabekommission: 1%
All-in-Fee: 1,05% p. a.

Fondsperformance vom 1.7.1999 bis 31.8.2001

Swiss Life Funds – Balanced (CHF)

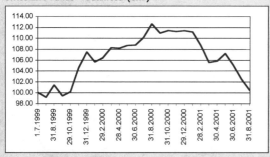

50% Aktien, 50% Obligationen
Ausgabekommission: 1%
All-in-Fee: 1,25% p. a.

Fondsperformance vom 1.7.1999 bis 31.8.2001

Swiss Life Funds (Lux) – Bond Euro Zone (Euro)

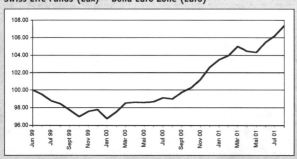

In der Regel
100% Obligationen
Ausgabekommission: 1%
All-in-Fee: 0,75% p. a.

Fondsperformance von Juni 1999 bis Juli 2001

Swiss Life Funds (Lux) – Portfolio Euro Zone Balanced (Euro)

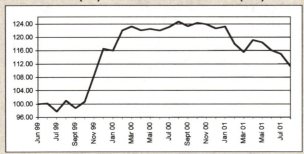

50% Aktien,
50% Obligationen
Ausgabekommission: 1%
All-in-Fee: 0,85% p. a.

Fondsperformance von Juni 1999 bis Juli 2001

Swiss Life Funds (Lux) – Portfolio Global Growth (CHF)

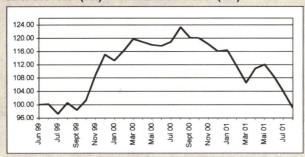

70% Aktien,
30% Obligationen
Ausgabekommission: 1%
All-in-Fee: 0,95% p. a.

Fondsperformance von Juni 1999 bis Juli 2001

Swiss Life Funds (Lux) – Equity Euro Zone (Euro)

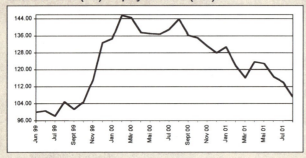

In der Regel
100% Aktien
Ausgabekommission: 1%
All-in-Fee: 1,1% p. a.

Fondsperformance von Juni 1999 bis Juli 2001

RENTE ODER KAPITALBEZUG?

Eine lebenslange Rente beziehen oder sich das Kapital der beruflichen Vorsorge auf einmal auszahlen lassen? Diese Frage stellen sich viele Erwerbstätige vor der Pensionierung – und entscheiden oft emotional.

Renten- oder Kapitallösung – beide haben Vor- und Nachteile. Um den richtigen Entscheid zu treffen, sollte man auf jeden Fall die steuerlichen Auswirkungen kennen. Denn bei höheren Kapitalauszahlungen und Vermögen lassen sich jährlich Tausende von Franken einsparen.

Profitieren Sie deshalb von der Vorsorgeberechnung des Beobachters. Abonnentinnen und Abonnenten des Beobachters zahlen für die Berechnung nur Fr. 195.– (Nichtabonnenten Fr. 255.–).

Diese Dienstleistung bieten wir Ihnen in Zusammenarbeit mit Würth-Vorsorge an, welche die Berechnungen ausführt.

Der Fragebogen zu «Rente oder Kapital» ist mit diesem Coupon erhältlich; er findet sich zudem auf www.beobachter.ch/vorsorgeberechnung.

☐ **Bitte senden Sie mir unverbindlich den vierseitigen Fragebogen.**
    (Adressiertes C5-Couvert beilegen.)

Vorname/Name _____

Strasse _____

PLZ/Ort _____

Datum/Unterschrift _____

*Diesen Coupon zusammen mit einem adressierten C5-Couvert senden an:
Beobachter-Buchverlag, Postfach, 8021 Zürich*

Preise Oktober 2001, Änderungen vorbehalten

WOHNRAUMBEWERTUNG

Zu einem überraschend vorteilhaften Preis bietet Ihnen der Beobachter die Gelegenheit, schnell und fundiert den Marktwert Ihres Einfamilienhauses oder Ihrer Eigentumswohnung zu ermitteln. Beobachter-Abonnenten und -Abonnentinnen zahlen für die Schätzung nur Fr. 290.– (Nichtabonnenten Fr. 340.–).

Diese Dienstleistung bieten wir Ihnen in Zusammenarbeit mit dem IAZI-Informations- und Ausbildungs-Zentrum für Immobilien an, welches die Berechnungen ausführt.

Heute bewerten wichtige Schweizer Banken (Credit Suisse, Zürcher Kantonalbank, Waadtländer Kantonalbank, Walliser Kantonalbank, Genfer Kantonalbank usw.) sowie Versicherungen (Rentenanstalt/Swiss Life, Basler Versicherungen) und Pensionskassen (ABB, Ciba, Nestlé, Novartis, Swissair usw.) mit der IAZI-Methode.

Der Fragebogen zur Wohnraumbewertung ist mit diesem Coupon erhältlich; er findet sich zudem auf www.beobachter.ch/wohnraumbewertung.

☐ **Bitte senden Sie mir unverbindlich den zwölfseitigen Fragebogen.**
(Adressiertes C5-Couvert beilegen.)

Vorname/Name _____

Strasse _____

PLZ/Ort _____

Datum/Unterschrift _____

Diesen Coupon zusammen mit einem adressierten C5-Couvert senden an: Beobachter-Buchverlag, Postfach, 8021 Zürich

Preise Oktober 2001, Änderungen vorbehalten

Die umfassende Versicherungs-Gesamtberatung der Rentenanstalt/Swiss Life

Jede gut organisierte und verwaltete Vorsorge basiert auf einer kompetenten Beratung. Dafür steht Ihnen Ihre Vorsorgeberaterin oder Ihr Vorsorgeberater zur Verfügung.

Optimieren Sie Ihre Vorsorge.

Swiss Life AssuRama Private ist die Versicherungs-Gesamtberatung, die Ihnen den Überblick verschafft.

Wir bieten Ihnen einen Check-Up Ihrer Versicherungen, um Über- oder Unterversicherungen zu vermeiden. Das Ganze erhalten Sie von uns kostenlos und vertraulich.

In einem persönlichen Gespräch unterbreitet Ihnen unsere Vorsorgeberaterin oder unser Vorsorgeberater anhand der umfassenden Analyse Vorschläge zur Optimierung Ihrer Versicherungen. Durch einen optimalen Einsatz Ihrer Mittel erhöhen sich Ihre Renditechancen.

Aktive Vermögensverwaltung auf der Basis von Anlagefonds

Wer sein Geld nur auf dem Sparkonto anlegt, wird kaum reich. Weil ein Sparkonto nun mal wenig Zinsen bringt. Investieren Sie Ihr Geld deshalb lieber in eine renditeträchtigere Anlageform.

Statt einfach den einmal getätigten Investitionen ihren Lauf zu lassen, wird im *Swiss Life Managed Portfolio* angelegtes Vermögen laufend überwacht und aktiv gemanagt. Darüber hinaus ermöglichen wir Ihnen mit einer persönlichen Anlagestrategie einen langfristigen, nachhaltigen Vermögensaufbau.

Mit dem *Swiss Life Managed Portfolio* wird Ihr Geld nicht einfach in eine Aktie oder in einen Fonds, sondern in Funds of Funds investiert. Also in Fonds, die wiederum in Fonds investieren. Durch diese breite Diversifikation wählen unsere Portfoliomanager die weltweit besten Anlagefonds für Sie aus.

Überzeugende Vorteile auf einen Blick

- Aktive Vermögensverwaltung
- Selektion der aussichtsreichsten Fonds aus dem weltweiten Fonds-Universum
- Breite Diversifikation
- Individuelle Anlagestrategien
- Einmalige Investitionen ab CHF 10'000.–
- Investitionspläne ab CHF 200.– monatlich (einmalige Starteinlage CHF 2'400.–)
- Entnahmepläne
- Jederzeitige Verfügbarkeit der investierten Mittel
- Anlagestrategien an veränderte Lebenslagen anpassbar

Die Vorsorgelösung mit dem maximalen Steuervorteil

Neben der staatlichen und beruflichen Vorsorge ergänzt die private Vorsorge Ihre individuellen Bedürfnisse. Diese 3. Säule ist unterteilt in eine freie (Säule 3b) und eine gebundene Vorsorge (Säule 3a). Mit der Säule 3a können Sie Steuern sparen, da die Beiträge bis zu den vom Bund festgesetzten Maximalabzügen vom steuerbaren Einkommen abgezogen werden können.

Swiss Life Crescendo ist die Lebensversicherung im Rahmen der gebundenen Vorsorge, mit der Sie am meisten Steuern sparen. Sie wächst mit den laufend erhöhten Maximalabzügen und optimiert damit Ihre Steuerersparnisse. So können Sie immer von der vollen Steuerentlastung profitieren.

Zudem kann die Kombination aus Sicherheit und Sparen an die neue Lebenssituation – auch bei Erwerbsunfähigkeit – angepasst werden.

Überzeugende Vorteile auf einen Blick

- Freie Gewichtung des Spar- und Risikoteils
- Sichere, attraktive Rendite
- Garantierte, maximale Steuerersparnis
- Automatische Prämienanpassung möglich
- Prämienbefreiung bei Erwerbsunfähigkeit
- Doppelte Steuerersparnis durch indirekte Amortisation einer Hypothek